Hans Bürkle
Aktive Karrierestrategie

HANS BÜRKLE

AKTIVE KARRIERE STRATEGIE

ERFOLGSMANAGEMENT IN EIGENER SACHE

Frankfurter Allgemeine
ZEITUNG FÜR DEUTSCHLAND
GABLER

CIP-Kurztitelaufnahme der Deutschen Bibliothek

Bürkle, Hans:
Aktive Karrierestrategie : Erfolgsmanagement in eigener Sache / Hans Bürkle. — Frankfurt am Main : Frankfurter Allgemeine ; Wiesbaden : Gabler, 1986.
ISBN 3-409-19103-8

Satz: Satz- und Reprotechnik GmbH, Hemsbach
Druck: Werbe- und Verlagsdruck Wilhelm & Adam, Heusenstamm
Buchbinder: Osswald, Neustadt/Weinstr.

Printed in Germany

ISBN 3-409-19103-8

Vorwort

Dieses Buch ist keiner der üblichen Bewerbungsratgeber. Davon gibt es genug. Was hier vermittelt wird, ist eine ganz bestimmte, bereits erprobte Strategie. Strategie ist eine konsequente Art des Denkens und Verhaltens. Erfolgreiche Unternehmen handeln strategisch. Sie stellen sich vor, was sein soll, formulieren Ziele und arbeiten systematisch auf diese Ziele hin. Warum sollte das, was im Unternehmen gilt, nicht auch für die persönliche Erfolgsstrategie gelten?

Fragen wir uns zunächst, warum die Rezepte von gestern heute nicht mehr taugen. Beruf, Wirtschaft und Gesellschaft verändern sich immer schneller und vor allem: immer weniger vorhersehbar. Man muß diese Veränderungen immer früher erkennen, die positiven nutzen und die negativen meiden. Mancher Junglehrer, der um seine Übernahme in den Staatsdienst bangt, hätte beispielsweise besser daran getan, rechtzeitig in die Informationstechnik überzuwechseln – und es auch gekonnt. „Flexibler" hätte er sein müssen. Doch Flexibilität ist nur die eine Seite der Medaille. Denn auf der anderen Seite ist es wichtiger denn je, in seinem Beruf Spitzenleistungen zu entwickeln. Durchschnittlichkeit oder gar Unterdurchschnittlichkeit zahlen sich immer weniger aus. Aber um Spitzenleistungen hervorzubringen, muß man „am Ball bleiben", muß man die Probleme, die man lösen soll, kennen und sich möglicherweise jahrelang damit beschäftigt haben. Und nicht nur das: Man braucht auch mehr denn je Beziehungen – Beziehungen zu Arbeitgebern, Kunden, Lieferanten, Informanten, Journalisten, Wissenschaftlern usw. Man muß praktisch in sein berufliches Umfeld hineinwachsen, sich mit ihm vernetzen. So etwas entwickelt sich nur in Jahren.

Man braucht also einerseits mehr Umsicht, Beweglichkeit und Anpassungsbereitschaft als bisher, aber andererseits auch mehr Seßhaftigkeit, Konsequenz und Spezialisierung. Wie läßt sich das eine mit dem anderen vereinbaren?

Die Energo-Kybernetische Strategie (EKS), die diesem Buch zugrundeliegt, kann hier weiterhelfen. Dreh- und Angelpunkt ist dabei die Zielgruppenstrategie.

Jeder braucht für seine berufliche Entwicklung ein Ziel. Ein Ziel, aufgrund dessen er entscheidet, welche Kenntnisse, Fähigkeiten und auch Beziehungen er erwerben will und welche nicht. Allerdings hat es wenig Sinn, solche Ziele von dem gesellschaftlichen Umfeld isoliert zu formulieren. Dies würde meistens in eine Sackgasse hineinführen. Entscheidend ist es vielmehr, seine Zielgruppe ins Visier zu nehmen.

Dabei bieten sich drei verschiedene Möglichkeiten an:

1. Man kann seine Entwicklung an dem Unternehmen orientieren, in dem man sich befindet, und an dem Vorgesetzten, den man gerade hat. Man kann sich bemühen, für dieses Unternehmen und für diesen Vorgesetzten Spitzenleistungen zu entwikkeln, indem man genau die Kenntnisse und Fähigkeiten erwirbt, die dort gefordert sind. Auf diese Weise wird man zu einem hochwirksamen Werkzeug des betreffenden Unternehmens (bzw. Vorgesetzten), das aber nur in diesem speziellen Fall „optimal“ paßt. Je länger man diese Rolle spielt, desto mehr verringern sich alle anderen Entwicklungsmöglichkeiten und damit Ausweichmöglichkeiten. Man wird abhängig, weil man seine Fähigkeiten bald nur noch in Verbindung mit diesem Vorgesetzten und diesem Unternehmen optimal nutzen kann. Das eigene Schicksal verbindet sich immer enger mit dem des Unternehmens, mit dem des Vorgesetzten; beiden ist man eines Tages auf Gedeih und Verderb ausgeliefert.

2. Der zweite Weg ist, dem jeweils günstigsten Angebot zu folgen, nach dem Motto: „die Welt – mein Feld“. Viele Verkaufsleiter glauben beispielsweise, jederzeit von einer zur anderen Branche wechseln zu können. In jungen Jahren ist das möglich, aber mit der Zeit setzt man sich zwischen alle Stühle. Man gilt als unstet, unseriös und sprunghaft – und das spricht sich bald herum. Zu einer erfolgreichen Führungskraft gehören nicht nur fachliche Kenntnisse. Sie braucht Beziehungen, Fingerspitzengefühl, Einfühlungsvermögen und das richtige Maß an

Intuition, und sie muß die besonderen Eigenarten ihres Wirtschaftszweiges – ihrer Zielgruppe – souverän beherrschen. Wer ständig wechselt, entwickelt die Vernetzung mit seiner Umwelt nicht oder zu wenig. Gerade diese Art von Vernetzung aber ist unabdingbar für den Erfolg, für die Sicherung der eigenen beruflichen Zukunft.

3. Der dritte Weg ist aussichtsreicher: Man orientiert sich in seiner Entwicklung nicht auf ein einzelnes Unternehmen, aber auch nicht auf alle möglichen Unternehmen, sondern auf eine konkrete Zielgruppe – auf eine Gruppe von Unternehmen mit gleicher Problematik. Und dabei natürlich möglichst auf eine Zielgruppe von Unternehmen mit besonders günstigen Zukunftsaussichten. Bei diesem dritten Weg verbinden sich die Vorteile des ersten mit denen des zweiten Weges: Man kann seine Entwicklung an der konkreten Problemlage seiner Zielgruppe (des Unternehmens, in dem man augenblicklich beschäftigt ist, aber auch von anderen Unternehmen, für die man in Frage kommen könnte) orientieren und wird dabei selbstverständlich auch ins Kalkül ziehen, was sich in dieser Zielgruppe verändert. Das heißt: Man kann immer genauer diejenigen Kenntnisse, Fähigkeiten und Beziehungen bieten, die die Zielgruppe jeweils am notwendigsten braucht und entsprechend honoriert. Alles Überflüssige kann man meiden. So entgeht man der Gefahr, von einem einzelnen Unternehmen, seinen subjektiven Verhältnissen und seinem subjektiven Schicksal, abhängig zu werden.

Bisher schwebte man in ständiger Ungewißheit, ob eine Leistungssteigerung auch tatsächlich honoriert würde: Ob sie von der Unternehmensleitung überhaupt wahrgenommen würde, ob sie richtig eingeschätzt würde, ob eine entsprechende Aufstiegsposition frei wäre, ob nicht irgendwelche Freunde oder Verwandte vorgezogen würden usw. Geht man dagegen zielgruppenorientiert vor, ist das anders: Je größer und wichtiger die eigene Leistung wird, um so sicherer findet sie in der Zielgruppe Interesse. Irgendwo ist immer eine geeignete Aufstiegsposition frei. Angesichts der Gefahr, einen wichtigen Mitarbeiter zu verlieren – und noch dazu an einen Konkurrenten –, wird andererseits auch der bisherige Arbeitgeber das Potential des betreffenden Mitarbeiters erkennen und einen Weg finden, dessen Leistung angemessen zu honorieren.

Die Zielgruppenstrategie bietet jedoch noch weitere Vorteile: Zugleich mit der Leistung werden ganz automatisch auch die sozialen Voraussetzungen wachsen, die man braucht, um seine Fähigkeiten optimal einsetzen zu können: nämlich Bekanntheit, Vertrauen, Anziehungskraft, Beziehungen, Ausweichmöglichkeiten und Einfluß. Man entwickelt seine Leistungen in ständiger kybernetischer Rückkoppelung mit den tatsächlichen Erfordernissen seiner Zielgruppe.

Eine der wesentlichen Entdeckungen der Energo-Kybernetischen Strategie (EKS) ist, daß sich in der arbeitsteiligen Gesellschaft die eigenen Probleme in dem Maße von selbst lösen, wie man das brennendste Problem seiner Zielgruppe, also ein fremdes Problem, löst. Die Erfolgsursache ist die dabei ausgelöste Synergie: Während man bei der Lösung seiner eigenen Probleme allein auf seine eigenen Kräfte angewiesen ist, helfen bei der Lösung des brennendsten Problems einer Zielgruppe zumindest die Zielgruppe, aber auch andere an diesem Problem Beteiligte aus eigenem Interesse und Antrieb mit. Hier finden also die eigenen Kräfte die größtmögliche Unterstützung durch alle anderen Kräfte und den geringsten Widerstand.

Der eigene Karriereerfolg wird somit immer indirekt, nämlich unter Mitwirkung anderer, erzielt. Er ist das Ergebnis eines soziozentrierten, strategischen Verhaltens, wie es in diesem Buch ausführlich an konkreten Beispielen dargestellt wird.

Voraussetzung dieses dritten Weges ist, „sich und seine Leistung präsentieren und verkaufen zu können“. Dazu gehört eine aktive Bewerbungsstrategie, und auch dafür hält das vorliegende Buch neuartige, aber bereits erprobte Rezepte bereit.

Frankfurt am Main, im November 1986 *Wolfgang Mewes*

Inhalt

8. Kapitel

9. Kapitel

Einleitung

Wenn Sie Ihren Beruf als eine lästige Art der Erwerbstätigkeit empfinden und Sie sich daher einen möglichst ruhigen, mit wenig Streß verbundenden Job wünschen, sollten Sie dieses Buch zur Seite legen – es könnte Sie in Ihrer Ruhe stören. Wenn Sie jedoch zu denen gehören, denen das gestern Erreichte heute nicht mehr genügt, wenn Sie Spaß an Ihrem Beruf haben möchten, Lust auf Erfolge, Mut zum Risiko haben, neue Wege gehen wollen, dann ist dieses Buch für Sie geschrieben. Denn Sie gehören zu denen, die die Dynamik unserer Wirtschaft im Griff haben oder diese morgen steuern werden.

Wir alle spüren, wie sich die Weltwirtschaft und die heimische Wirtschaft verändern, und müssen uns darauf einstellen. Wir müssen flexibler, kreativer und in unserer Problemlösungsfähigkeit noch besser werden. Diese Art der beruflichen Anpassung wird in der Bundesrepublik Deutschland jedoch ganz erheblich erschwert durch ein starres und überholtes Bildungswesen und durch das gesetzlich geregelte Monopol der Berufsberatung und Arbeitsvermittlung, das eine *moderne, aktive Berufsberatung*, die sowohl die Neigungen und Fähigkeiten des einzelnen als auch die Möglichkeiten des Marktes miteinbezieht, kaum möglich machen.

Engagierte Manager und Nachwuchskräfte sollten nicht einfach auf konventionellen beruflichen Gleisen in Unternehmen rollen, ohne deren Tragfähigkeit für sich selbst zu prüfen. Sie können ihre Karriere selbst in die Hand nehmen – „Selbstorganisation" lautet das Motto. Dies bedeutet, daß jeder seine berufliche Marktlücke suchen sollte und finden kann. Solche Berufschancen wird es geben, solange Probleme und Bedürfnisse zur menschlichen Existenz gehören.

Damit soll nicht dem Aussteiger das Wort geredet werden. Vielmehr möchte ich den Aktiven, denjenigen Führungskräften, die kreativ mehr für sich und andere im Leben tun möchten, Wege zur praktischen Umsetzung zeigen, die zu neuen beruflichen Positionen oder zur Selbständigkeit führen.

Karriere kommt aus dem Französischen und bedeutet: voller Lauf, Laufbahn, Galopp, schnelles Vorwärtskommen. Aktive Karrierestrategie umfaßt das Know-how und das Do-how der Ausrichtung der beruflichen Stärken auf Marktlücken. Dadurch beschleunigt sich die berufliche Entwicklung, und man wird für seine Umwelt und für sich selbst langfristig erfolgreicher.

In diversen Wirtschaftsmagazinen werden regelmäßig Karrieren von Topmanagern beschrieben. Mit Vorbildfunktion!? Manchmal werden diese Nachrichten mit schlauen Ratschlägen versehen, wie auch andere Führungskräfte eine ähnliche Karriereleiter erklimmen könnten. Langjährige Beratungstätigkeit in den unterschiedlichsten Branchen zeigt jedoch, daß Manager das beste berufliche Feld für eine konkrete Selbstverwirklichung gerade dort finden, wo andere eben nicht sitzen. Lückenorientiertes Verhalten ist erfolgreicher als die Nachahmung anderer Laufbahnen.

Hat man für sich in seiner beruflichen Umgebung ein attraktives Berufsziel, seine Lücke, gefunden, kommt es bei den Schritten zur Realisierung darauf an, aktiv alle Kräfte in Bewegung zu setzen, die einem beim Erreichen dieses Ziels helfen können. Dann genügt es eben nicht, sich auf das Arbeitsvermittlungsmonopol einer staatlichen Behörde zu verlassen.

Der Leser wird in diesem Buch unkonventionelle Fälle und Beispiele finden, wie man sich auf dem Arbeitsmarkt profilieren und präsentieren kann. Dazu braucht man etwas Mut. Wer ihn zeigt, hat bei Bewerbungen bessere Chancen als andere. Die zahlreichen Fallschilderungen dienen natürlich nicht nur der Illustration, sondern zeigen in erster Linie auf, wie Sie das Instrumentarium der aktiven Karrierestrategie in den unterschiedlichsten Situationen auch für die ungewöhnlichsten Fälle anwenden können.

Die aktive Karriere- und Bewerbungsstrategie vermittelt ein Repertoire von nützlichen Verhaltensweisen, die für alle von größtem Vorteil sind: Sie entwickeln sich als Führungskraft zum Problemlöser auf jeweils wichtigen Geschäftsfeldern im Unternehmen oder in einer Branche. Sie konzentrieren sich auf persönliche berufliche Marktlücken (Problemfelder), die Sinn geben. Der Sinn bezieht sich dabei sowohl auf die berufliche Aufgabe als auch – im persönlichen Bereich – auf die Selbstverwirklichung und soziale Anerkennung, verbunden mit einem entsprechenden Einkommen.

Die Karrierestrategie sollte auch aus der Sicht des Unternehmens für seine Führungskräfte einen hohen Stellenwert haben, nämlich in Form der Mitarbeiterförderung im Rahmen einer flexiblen Personalentwicklung. Zur Stärkung der Zusammenarbeit im Unternehmen muß man alles tun, um Frustration bei Managern und Sinnleere bei Nachwuchskräften zu vermeiden. Dabei müssen es sich Unternehmer und Firmenleitungen gefallen lassen, daß man die Unternehmenszielsetzung auf ihren Sinn überprüft:

> Nur Unternehmen, die sich als Problemlöser für konkrete Zielgruppen am Markt verstehen und ein aktives, strategisches Management betreiben, können ihren Mitarbeitern berufliche Perspektiven geben!

Aufgeschlossene Führungskräfte, die den Blick nach vorne richten, werden anders orientierten Firmen immer schneller den Rücken kehren. Firmenchefs und Personalleiter werden sich auch aus diesem Grund verstärkt um die richtige Firmenzielsetzung (Strategie, Unternehmensleitbild und -kultur) und deren Akzeptanz bei ihren Führungskräften und Mitarbeitern kümmern müssen.

Mit diesem Buch verbindet sich keineswegs die Absicht, Führungskräfte den Unternehmen zu entfremden, sondern – ganz im Gegenteil – den Führungskräften die Wege aufzuzeigen, wie sie das für beide Seiten nützlichste Aufgabenfeld erkennen und finden können. Manager sind der Motor unserer wirtschaftlichen Entwicklung. Und sie werden sich verstärkt als „Unternehmer in eigener Sache“ verstehen, wenn sie sich mit ihren Berufsaufgaben identifizieren können.

Aktive Karrierestrategie beginnt bereits vor dem Berufseinstieg, weshalb in diesem Buch nach den einleitenden, eher grundsätzlichen Fällen die Zielgruppe der Studierenden angesprochen wird. Danach folgen wir einem Karriereweg, der vom mittleren Angestellten bis zum Topmanager reicht. So wird ein Bogen über die drei Karrierephasen (frühe, mittlere und späte Karrierejahre) gespannt. Die Beispiele für „Sonderzielgruppen", wie Existenzgründer, Zeitoffiziere, Manager im Ausland usw. zeigen die universelle Anwendbarkeit des Instrumentariums der aktiven Karrierestrategie. Diese ist mehr als eine Sammlung von Methoden oder ein „Werkzeugkasten"; sie ist eine Denkhaltung, die in erfolgreiches, anpassungsfähiges und soziales Verhalten mündet.

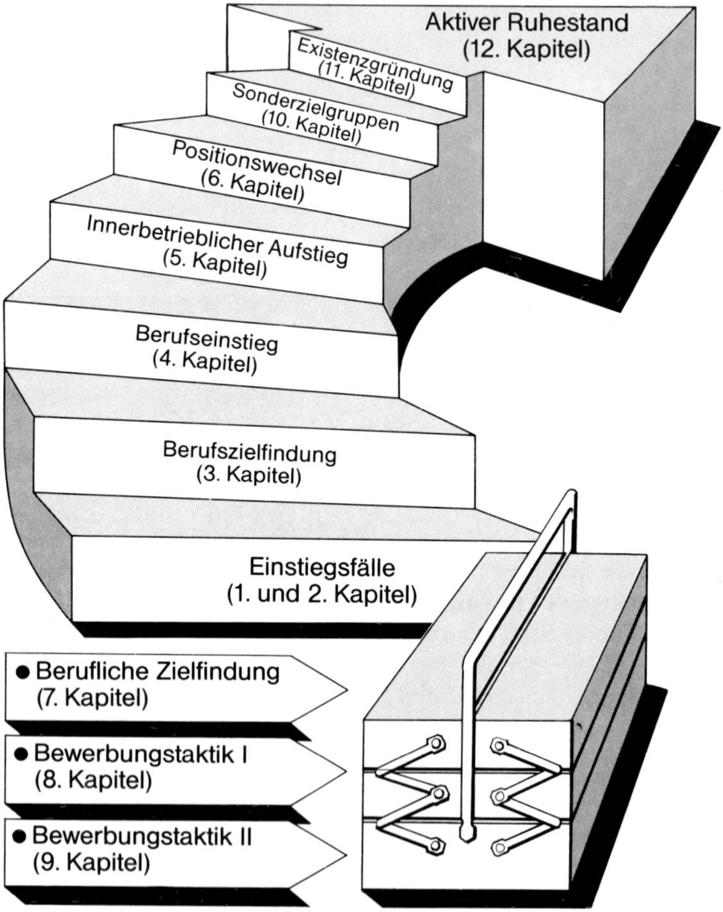

1. Kapitel

Der Karriereknick: die berufliche Negativspirale und wie man sie stoppt

Schwierigkeiten in der beruflichen Entwicklung kennt jeder. Es gibt Zeiten, in denen man sich „durchbeißen" muß. Was aber ist zu tun, wenn man sich beruflich in eine Sackgasse manövriert hat? Wie kommt man aus ihr wieder heraus? Wie ist zu erkennen, daß man durch sein eigenes Verhalten einen Karriereknick programmiert hat? Wie kann man vermeiden, daß das eigene Verhalten zu einem beruflichen Bruch führt? Der Fall Zöller zeigt, wie die berufliche Negativspirale funktioniert und wie sie zu durchbrechen ist.

Fall Zöller – die Dynamik der Negativspirale

Peter Zöller, 45, ist seit 17 Jahren verheiratet und hat zwei Töchter, die aufs Gymnasium gehen. Als Diplomingenieur war er zuletzt im technischen Anlagenbau als Vertriebsleiter tätig. Wie im Schwabenland bei Angehörigen des mittleren Managements so üblich, hat er sich ein „Häusle" gebaut, und die Banken bekommen von ihm viel Geld. Seine Karriere schien recht gut voranzugehen. Seit kurzem jedoch ist er arbeitslos. Die Probleme kommen für ihn und seine Familie plötzlich von allen Seiten:

– *materiell:* Die Familie kann sich nicht mehr all das leisten, das man zu benötigen glaubte, als Peter Zöller noch seine gutbezahlte Stellung innehatte; auch die Urlaubspläne müssen revidiert werden.

– *finanziell:* Zinsen und Tilgung für das Haus stellen plötzlich eine starke Belastung dar. Das verminderte Taschengeld für die Töchter läßt die Stimmung in der Familie sinken.

– *informatorisch:* Zöller hat die sonst regelmäßig zur Verfügung stehende Managementlektüre nicht mehr zur Hand. Dadurch ist er nicht mehr auf dem neuesten Stand über die aktuellen Entwicklungen in seiner Branche. Insinderinformationen, die er bislang auch durch seine ehrenamtliche Tätigkeit in Verbänden erhielt, werden ihm vorenthalten – er ist eben „out".

– *psychisch-emotional:* Zöllers bisherige Geschäftskollegen und Vorgesetzte wünschen ihm zwar immer wieder Erfolg bei der Stellensuche, können ihm jedoch nicht wirklich weiterhelfen. Es wird ihm zwar zugesichert, daß man es bei befreundeten Firmen versuchen will, jedoch bleibt es in der Regel bei solchen freundlichen Trostworten. Seine Frau hat Angst vor Gerede in der Nachbarschaft, weil er fast immer zu Hause ist. Lichtblicke sind für ihn ein Verband der Leitenden Angestellten, der ihm konkrete Hilfe in Aussicht gestellt hat, sowie die Anteilnahme seines früheren Personalleiters, den er noch heute beim Sport trifft. Insgesamt jedoch ist sein Optimismus stark gesunken. Seine psychische Spannung schlägt sich direkt auf sein Verhalten nieder; er ist gereizt, sein Blutdruck ist deutlich höher als sonst, er spricht fast doppelt so schnell wie früher, verhaspelt sich und stottert sogar leicht. Vor allem bei Vorstellungsgesprächen will er einen besonders guten Eindruck machen – jeder Gesprächspartner merkt jedoch bald, daß Zöller mit dem Rücken zur Wand steht.

– *Machtverhältnisse:* Als Vertriebsleiter hatte Zöller ein hohes Ansehen bei Mitarbeitern, Lieferanten und Kunden, was ihm eine Machtposition verschaffte. Heute ist er sozusagen ohnmächtig: Er muß auf alle Machtinstrumente und Delegationsmöglichkeiten verzichten; er ist von anderen abhängig.

– *Strategie:* Zöllers grundsätzliche Verhaltensweise hat sich ebenfalls geändert. Als Vertriebsleiter wußte er genau, daß man sich mit seinen Produkten auf Marktlücken konzentrieren muß. Bei der Stellensuche jedoch versucht er statt dessen, überall Fuß zu fassen, wodurch sein Name in Personalleiterkreisen einschlägig bekannt wird. Man weiß mittlerweile, daß Zöller sich laufend bewirbt und daß er ein Pechvogel ist – auch bei den Personalberatern ist sein guter Ruf deshalb schon „Schnee von gestern". Man kann ihn zwar noch in die Bewerberschar bei Vorstellungsgesprächen einreihen, als Primus jedoch kommt er kaum mehr in Frage.

Was hat er falsch gemacht? Warum ist er eigentlich arbeitslos geworden?

Der programmierte Karriereknick

Wenn Stellensuchende zu uns kommen, sprechen sie über die vielfältigsten Gründe, warum sie arbeitslos sind oder werden: die rückläufige Marktentwicklung, die Umstrukturierung durch den Konzern, der Positionswechsel eines Vorgesetzten, die allzu familiären Verhältnisse in einem Familienunternehmen usw. Fast nie kommt ein Bewerber zu der Aussage, er selbst hätte sich falsch verhalten. Immer waren die anderen schuld. Tatsächlich aber ist es so, daß die Ursache einer Trennung selten einer Seite allein anzulasten ist. Sicherlich kommt es gelegentlich vor, daß „von oben" bestimmt wird, daß 10 Prozent der Mitarbeiter gehen müssen. Wenn dieser Fall eintritt, dann müssen die Betroffenen jedoch schon vorher bemerkt haben, daß Probleme auf ihrem Arbeitsgebiet bestehen. Je höher man hierarchisch angesiedelt ist, desto früher muß man Spannungen spüren. Die passive Einstellung oder gar eine Anspruchshaltung am Arbeitsplatz führt häufig zum Karriereknick.

Arbeitslosigkeit wird – schaut man sich die individuelle Seite genauer an – vor allem durch Trägkeit und Unvermögen des einzelnen verursacht. Arbeit gibt es, solange Probleme in Wirtschaft und Gesellschaft bestehen, genug. Doch die Masse der arbeitenden Bevölkerung läßt sich völlig passiv in soziale und bildungspolitische Netze einbinden. Nur wenige denken daran, sich von Unternehmen und Behörden unabhängiger zu machen. Die Arbeitsämter in der Bundesrepublik Deutschland sind durch Gesetze und Tarifordnungen recht unbeweglich geworden und fördern eher noch mit finanziellen Mitteln die Arbeitslosen in ihrer Passivität, statt sie in ihrer Aktivität (Selbstorganisation) zu fordern.

Zurück zu Zöller: Er wurde arbeitslos, als der Geschäftsführer seiner Firma in den verdienten Ruhestand ging und sein Nachfolger die bisher gute Unternehmensstrategie, die Zöller weiterhin vertrat, ohne Begründung änderte. So kam es zu persönlichen Spannungen, die ja schon für sich allein einen „Scheidungsgrund" liefern können. Natürlich kann auch mehr dahinterstecken. So kann man jemandem bewußt einen neuen Geschäftsführer vor die Nase setzen, um ihn zum Ausscheiden zu bewegen. Man darf jedoch davon ausgehen, daß Unternehmer, Vorstände, Geschäftsführer, Aufsichtsräte und andere Entscheidungsbefugte in der Regel keine „krummen Touren" machen. Führungskräfte und insbesondere die leitenden Angestellten werden allerdings häufig ohne ein direktes Verschulden ihrer Vorgesetzten zum Gehen bewogen. Offene Aussprachen oder sogar die Förderung des Ausscheidenden bis hinein in eine neue Position in einem anderen Unternehmen sind im Managementbereich leider noch nicht üblich.

Die Ursache des Karriereknicks ist häufig in der Tatsache begründet, daß Angestellte sich von dem jeweiligen Unternehmen abhängig machen und nicht nach Alternativen suchen. Auch werden auftretende Spannungen nicht rechtzeitig wahrgenommen.

Bei Zöller ergaben die unterschiedlichen subjektiven Arbeitsstile und die stark emotional geprägte Einschätzung, daß man eben nicht zusammenarbeiten könne, den „Scheidungsgrund". Ihm wurde nahegelegt, sich nach einem neuen Job umzusehen, damit er dann selbst kündigen könne. Als der gesetzte Stichtag jedoch verstrichen war, wurde ihm gekündigt, obwohl er noch keine neue Aufgabe hatte. Natürlich bekam er seine Abfindung und ein Zeugnis mit wohlwollenden Formulierungen; sogar der Satz, daß er selbst gekündigt habe, war darin zu lesen.

Kann Zöller wieder eine gleichwertige oder gar bessere berufliche Aufgabe erhalten als vorher? Muß er beruflich absteigen und sein Haus verkaufen oder – überspitzt formuliert – aussteigen und Schafe züchten?

Irgend etwas machte er wohl falsch. Denn Fähigkeiten zum Vertriebsleiter hat er nachweislich. Auch Führungserfahrung, Sprachkenntnisse und Engagement brachte er in ausreichendem Maße mit. Betrachten wir uns also seinen Werdegang.

Zöllers beruflicher Werdegang begann nach dem Studium an der TH Aachen 1967 bei der Maschinenfabrik Werner & Müller in Stuttgart. Während des Studiums hatte er einige Praktika als Werkstudent bei Kolben-Schmitz absolviert. Als Assistent des Verkaufsleiters In- und Ausland hatte er Exportgeschäfte, vor allem für den Ostblock, zu bearbeiten. Zu seinen Aufgaben gehörten langfristige Finanzierungen mit den Hausbanken, die übliche HERMES-Absicherung und die Beantragung spezieller Kredite. Er erledigte alles zur besten Zufriedenheit, und so war es nicht verwunderlich, daß er dann 1970 von der Maschinenfabrik Bergmeister abgeworben wurde. Seine Funktion dort: Gesamtvertriebsleiter.

Die neue Position war für ihn eine Herausforderung. Die Produktionsauslastung war nur für drei Monate gewährleistet; zudem stand durch eine falsche Vertriebspolitik der Absprung eines Hauptkunden bevor. In diese Probleme wurde Zöller vor der Einstellung offen eingeweiht. Es gelang ihm, den Hauptkunden zurückzugewinnen und sogar den Umsatz mit ihm durch Qualitätsverbesserungen zu steigern. Weitere mittlere Kunden konnte er hinzugewinnen, so daß das Unternehmen nach zwei Jahren kontinuierlich ausgelastet war. Der Umsatz konnte verdreifacht werden – und das vor allem durch seine Leistung. Die Karriere schien nur aufwärtsgehen zu können.

1973 jedoch sah Zöller bei diesem Unternehmen nichts mehr, was ihn noch zu besonderer Leistung hätte herausfordern können, und auf eine Aufgabe in der Geschäftsführung konnte er zunächst nicht hoffen. So sah er sich auf dem Arbeitsmarkt um und reagierte auf Anzeigen in der Tagespresse. Unter anderen bekam er ein attraktives Angebot von der Intermet-Handelsgruppe und wurde – wieder in der Branche Werkzeugmaschinen – 1974 eingestellt. Seine neue Position: Niederlassungsleiter für ein Handelsunternehmen in Stuttgart-Echterdingen. Der Umsatz bei seinem Eintritt belief sich auf etwa 50 Millionen DM. Das Produktions- und Handelsprogramm umfaßte Werkzeuge, Werkstatteinrichtungen und Werkzeugmaschinen.

Zöller verfolgte Großprojekte, insbesondere im Ausland, und erhielt einen 20-Millionen-Auftrag, der weitere Großaufträge nach sich zog. Er wurde schließlich mehrfach für die höchste Umsatz- und Nutzensteigerung ausgezeichnet. Sein Gehalt stieg – der Leistung entsprechend – auf 130000 DM pro anno. Dazu kamen Boni und andere Vorteile. Nach zehn Jahren versuchte er wieder woanders in höhere Verantwortung zu kommen. Er war mittlerweile 42 Jahre und suchte eine Geschäftsführerposition.

Die Stellenangebote in den Wochenendausgaben der großen Tageszeitungen waren seine ständige Samstagslektüre. Er fühlte sich als der geborene Vertriebsfachmann für internationale Geschäfte. So nahm er besonders Anzeigen mit der Headline „Vertrieb“ unter die Lupe. Er bekam sehr lukrative Angebote und stieg bei einem mittelständischen Unternehmen, das Textilprüfmaschinen herstellt, als Geschäftsführer Vertrieb ein. Alle Voraussetzungen schienen zu stimmen, er kündigte in der alten Position fristgerecht. Die Altersversorgung konnte er mitnehmen, da er zehn Jahre in der letzten Firma gewesen war. Voller Elan begann er sich in die neue Position einzuarbeiten.

Zöller machte einen wesentlichen Fehler bei seiner Entscheidung für diese neue Position. Er achtete nicht darauf, ob er auch seine Stärken weiterhin nutzen könnte und ob seine bisherigen Beziehungen zu Kunden erhalten blieben. Er wechselte die Branche. Somit war sein bisheriges „soziales Know-how“ (Mewes) nichts mehr wert. Sein technisches Wissen konnte er weiterhin einsetzen – die Wurzeln seines Erfolges waren jedoch abgerissen.

Bisher lagen seine Erfahrungen im Bereich Werkzeuge, Werkzeugmaschinen sowie NC-gesteuerte Maschinen/Anlagen. Der neue Bereich Textilprüfmaschinen hatte eine völlig andere Zielgruppe. Und die Maschinen waren von ganz anderem Charakter als bislang. Auch das Vertriebsgeschäft war anders als in Zöllers früheren Tätigkeitsbereichen. Seine neue Aufgabe umfaßte vornehmlich kleinere Einzelgeschäfte statt Großprojekte. Die Zielgruppe Textilhersteller galt es weltweit zu bedienen, die Vertriebsgestaltung und weltweite Logistik waren ihm in diesem Geschäftsbereich jedoch kaum geläufig.

Vordergründig sah Zöller das hohe Gehalt sowie die Ernennung zum Geschäftsführer als Chance. Das Vertriebsgeschäft meinte er grundsätzlich zu beherrschen. Seine Entscheidung, gerade zu dieser Firma zu gehen, war jedoch auch noch durch einen anderen Umstand beeinflußt: Er wurde von dem neuen Unternehmen gedrängt, schnell zuzusagen, da die Überschreitung des nächsten Kündigungstermins seinen Start fast um ein Jahr verzögert hätte.

Was geschah in der neuen Position? Die gegenseitigen Erwartungen erfüllten sich nicht. Er konnte keine deutlichen Umsatzsteigerungen herbeiführen, und die Eigner baten ihn nach einem Jahr, sich eine neue Aufgabe zu suchen.

Wiederum machte Zöller denselben Fehler wie zuvor, nämlich ausschließlich auf Anzeigen zu reagieren. Er bekam einige interessante Angebote und ging als Gesamtvertriebsleiter zu einem Unternehmen des Anlagenbaus mit 90 Millionen DM Umsatz. Die gesamte Branche hatte vor allem im Ausland große Auftragseinbrüche zu verzeichnen. Er hoffte jedoch mit Hilfe seiner früheren Auslandskontakte wieder gute Umsätze erreichen zu können. Dann jedoch kam der neue Geschäftsführer. Wie bereits erwähnt, waren beide grundlegend anderer Auffassung über die Vertriebsstrategie und sich persönlich nicht sonderlich sympathisch. Zöller hatte zwar Anfangserfolge im Vertrieb zu verzeichnen, erzielte jedoch nicht den großen Durchbruch und wurde kurzfristig wieder gebeten, sich eine neue Aufgabe zu suchen.

Stärken- und Chancenanalyse

Bis 1983 hatte Zöller sich beruflich hervorragend entwickelt. Er hätte auch das Format zum Geschäftsführer in seiner alten Branche, nämlich Werkzeuge und Werkzeugmaschinen, gehabt. Aber er hatte auf dem Arbeitsmarkt aus Unwissenheit passiv reagiert; er hätte sich besser aktiv gezeigt und sich die folgenden Fragen gestellt[1]:

Fragen zur Stärken- und Chancenanalyse

- Welche Stärken habe ich persönlich?
- Welche Stärken habe ich beruflich?
- In welchen Stärken unterscheide ich mich von vergleichbar qualifizierten Bewerbern?
- In welchen Berufen/Branchen/Firmen hätte ich aufgrund meiner Stärken die größten Entfaltungschancen?
- Welche Zielgruppe/welche Unternehmen bräuchten mich dringender als andere?
- Welche ist die für mich erfolgversprechendste Teilzielgruppe?
- Welchen Unternehmen dieser Teilzielgruppe kann ich den größten Nutzen bieten?
- Welche sind diese Unternehmen und wer sind ihre Entscheidungsträger?
- Wo bekomme ich die Adressen der Entscheidungsträger her, damit ich mich dort direkt und aktiv bewerben kann?

Diese Fragen hätte Zöller durcharbeiten müssen, um auf der Erfolgsleiter nach oben zu kommen. Aufgrund von *Eigeninitiative* hätte er selbst speziell die Firmen angesprochen, für die sein Know-how besonders nutzbringend gewesen wäre. Doch er hatte genau das Gegenteil gemacht und sich nur passiv auf irgendwelche zufällig angebotenen Vertriebspositionen beworben, die seinen Vorkenntnissen nicht oder nur zu einem geringen Teil entsprachen.

Mit einer Zielgruppen-Kurzbewerbung hätte Zöller nicht nur eines, sondern eine *Vielzahl von Angeboten* (vgl. dazu das Kapitel „Bewerbungstaktik I") bekommen. Damit hätte er in Vorstellungsgesprächen psychologisch viel stärker auftreten können und nicht jedes x-beliebige Angebot annehmen müssen. Die *Aktivbewerbung* hätte für Zöller also nur Vorteile gehabt. Zudem hätten sich bei diesem Vorgehen die *Machtverhältnisse* auf dem Arbeitsmarkt zu seinen Gunsten verkehrt. Er hätte mit einer Vielzahl potentieller Arbeitgeber Kontakt bekommen und dadurch Auswahl- und Ausweichmöglichkeiten gehabt.

Berufliches Stärkenprofil

Schließlich fand Zöller den Weg in unsere Beratungspraxis. In mehrstündigen Gesprächen konnten wir folgende Liste seiner Stärken und Eignungen zusammenstellen:

- Marktforschung, Absatz- und Marketingplanung: gute Erfahrungen, insbesondere bei der Erstellung der jährlichen Absatzplanung anhand der Marketingzielsetzung sowie bei der Planung des Verkaufssystems und seiner Anpassung an Marktveränderungen.
- Sortimentsoptimierung: Erfahrungen auf den Gebieten der Analyse und Neugestaltung des Verkaufsprogramms, der Selektion nicht marktgerechter Produkte, der Einführung neuer Produkte sowie der Entwicklung von kundenbezogenen Innovationen.
- Distribution: Erfahrungen bei der Überprüfung und Beurteilung alternativer Vertriebswege, der Kundenanalyse und der systematischen Neukundengewinnung.

- Großkundenbetreuung: die Fähigkeiten, persönliche Kontakte mit Großkunden im In- und Ausland aufzubauen, Verhandlungen mit Groß- und Zielkunden sowie mit Behörden und Generalunternehmern auf Geschäftsleitungsebene zu führen.
- Verkaufsförderung: Know-how in Werbung, gute Erfolge bei Messen im In- und Ausland.
- Mitarbeiterführung: Setzen klarer, erreichbarer Ziele, persönlich beispielhaftes Verhalten.
- Großprojekte: Erfahrungen bei der Planung kompletter Werkstatteinrichtungen und Anlagen sowie der Durchführung im In- und Ausland, insbesondere: Algerien, UdSSR, Iran, Irak, Saudi-Arabien.
- Führungserfahrung: Aufbau und Leitung einer Niederlassung sowie Führung als Profit-Center. Sanierung eines angeschlagenen Unternehmens. Geschäftsführung Vertrieb.
- Branchenerfahrung (hierbei ließen wir die Tätigkeit in dem Bereich der Textilprüfmaschinen außer acht, da er hier keine besonderen Erfahrungen gewonnen hatte): Werkzeuge, Werkzeugmaschinen, Präzisionswerkzeuge (Messen und Spanen), computergesteuerte Werkzeugmaschinen (Drehen, Bohren, Fräsen).

Zusammengefaßt liegt Zöllers Stärke in der Fähigkeit und Bereitschaft, gesamtunternehmerische Vertriebsverantwortung im internationalen Werkzeug- und Werkzeugmaschinengeschäft zu tragen.

Entsprechend den strategischen Fragen prüften wir dann, wie er sich von anderen, ähnlich gelagerten Bewerbern positiv unterscheidet; wir sprechen in diesem Zusammenhang von *Differenzeignung*. Hier waren insbesondere seine kaufmännischen, speziell seine Finanzierungskenntnisse im internationalen Geschäft, gepaart mit seiner Ausbildung als Ingenieur, aufzuführen. Mit diesem Erfahrungsschatz war er prädestiniert, Vertragsverhandlungen mit Großkunden bei internationalen Geschäften erfolgreich zu führen.

Manche Führungskräfte sind nach der Stärkenanalyse recht stolz auf die Vielzahl ihrer Kenntnisse und Fähigkeiten. Entscheidend bei der Bewertung der Stärken ist jedoch nicht die Quantität, sondern die Qualität der Erfahrungen und Kenntnisse. Zudem darf man nicht die Rechnung ohne den Wirt machen: Häufig stoßen wir auf interessante Stärken, die jedoch am Markt möglicherweise nicht gefragt sind. Dies muß im Einzelfall getestet werden. Zudem machen sich manche Führungskräfte, vor allem ältere, etwas vor und leben gedanklich von alten Schlachten und vergangenem Ruhm. Das interessiert jedoch einen neuen Arbeitgeber recht wenig.

Hin und wieder muß klargestellt werden, daß auch Kandidaten mit durchschnittlichen Erfahrungsprofilen sehr gute Marktchancen haben, oder daß gar eine zunächst als nebensächlich beurteilte Eigenschaft zur gefragtesten Stärke auf dem Markt werden kann. Letztlich kommt es bei den gesamten Bemühungen in der aktiven Karrierestrategie auf die positive Resonanz von Unternehmensseite an, nicht auf die rosarot gefärbte Selbsteinschätzung.

Durchbrechen der Negativspirale

Anhand der Stärken von Zöller überlegten wir, für welche Zielgruppe er am besten geeignet sei. Anders formuliert: Welchen Unternehmen könnte er den größten Nutzen bringen?

Zielgruppenerschließung

Die Antwort auf diese Frage war nicht schwierig: in erster Linie den Firmen in der Branche, für die er bisher schon tätig war, also z. B. Maschinenbauern. Es wären vielleicht auch Verbände oder Exporteure/Importeure in Frage gekommen, die sein Know-how sicherlich geschätzt hätten. Auch Kleinunternehmer, die für ihre Firma einen Käufer suchen, gehörten im weiteren Sinne zur Zielgruppe. Im Fall Zöller brauchten wir nicht in die Ferne zu schweifen, denn die Zielgruppe, der er großen Nutzen bringen-konnte, war klar: die Werkzeug- und Werkzeugmaschinenhersteller.

Der erste Problempunkt einer Zielgruppenerschließung ist zunächst, die Adressen einer Vielzahl von Unternehmen aus der erfolgversprechenden Zielgruppe für eine aktive Bewerbungsaktion zu ermitteln. Zöller überlegte, welche Firmengröße anzustreben wäre. Ob über 100 Millionen DM Umsatz, ob Konzerne mit Tochtergesellschaften, ob familiengeführte Unternehmen, Holdings usw. Als erfolgversprechendste Firmen schälten sich dann 460 exportstarke Unternehmen des Werkzeug- und Werkzeugmaschinenbaus heraus. Anhand von Nachschlagewerken und Mitgliederlisten von Verbänden konnten die zu den Firmen gehörigen Geschäftsführer bzw. Vorstände namentlich festgestellt werden. Daraufhin schrieben wir als Treuhänder für Zöller knapp 100 Firmen mit einer Kurzbewerbung an (sein Name sollte in der Branche zunächst nicht bekannt werden). Über unsere Treuhand- bzw. Deckadresse bekam er bei zwölf Firmen Vorstellungstermine und somit genügend Auswahlmöglichkeiten für eine neue, adäquate Position.

Positive Karrierespirale

Zöller entschied sich für die Köhler GmbH, ein mittelständisches Unternehmen der Werkzeugmaschinenbranche mit Sitz in Esslingen am Neckar und mit einem Umsatz von etwa 130 Millionen DM.

Zöllers Auswahlkriterien für das neue Unternehmen waren:

- die Entwicklungsmöglichkeiten, die ihm wichtiger als das Gehalt waren;
- die Aufgabe, die seinen konkreten Stärken entsprach;
- die Aussicht, Geschäftsführer Vertrieb In- und Ausland mit einem Zweijahresvertrag zu werden;

- die Erreichbarkeit des Unternehmens von seinem jetzigen Wohnort aus (dieser Punkt sollte grundsätzlich kein wichtiges Entscheidungskriterium sein);
- die Sicherheit, daß die Kompetenzen von vornherein klar geregelt waren und er vor Vertragsabschluß in Ruhe mit den anderen leitenden Angestellten und Mitarbeitern sprechen und sich somit ein Bild vom Führungsklima machen konnte;
- die Möglichkeit, seine Englisch- und Französischkenntnisse einzusetzen.

Mittlerweile hat Zöller die Probezeit hinter sich und ist im Handelsregister Esslingen a. N. als Geschäftsführer eingetragen. Geschäftliche Erfolge bahnen sich an. Die Probleme in seiner Familie haben sich gelöst, und er selbst hat seine frühere optimistische Ausstrahlung und Souveränität wiedergewonnen.

2. Kapitel

Karrieredynamik durch konsequente Profilierung

Karriereerfolg drückt sich nicht nur durch die Entwicklung der monatlich auf dem Konto eingehenden Beträge aus. Karriere ist mehr. Karriere ist ein Lernprozeß, der zum Zentrum der Entscheidungen in einem Unternehmen führt, d.h., man verhält sich immer stärker unternehmerisch. Möchte jemand Karriere machen, dann muß er als Problemlöser einer fest umrissenen Zielgruppe tätig sein[2]. Diese Zielgruppe oder Zielperson kann der eigene Vorgesetzte sein. Um dessen Probleme zu lösen, muß man seine Stärken profilieren. Der folgende Fall, der Fall Waldner, zeigt dies beispielhaft für eine extreme Wachstumsbranche auf, die enorme Chancen bietet, aber aufgrund der Schnelligkeit des technologischen Wandels auch ein erhebliches Risiko des Scheiterns in sich birgt.

Fall Waldner – vom Lehrling zum Manager

Hans Waldner, Jahrgang 1953, machte 1971 bis 1974 seine Fachausbildung zum Elektromechaniker mit Schwerpunkt Elektronik. Nach der mittleren Reife ging er auf die Fachoberschule und erlangte die Zulassung zur Fachhochschule. Er studierte von 1975 bis 1977 Feinwerktechnik an der FH München. Parallel dazu war er bei der Bayerischen Staatsoper im Bereich der Lichtgestaltung und Elektroakustik tätig. Sein Hobby, nämlich elektronische Steuerungen, beschäftigte ihn immer stärker. Nach dem Studium bewarb er sich gezielt bei einigen elektrotechnischen Unternehmen als Prüffeldtechniker und bekam sofort eine Aufgabe, in der er sich auch weiterentwickeln konnte. Er besuchte im Firmenrahmen Lehrgänge zum Thema Mikroprozessoren.

Nebenberuflich beschäftigte er sich mit Solarenergiegewinnung und konnte für ein solarbetriebenes Kleinradio ein Gebrauchsmuster anmelden. Er erkannte jedoch bald, daß dieses Thema nur sehr geringes Interesse auf dem Markt fand. So spezialisierte er sich beruflich und in seiner Freizeit immer mehr auf intelligente Interfaces, Microcomputersysteme, Halbleiter und integrierte Prozeßablaufsteuerungen.

Nach einigen Jahren erkannte Waldner, daß zwar die Produkte technisch außerordentlich hoch entwickelt und ihre Anwendungsmöglichkeiten theoretisch sehr vielseitig waren, die konkreten Einsatzmöglichkeiten in der Praxis jedoch sehr gering. Mit 27 Jahren entschied er sich, verstärkt in den Software-Bereich einzusteigen. Die Software klassifizierte er folgendermaßen:

A-Software: zielgruppen-spezifische Anwendungshilfen

B-Software: die üblicherweise vom Hersteller angebotene Software

C-Software: das jeweilige Betriebssystem für eine Computer-Hardware

Im Bereich C-Software war er schon zu Hause; in der B-Software spezialisierte er sich auf den Bereich Industrie. Mit der A-Software konzentrierte er sich auf das Segment Bürokommunikation, denn er entdeckte folgenden Engpaß: Firma X kauft einen Computer, samt der Software, ist aber trotz Schulungen nicht in der Lage, das System reibungslos in die Organisation einzufügen und es voll zu nutzen. Seine Recherchen ergaben, daß speziell in der Bürokommunikation die technischen Möglichkeiten nur zu ungefähr 20 Prozent eingesetzt wurden. Um diesen Engpaß zu beseitigen, entwickelte er ein neues, kundenorientiertes Vertriebskonzept.

Mit diesem Hintergrund bewarb sich Waldner nun bei einigen Distributoren für EDV-Systeme, und er konnte sich ein Unternehmen aussuchen, in dem er dank seines Vertriebskonzeptes mehr Entscheidungsfreiheit erhielt. Er entwickelte das Vertriebskonzept weiter, erzielte kurzfristig eine deutliche Umsatzsteigerung und bekam eine Gehaltserhöhung nach der Probezeit. Sein Gehalt lag danach bei 60000 DM pro anno zuzüglich Provision.

Wir hatten ihm geraten, sein Vertriebskonzept nicht geheimzuhalten, sondern Vorträge darüber zu halten und kleinere Fachartikel zu schreiben, also sich in der Branche zu profilieren. Er durfte zwar keine Firmengeheimnisse oder Details des Konzepts weitergeben, konnte jedoch seine Leistungen vorteilhaft präsentieren. Ergebnis nach einem Jahr: Waldner wurde von einem Elektronikkonzern als Vertriebsfachmann im Bereich Halbleiter angeworben. Er prüfte, ob die neue Aufgabe seinen Stärken entsprach und ob er mit seinem Konzept der Kundenerschließung im Bereich Halbleiter bessere Marktchancen hätte. Seine Recherchen führten zu einem positiven Ergebnis; daraufhin nahm er 1982 die neue Position in München mit einem Grundgehalt von 80000 DM pro anno an. Wir sagten ihm natürlich, daß ein Firmenwechsel alle zwei Jahre normalerweise nicht ratsam sei. Er arbeitet jedoch in einer Branche, die schnellen Veränderungen unterliegt, ständig wächst und in der man sich auf beiden Seiten schnell anpassen muß. Der Grund für seinen Wechsel war ja auch nicht die Flucht aus einem Unternehmen, sondern die Chance, sein erfolgreiches Konzept nutzbringender einsetzen zu können.

> Ein Angestellter sollte sich nicht mit dem Ziel bewerben, seine Arbeitskraft (pro Tag acht Stunden Arbeit) zu verkaufen, sondern ein Projekt oder Konzept entwickeln und anbieten, das für eine Zielgruppe (z. B. Vorgesetzter, Firma oder sogar eine Branche) nützlich ist. Somit unterscheiden wir qualitativ zwei Bewerbungsinhalte: erstens die normale Bewerbung als Angestellter, zweitens die *Projektbewerbung*, bei der der Bewerber ein entsprechendes *Erfolgsprojekt* oder eine *Problemlösung* anbietet.[3]

Bei seinem neuen Arbeitgeber wurde Waldner zunächst als Produkt-Marketing-Ingenieur für Telecom ICs eingesetzt. Schnell bekam er die erweiterte Verantwortung als Segment-Manager Telecom (integrierte Schaltkreise, Mikroprozessoren) für den Bereich Automobilhersteller. Diese Aufgabe hatte er angestrebt, da er nun seine verbesserte Erschließungsmethodik (Konzept zur Interessentengewinnung) konkret und in größerem Stile anwenden konnte. Dabei hatte er sich zum Ziel gesetzt, Großkunden im Bereich der Automobilindustrie für neue Produkte der Autoelektronik zu gewinnen.

Stärkenanalyse

Im Fall Zöller haben wir gesehen, welche Bedeutung die strategische Vorgehensweise besitzt, wenn man die berufliche Negativspirale durchbrechen will. Derselbe Grundgedanke, nämlich Stärken auf Marktlücken, also Angebotslücken, zu konzentrieren[4], stand auch bei Hans Waldner im Zentrum seiner Marketingstrategie. Er erarbeitete

- die speziellen Stärken der neuen Produkte,
- Unterschiede zu Konkurrenzprodukten,
- Anwendervorteile,
- eine Definition der erfolgversprechendsten Zielgruppe,
- Wege, um die Zielgruppe kostengünstig zu erreichen,

- eine Liste aller qualitativen Argumente, die potentielle Kunden überzeugen könnten.

Sein Konzept wurde über die direkten Vorgesetzten hinaus auch von der Geschäftsleitung akzeptiert und unterstützt. Dank seiner guten Englischkenntnisse wurde er nach ersten Erfolgen bei internationalen Marketing-Meetings als Referent eingesetzt.

Seine Marketingstrategie beinhaltete folgende Kernaussagen:

- Der Vertrieb ist nicht mehr produktspezifisch, sondern nach Zielgruppensegmenten zu organisieren!
- Nicht nur verkaufen wollen, sondern Probleme von potentiellen Neukunden herausarbeiten und Lösungsansätze bewußt machen!
- Den Schwerpunkt nicht auf Preisverhandlungen setzen, sondern auf Gespräche mit den Anwendern, um gemeinsam den optimalen Produktnutzen herauszuarbeiten!

Die Folge war eine gewaltige Umsatzsteigerung von 60 Prozent und eine Marktanteilssteigerung im Bereich der Telecom ICs von 2 auf 10 Prozent innerhalb von drei Jahren.

Innerbetriebliche Orientierung

1985 verdiente Waldner schon überdurchschnittlich (100000 DM pro anno). Er hatte im Betrieb an Ansehen gewonnen; mit seinem direkten Vorgesetzten gab es allerdings Probleme, da dieser Waldner um seine Erfolge zu beneiden schien. Waldner hatte sich in seinem Fachbereich des Elektrokonzerns einen Namen gemacht. Zusammen mit einem Mitarbeiter gründete er innerhalb des Unternehmens den Arbeitskreis „Marketing- und Vertriebsstrategie". Sein Vorgesetzter fühlte sich übergangen und versuchte Waldners Eifer zu stoppen. Waldner gab zunächst nach.

Wir prüften, inwieweit der Vorgesetzte grundsätzlich ein Hemmfaktor für Waldner und das Unternehmen sein könnte. Das Ergebnis war, daß der Vorgesetzte eine recht konventionelle, noch nach traditioneller betriebswirtschaftlicher Manier geprägte

Geschäftsauffassung hatte und künftig ein eher noch schwierigerer Verhandlungspartner und Vorgesetzter für Waldner sein würde. Dennoch war er zunächst Waldners wichtigste Zielperson.

> Immer wieder machen Angestellte den Fehler, bei innerbetrieblichen Spannungen sofort das Weite zu suchen, statt im Unternehmen die Engpässe, die sie am Weiterkommen hindern, aufzuspüren und zu beseitigen. So konzentrieren sich z. B. Angestellte im Außendienst häufig stärker auf Kundenwünsche, statt sich zu überlegen, wie sie die Probleme aus der Sicht ihres Vorgesetzten besser lösen könnten. Denn der entscheidet mit über die Karriere. Wer sich mit den Kunden verbündet, wird eines Tages für sein Unternehmen sozusagen „Opposition" und übernimmt zu sehr die Argumente der Kunden, statt im Unternehmensinteresse zu handeln. Dieser Weg geht ins Leere. Besser ist es, sich immer wieder bewußt zu machen, wer denn jeweils die wichtigste Zielperson oder Zielgruppe ist.

Orientierung am Markt

Unsere Empfehlung an Waldner war, sich innerbetrieblich stärker an seinem Vorgesetzten zu orientieren, parallel dazu aber seinen Marktwert in der Elektronikbranche zu testen. Immerhin war er nun schon drei Jahre im Unternehmen; würden sich bessere Chancen ergeben, könnte er wechseln. Als eindeutiges Entscheidungskriterium wurde festgelegt: Ergeben sich anhand des Markttests auf seinem Fachgebiet, den Elektronikelementen für die Automobilindustrie, keine besseren Berufschancen, sollte er im Unternehmen bleiben und sich dort noch stärker profilieren. Nur wenn sich eine deutlich bessere Chance bieten würde, sollte er wechseln.

Als Markttest führte Waldner mit unserer Unterstützung und unter unserer Treuhandadresse eine Kurzbewerbung durch (Näheres dazu siehe im Kapitel „Bewerbungstaktik I"), die sich an etwa 80 Unternehmen aus seiner Zielbranche Elektronik im In- und Ausland richtete und in der sein Name nicht auftauchte. Darin bot er sein verbessertes Konzept der Kundengewinnung an.

Die Resonanz auf die Aktion war ausgezeichnet: 64 der angeschriebenen Firmen antworteten, 31 erbaten Waldners komplette Bewerbungsunterlagen oder luden ihn direkt zu einem ersten Gespräch ein. Waldner hatte nun Mühe, seinen restlichen Urlaub für diese Bewerbungsgespräche einzuteilen.*

Fünf dieser interessierten Firmen waren aus den USA, der Rest kam aus Europa. Waldner interessierte sich besonders für die US-Firmen, und um schnell zu Vorstellungsgesprächen zu kommen, sandte er seine Bewerbungsinformationen an diese Firmen über die technisch neuartige Mailbox ab. Ergebnis: Er bekam umgehend zwei Flugtickets für Gespräche in den USA. Anschließend hatte er zwei Unterredungen in Frankreich, zwei in der Schweiz und elf in Hamburg, Stuttgart und München.

Die Bewerbungsaktion hatte Waldner am 4. Dezember 1985 gestartet. Am 15. März 1986 entschied er sich für einen der führenden Elektronikkonzerne in den USA. Das Unternehmen will verstärkt in Europa Fuß fassen und insbesondere auch die Automobilindustrie erschließen. Waldner wurde eine leitende Aufgabe angeboten, die mit deutlich höherer Kompetenz und Verantwortung ausgestattet war als in seinem bisherigen Unternehmen.

Die Dotierung war mit 120000 DM Jahresgrundgehalt angemessen. Waldner bekam diese Führungsposition trotz seiner erst 33 Jahre, da er es als einziger Bewerber verstand, nicht allein seine Person, sondern ein klares Konzept gut „zu verkaufen“. Zudem sprachen seine bisherigen Erfolge für ihn.

* In der Regel sind Rückläufe auf Kurzbewerbungen nicht so hoch wie in diesem Fall. Die Quote der Interessenten pendelt sich häufig bei 10 Prozent der angeschriebenen Adressen ein. Der Rücklauf wird um so höher, je nutzbringender das Konzept des Bewerbers für die Firmen ist und je mehr es sich um eine Wachstumsbranche handelt.

In seinem bisherigen Unternehmen hatte er im Marketingkreis sein Konzept zur Neukundengewinnung so weit verbessert, daß es auch von anderen Vertriebsleuten übernommen werden konnte. Seinem Vorgesetzten wurde mittlerweile eine andere Aufgabe angeboten, so daß Waldner nicht mehr hätte wechseln müssen. Er übernahm natürlich dann doch die höherwertige neue Aufgabe für den US-Konzern.

Waldner konnte in der neuen Position außer einer Sekretärin gleich drei weitere Mitarbeiter einstellen und schulen. Er hatte es nun zwar mit anderen Elektronikbausteinen als vorher zu tun; von Vorteil war jedoch, daß die Ansprechpartner bei den Kunden fast dieselben waren. Man kann sagen, sein Ziel blieb fast gleich, er wechselte nur die Pferde. Waldner hat mit seinen 33 Jahren schon überdurchschnittlich viel erreicht.

Strategische Erfolgsfaktoren

Wie die beiden bisher vorgestellten Fälle zeigen, gibt es typische Verhaltensmuster, die Erfolg oder Mißerfolg in der Karriere nach sich ziehen. Die folgende Übersicht zeigt unterschiedliches strategisches Verhalten auf.

Passives Angestelltenverhalten	*Aktive Karrierestrategie*
– man wartet, bis sich Entfaltungsmöglichkeiten bieten	– regelmäßig eigene Situation und Umfeld auf Chancen prüfen
– man orientiert sich am Gehalt und eigenen, introvertierten Zielen	– Indentifikation mit übergeordneten Zielen
– man verzettelt sich im Beruf, man will alles mögliche machen, in die Breite gehen	– Konzentration auf eigene Stärken und enges Geschäftsgebiet, sich in die tieferen Problemschichten des Marktes einarbeiten

– das tun, was alle anderen auch machen	– auf Lücke gehen, die Engpässe im Unternehmen und der Branche suchen, die von anderen nicht beseitigt werden
– man verbündet sich häufig im Unternehmen gegen Vorgesetzte	– mithelfen, Probleme der Vorgesetzten zu lösen, um selbst schneller aufsteigen zu können
– im Spannungsfall bewirbt man sich eben anderswo	– innerbetriebliche und außerbetriebliche Profilierung, dadurch höhere Chance, abgeworben zu werden
– man reagiert passiv auf Stellenanzeigen; auf ein Stellenangebot bewerben sich bis zu 100 Führungskräfte als Konkurrenten	– aktives Bewerben bei einer homogenen Zielgruppe, um eine Vielzahl von Kontakten ohne Mitbewerber zu erlangen
– beim Positionswechsel verläßt man oft die Branche und verliert seine sozialen und beruflichen Wurzeln	– in der Branche bleiben, um Erfahrungen und Kontakte zu vertiefen und damit in neuer Position schneller an Boden zu gewinnen
– man hält Spezialisierung für überflüssig	– Spezialisierung auf Grundprobleme und Branchen zwecks Überlegenheit und schnellerem Know-how-Vorsprung

Waldners Ziel ist, sich im Unternehmen und in der Elektronikbranche einen Namen als Problemlöser zu machen, indem er

1. die Probleme der Anwender beim Einsatz neuester Technologien,
2. gleichzeitig die Verkaufsprobleme des Herstellers löst.

Diese Art der Zielsetzung verbindet ihn unauflöslich mit seinem Markt. Er spezialisiert sich auf einem seinen Neigungen adäquaten Gebiet und nutzt seine immer tieferen Kenntnisse und Fähigkeiten zur Problemlösung für sein Unternehmen. Es ist jedoch nicht damit getan, sich zu spezialisieren. Auch mit Spezialisierung kann man in die Irre gehen.

Soziale Spezialisierung als Lernprozeß

Jede Aufgabe erfordert in unserer arbeitsteiligen Wirtschaft und Gesellschaft einen Fachmann. Jeder von uns hat bereits differenzierte Ausbildungserfahrungen.

Alle Prüfungsordnungen von Universitäten und Hochschulen sehen beispielsweise vor, daß im Studiengang zum Diplomkaufmann verschiedene Wahlfächer absolviert werden müssen. Somit sind bereits von der Ausbildung, der Eignung und der Neigung her äußerst unterschiedliche Voraussetzungen für eine Vielzahl von Berufsmöglichkeiten gegeben. Diplomierte Hochschulabgänger sind mit Studienabschluß keine Generalisten oder Spezialisten per se, sondern *„veredelte Keimlinge"*. Jeder Keimling hat seine speziellen, natürlichen Anlagen und braucht das geeignete Feld für seine praktische Entfaltung. Es gilt das Feld zu finden, für das der Keimling optimal geeignet ist.

Jede Berufsentscheidung bedeutet die *Konzentration* der Kräfte auf das gewählte Gebiet und die Vernachlässigung anderer Gebiete. Damit beginnt *praktisch* die berufliche Spezialisierung[5].

Die irrige Meinung vieler Manager, sie seien als Generalisten in der Lage, jedes Unternehmen führen zu können, ist leider weit verbreitet. Befragt man dann allerdings diese Manager, welchen Bewerber sie zur Einstellung bevorzugen würden, den Brancheninsider und Spezialisten oder den Manager, der aus einer ganz anderen Branche kommt, ist die Antwort eindeutig:

90% bevorzugen einen Spezialisten aus der „Szene". Was manche Führungskräfte mit Generalistentum meinen, ist lediglich die Fähigkeit, ein Unternehmen ganzheitlich führen zu können, beispielsweise als Geschäftsführer oder Vorstand. Es ist nach unserer Erfahrung jedoch klar, daß bei der Besetzung einer Führungsposition in einer Brauerei – bei sonst ähnlichen Qualitäten der Bewerber – der Kandidat aus der Getränkeindustrie einem Kandidaten aus dem Bergbau vorgezogen wird.

Die Frage, ob Spezialisierung richtig oder falsch sei, ist als solche höchst uninteressant[6]. Die richtige Fragestellung ist die, wie man sich so spezialisiert, daß man nicht zum Fachidioten wird bzw. sich beruflich nicht in eine Sackgasse manövriert. Prägnanter formuliert: Wie muß man sich spezialisieren, um mit den eigenen Fähigkeiten im Beruf ein Höchstmaß an Wirkung zu erzielen? Folgende drei Arten der Spezialisierung lassen sich unterscheiden:

1. Spezialisierung auf Technik, Verfahren, Rohstoffe, kurz: technische Spezialisierung
2. Spezialisierung auf Grundprobleme, kurz: Problemspezialisierung
3. Spezialisierung auf Zielgruppen (Menschen mit gleichartiger Problemstellung), kurz: soziale Spezialisierung

Technische Spezialisierung: Dabei läuft man Gefahr, von neuen Techniken, Verfahren und Werkstoffen überholt zu werden. Beispielsweise war die Spezialisierung auf die Isolierung von Heizungsrohren mit Gips falsch, denn Gips wird mittlerweile durch Kunststoffschaum ersetzt. Der Setzer, der sich auf den Bleisatz spezialisiert hatte, ist entweder inzwischen arbeitslos, umgeschult oder ein vielgefragter Spezialist für bibliophile Kostbarkeiten, insofern es ihm gelungen ist, die technische und soziale Spezialisierung zu verbinden. Der technologische Wandel hat inzwischen ein atemberaubendes Tempo erreicht, so daß technische Spezialisten immer schneller in der Sackgasse enden.

Problemspezialisierung: Sinnvoller ist die (höherwertige) Problemspezialisierung. Eine solche Spezialisierung wäre z. B. die Konzentration auf Probleme der Energiekostensenkung. Im Rahmen dieses Problemkreises ist auch die Isolierung von Heizungsrohren wichtig, jedoch sucht man unter dem Oberthema immer wieder nach besseren Alternativen und wendet neue und besser geeignete Verfahren sofort an.

Soziale Spezialisierung: Zwei Vertriebsingenieure spezialisierten sich z. B. auf Bürokommunikationsprobleme/-geräte; einer davon zusätzlich auf die Zielgruppe Rechtsanwälte. Letzterer hatte zwar zu Anfang etwas größere Mühe, aber als es sich herumgesprochen hatte, daß er die Anwenderprobleme der Rechtsanwälte und Notare kannte, setzte schnell eine Mund-zu-Mund-Werbung für ihn ein. Durch den „sozialen" Lernprozeß, immer wieder mit denselben Problemen der Zielgruppe konfrontiert zu sein und Lösungen zu entwickeln, wurde er in kurzer Zeit für diese Zielgruppe ein deutlich interessanterer Verkäufer und Gesprächspartner als der andere Kollege, der weiterhin an „Hinz und Kunz" verkaufte. Er wurde gar von der Rechtsanwaltskammer gebeten, einen Fachvortrag über EDV-Einsatz in der Rechtsanwaltspraxis zu halten. Die Hauptprobleme der Rechtsanwälte kennt er mittlerweile aus dem Effeff und hat seine Angebote daraufhin maßgeschneidert. Die soziale Spezialisierung sicherte ihm also die optimale Akzeptanz seines EDV-Angebotes und einen entsprechenden persönlichen Erfolg.

Die soziale Spezialisierung ist eine harmonieorientierte Strategie, denn sie bringt die Probleme der Zielgruppe und die Problemlösungsangebote zur Deckung und nützt somit allen Beteiligten. Ganz wichtig ist dabei allerdings, daß man sich voll und ganz der Zielgruppe verschreibt.

Wir müssen lernen, unsere Tätigkeit aus Sicht der Zielgruppe zu betrachten und zu beurteilen. Die nächstliegende Zielgruppe zu bestimmen ist allerdings nicht immer einfach. Sie genau zu finden entscheidet über den beruflichen Aufstieg. Gelegentlich sind dazu umfangreiche Analysen erforderlich (vgl. dazu die Ausführungen im 7. Kapitel).

Hans Waldners Zielgruppe stellte sich strukturell folgendermaßen dar (vgl. Abbildung 1):

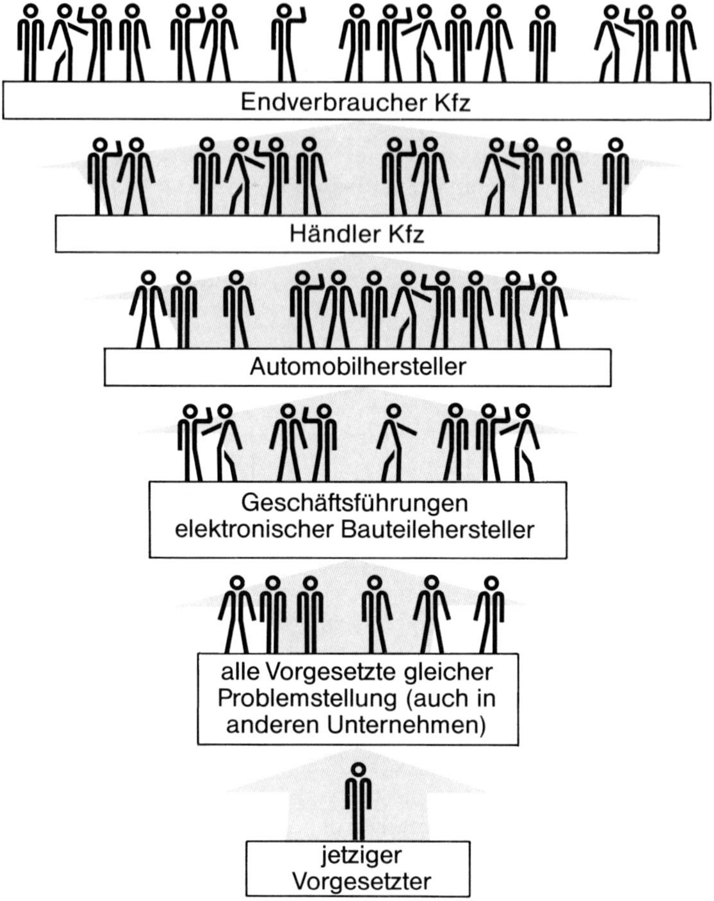

Abb. 1: Zielgruppen-Schichtung
Die soziale Spezialisierung beginnt bei der richtigen Zielgruppen-Abgrenzung und Konzentration auf deren Problemstellungen.

„Vor jedem Angestellten und Betrieb liegt eine Zielgruppe. Sie beginnt mit der subjektiven Problemstellung des unmittelbaren Vorgesetzten und reicht über dessen Vorgesetzte, die Weiterverarbeiter (z. B. Kfz-Hersteller, d.V.) und den Handel bis zur konstanten und objektiven Problemstellung der Endverbraucher. In dieser Zielgruppe muß er sich nach Maßgabe seiner wachsenden Kräfte und Mittel von einem brennenden Problem zum anderen und von der nächstliegenden Zielgruppe in die dahinter liegende vorarbeiten. Das ist der optimale Weg, um seine Leistung in die Bedürfnisse der Zielgruppe zu integrieren.“[7]

Einige Beispiele sowohl für Angestellte wie auch für ganze Unternehmen machen den Problemkreis der sozialen Spezialisierung noch einmal deutlich. Die Gegenüberstellung von falscher und richtiger Spezialisierung dient der besseren Abgrenzung zu bislang geläufigen Karrierekonzepten.

Beispiele falscher Spezialisierung von Angestellten	*Beispiele richtiger, sozialer Spezialisierung von Angestellten*
Fachmann für bituminöse Dachbahnen	Schnelle Dachsanierung für Wohnungsbaugesellschaften
Leiter Rechnungswesen/ Controlling	Sanierung von Niederlassungen des Automobilhandels
Vertriebsleiter Tiefkühlkost	Optimierung von Fast-Food-Restaurants
Ingenieur für Schalungstechnik am Bau	Beschleunigung der Arbeitsvorbereitung für das Bauhauptgewerbe →

Verkaufsleiter Kfz	Lösung von Image-Problemen für VIPs (z. B. Flaggschiffmodelle von verschiedenen Autoherstellern an Schauspieler, Politiker und andere meinungsbildende Persönlichkeiten „verleihen“, um Nachfrage in anderen Käuferschichten zu wecken)
Buchhaltungsleiter	Veranschaulichung des Firmengeschehens für Geschäftsführer (z. B. Entwicklung von kundenorientierten Kennzahlen)
Beispiele falscher Spezialisierung von Firmen/Selbständigen	*Beispiele richtiger, sozialer Spezialisierung von Firmen/Selbständigen*
Möbelstoffweberei	Entwicklung flammhemmender Stoffe, Spezialist für die Innenausstattung von großen Gebäuden wie Theater, Kinos usw.
Unternehmensberatung	Fachberatung zur Ertragssteigerung bei Augenoptikern
Fotograf	Umsetzung von gesellschaftlichen Ereignissen in Public Relations
Elektroinstallateur	Konzentration auf verkaufsfördernde Beleuchtung im Einzelhandel

Die Gefahren der technischen Spezialisierung, nämlich beruflich ins Abseits zu gelangen, werden durch die bedürfnisorientierte, soziale Spezialisierung vermieden, da man immer wieder von seiner Zielgruppe nach dem Prinzip von Trial and Error (Versuch und Irrtum) korrigiert wird.

Die Vorteile der sozialen Spezialisierung sind eindeutig. Sehr klar beschreibt dies Wolfgang Mewes in seinem zwölfbändigen Werk, und jedem, der im Beruf vorwärtskommen will, sei sein EKS-Managementlehrgang wärmstens empfohlen.

Mewes stellt auch die anderen wesentlichen Erfolgsprinzipien für Führungskräfte und Unternehmer dar:

1. Seine Sinne, Kräfte und Mittel nicht breit und verzettelt, sondern spitz und konzentriert einsetzen.
2. Nicht nomadisieren, sondern in einer kleinen sozialen Gruppe Fuß fassen. Mit der wachsenden Anziehungskraft erweitert sich die zunächst enge und unübersichtliche Gruppe von selbst.
3. Sich nicht nach überlieferten Vorbildern, Lehrplänen oder gängigen Leitbildern auf die großen Haufen hin entwickeln, sondern in die empfindlichste Lücke seiner Zielgruppe stoßen. In der Lücke, die andere lassen, hat man größere und schnellere Entfaltungsmöglichkeiten.
4. Sich nicht in die Breite und Perfektion, sondern in die Tiefe der Probleme und Zusammenhänge entwickeln[8].

Gerade der letzte Punkt führt jeden Spezialisten aus einer möglichen Engstirnigkeit hinaus auf neue, „fette Weiden", wie das folgende Beispiel zeigt.

Der Handwerker Fritz Medler hatte sich seit Jahren gefragt, wie er sich geschäftlich gegenüber seinen Konkurrenten profilieren könnte. Schließlich kam er auf die Idee, ein Funkmobil (Kleintransporter mit Grundausstattung an Installationsmaterial, über Sprechfunk überall erreichbar) einrichten zu lassen und einen Service für Hausbesitzer und Mieter anzubieten. Der Service umfaßte die vierteljährliche Kontrolle der im Abonnement zusammengefaßten Häuser. Sein Außendienstmann besuchte also ein

Haus nach dem anderen, um zu sehen, wo Schäden in Bädern und Küchen aufgetreten waren, wo Wasser tropfte, wo die Heizung nicht funktionierte usw. Kleinreparaturen erledigte er sofort; zudem konnte er gleich Erneuerungs- und Verbesserungsvorschläge für ältere sanitäre Anlagen machen. Für Mieter und Hausbesitzer, die nicht gleich Modernisierungsaufträge vergaben, wurden die Vorschläge in der EDV gespeichert und nach einem Vierteljahr erneut vorgebracht. Ergebnis dieser im Baunebengewerbe völlig neuen „Verkaufsstrategie" war, daß sich der neue Transporter kurzfristig amortisierte und der Marktanteil des Unternehmens im erweiterten Einzugsgebiet auf über 50 Prozent gegenüber vorher 20 Prozent stieg. Wie man sieht, hatte sich Medler überlegt, wo sein Unternehmen und die Mitbewerber aus Sicht der Kunden Lücken lassen. Welcher Hausbesitzer würde z. B. nur für das Neuausfugen von Dusch- oder Badewannenecken extra einen Handwerker bestellen? Medler erkannte, daß man Kleinaufträge systematisieren muß, damit sie sich für alle Beteiligten lohnen. Sein Unternehmen hat sich somit „in die Tiefe" der Kundenprobleme hineinentwickelt und versucht nun, das Konzept an Kollegen in anderen Gebieten zu verkaufen. Den nächsten Schritt im Rahmen der Spezialisierung in die Tiefe hat sich Medler auch schon ausgedacht: Er will Seminare für Do-it-Yourselfer veranstalten, also dem Kunden noch mehr Know-how und Vertrauen entgegenbringen – eine in Handwerkerkreisen seltene, jedoch erfolgreiche Strategie.

Als Fazit des 2. Kapitels halten wir fest:

> Führungskräfte sollten unternehmerisch im Unternehmen mitdenken; dafür werden sie eigentlich bezahlt. Wer sich unternehmerisch betätigt, sollte auch seine Karrierestrategie aktiv und unternehmerisch betreiben. Strategisches Denken einer Führungskraft beinhaltet die Suche von Lükken und Chancen im Markt für das Unternehmen und für sich selbst.

3. Kapitel

Berufszielfindung – welche Alternativen bieten sich?

Nach der Ausbildung – sei dies nun nach dem Abitur oder nach dem Studium – stellt sich unweigerlich die Frage nach der weiteren beruflichen Lebensgestaltung. Wie empirische Untersuchungen zeigen, lassen sich mindestens ebenso viele Berufseinsteiger treiben wie nach einem sicheren Arbeitsplatz suchen. Beides ist nicht nur passiv und unzeitgemäß, sondern geradezu gefährlich. Erstens überläßt man damit zu vieles dem Zufall, und zweitens läuft man damit Gefahr, sich auf eine Tätigkeit einzulassen, die Frustration, Langeweile, Mittelmaß für lange Jahre bedeutet. Wie aber findet man aktiv sein Berufsziel? Welche Wege kann man beschreiten, um dieses Berufsziel zu erreichen?

Berufseinstieg oder Studium?

Weshalb studiert man heute noch? Der gleichsam automatische Aufstieg – wie dies vielleicht noch vor Jahren möglich war – ist damit nicht garantiert. Was nutzen lange Ausbildungszeiten, wenn man dann zwar weiß, wer wem bei Issus 333 v. Chr. eine Schlacht geliefert hat, aber in keiner Weise nicht auf das praktische Leben vorbereitet ist? Schüler- und Studentenseminare, die wir[9] durchführten, zeigten uns, daß die meisten Teilnehmer überhaupt nicht wissen, was sie eigentlich vom Leben erwarten, was ihnen beruflich Spaß machen könnte, wo ihre Neigungen liegen und welche ihre Stärken sind. Sie haben keinerlei Übersicht über mögliche Berufe. Sie lassen sich auf vorgeplante Bahnen, auf von anderen bereits getrampelte Pfade und in Nullachtfünfzehn-Berufe locken. Man scheut sich vor dem Neuen und Ungewöhnlichen. Jedoch gerade die noch nicht gepflasterten Wege sind die interessantesten – hier liegen die wahren Abenteuer und Chancen. Aber wie sind sie zu finden?

Mit der Berufszielfindung liegt es im argen. Dabei ist den Ausbildungsstätten ein Vorwurf nicht zu ersparen, denn diese sind offensichtlich nicht in der Lage oder willens, moderne und einfache Hilfen zur Berufszielfindung zu geben. Was weitergegeben wird, sind die ewig gleichen öden Muster für Bewerbungsschreiben, Lebenslauf usw. Ein Unternehmer: „Wir erhalten alle Jahre wieder Massen gleichlautender und nichtssagender Bewerbungsschreiben. Und in keinem einzigen ist zu erkennen, was an Fachwissen oder Fähigkeiten vorhanden ist oder weshalb sich der Kandidat für diesen Beruf entschieden hat und nicht für einen anderen." Gerade aber diese Frage ist es, die jeder für sich zunächst zu klären hat.

Für viele Berufe ist ein abgeschlossenes Hochschulstudium die unbedingte Voraussetzung (z. B. Rechtsanwalt, Steuerberater, Wirtschaftsprüfer, Lehrer). Will man einen dieser Berufe ergreifen, gibt es nur den Weg über die Universität. Hat man aber keine solch eindeutigen Berufswünsche, dann stellt sich die Frage: Studium oder Praxis?

Oder ist dies die falsche Frage? Welche Alternativen gibt es heute? Muß ein Studium an einer Universität absolviert werden? Einige Alternativen[10] seien hier aufgelistet, um zu zeigen, daß es nicht darauf ankommt, das zu tun, was alle anderen tun, sondern das, wozu man geeignet ist, wozu man Lust hat und wofür ein Markt vorhanden ist:

Alternativen nach dem Abitur

- Lehre nach dem Abitur, danach Studium, vielleicht im Ausland
- sofortiger Studienbeginn, vielleicht im Ausland
- als Trainee sofort in die Praxis
- Berufsakademie, eine Mischung aus akademischem Unterricht auf Universitätsniveau und praktischer Tätigkeit in einem Unternehmen
- parallel zur Lehre oder Praxis: Studium an einer Fernuniversität im In- oder Ausland (Fernuniversität Hagen oder eine ausländische Fernuniversität), Fort- und Weiterbildung durch Fernkurse
- Studium an einer Fachhochschule, sechssemestriges Studium mit einem Praxissemester
- Studium an einer privaten Fachhochschule oder Universität im In- oder Ausland; z. B. European Business School (Schloß Reichertshausen in Oestrich/Rheingau), wissenschaftliche Hochschule für Unternehmensführung (Koblenz), IMEDE (Lausanne), INSEAD (Fontainebleau), London Business School (London) sowie die amerikanischen Business Schools

Steigt man in das Studium ein, so ist damit die Berufszielfindung nicht abgeschlossen – wie sie überhaupt für jeden, der noch im Berufsleben steht, nicht abgeschlossen sein kann –, sondern lediglich vertagt. Studenten sollten sich daher nicht erst kurz vor oder – wie es häufig der Fall ist – nach dem Examen Gedanken über ihren Berufseinstieg machen, sondern spätestens nach dem Vordiplom. Wer dann schon eine bestimmte Berufsrichtung anpeilen kann, hat die Möglichkeit, in den Semesterferien sinnvoll und gezielt als Werkstudent zu arbeiten und sich damit nützliche Kontakte aufzubauen.

Fragt man Studenten vor dem Examen nach ihren Berufswünschen, dann hört man leider allzuoft nur, daß man sich nach bestandenem Examen in aller Ruhe um einen *Arbeitsplatz* kümmern will. Eine solche, absolut deplacierte Zielvorstellung könnte etwa lauten: „Ich suche einen sicheren Arbeitsplatz in der Nähe, wo ich viel Geld verdienen kann."

Traurig, aber wahr; an den Universitäten wird viel gelehrt, jedoch kaum, wie man Gelerntes praktisch umsetzt. Sinnvoll ist hier sicherlich ein Konzept, das einige Fachhochschulen verfolgen[11]. Dort werden Diplomarbeiten als Projekt in Kooperation mit einem Unternehmen vergeben, es finden Vorlesungen über Berufszielfindung und Studienstrategie statt usw.[12]

Die passive Haltung vieler Studenten hinsichtlich ihres Berufswunsches ist insofern erstaunlich, als bei einigem Nachdenken deutlich wird, daß ein Unternehmen einen Studienabgänger nicht seiner theoretischen Kenntnisse wegen einstellt, sondern sich erhofft, daß ihn diese zu einem guten Problemlöser machen. Ziel eines Berufseinsteigers sollte also sein, (zunächst kleinere) praktische Probleme für andere lösen zu wollen.

Ein *Anspruchsdenken* ist völlig fehl am Platze. Es gibt kein Recht auf einen Arbeitsplatz, aber es gibt genügend Arbeitsplätze, solange es Bedürfnisse und Probleme gibt. Letztere haben wir zuhauf. Daher muß man sich aktiv bemühen, praktische Probleme auf dem erlernten Gebiet und bei bestimmten Unternehmen aufzuspüren und sich daraufhin gezielt zu bewerben.

Die Empfehlung bei der Berufszielfindung lautet kurz: Eignung, Fähigkeiten und Neigung schriftlich analysieren. Prüfen, wo in einer grob ausgewählten Branche ein Bedarfssog, eine Lücke besteht, die man mit seinen Stärken ausfüllen könnte.

Der folgende Fragenkatalog kann helfen, die Berufszielfindung zu systematisieren und zu rationalisieren. Am Beispiel für einen Studienabsolventen der Betriebswirtschaftslehre wird gezeigt, wie man zu einem selbstbestimmten, bedarfsorientierten Berufsziel kommen kann.

1. Welche Aufgaben und Probleme kann ich als Berufsanfänger (Studienabgänger) in der Praxis lösen?

   ....

   Z.B. Aufgaben aus den Gebieten
   Rechnungswesen/Steuern/Wirtschaftsprüfung,
   Datenverarbeitung/Organisation, Marketing/Vertrieb,
   Unternehmensplanung/Controlling,
   Kostenrechnung/Investitionsrechnung,
   Personalwesen/Schulung/Verwaltung, Beschaffung/Logistik,
   Export usw.

2. Auf welchen Fachgebieten bringe ich gute Kenntnisse mit, und welche interessieren mich am meisten?

   ....

   Dies ist die Frage nach Eignung und Neigung. Zur Beantwortung gehören auch Fähigkeiten und Kenntnisse, die man neben und vor dem Studium erworben hat, auch Steckenpferde. Am besten alle möglichen Stärken auflisten und in einem zweiten Durchgang bewerten, um herauszufinden, wo die Hauptstärken liegen.

3. Was könnte ich mit meinen wichtigsten Kenntnissen und Fähigkeiten Nützliches anstellen?

   ....

   Nehmen wir an, unser Studienabgänger – nennen wir ihn Thomas Schmitz – arbeitet heraus, daß er gut in Marketing und

Vertrieb, in EDV und Organisation Bescheid weiß und dazu über praktische Kenntnisse im Bereich Touristik, Camping, Caravaning (Camping ist sein Hobby) sowie Sprachkenntnisse verfügt. Er könnte z. B. Reisen organisieren.

4. Welche Unternehmen könnten an meinen Schwerpunkten Interesse haben?

....

Schmitz könnte z. B. die Hersteller von Outdoor-Ausrüstung (Zelte, Caravaning) für interessant befinden. Dann sollte er nicht einfach auf gut Glück ein paar bekannte Hersteller nennen, sondern die gesamte Zielgruppe definieren. Ein Fehler, der häufig gemacht wird, ist, sich jeweils bei den größten und bekanntesten Unternehmen der Branche zu bewerben. Dort bewerben sich alle anderen auch. Also ist die Chance, dort als Bewerber eingestellt zu werden, relativ gering. Besser ist es, sich auch bei Klein- und Mittelbetrieben zu bewerben, die oft sogar dynamischer und flexibler sind.

Für Schmitz könnten sich nach einer ersten Sichtung folgende Zielgruppen ergeben, die an seinen Fähigkeiten grundsätzlich interessiert sein müßten:

Anzahl	*Zielgruppe*
1223	Campingplatzverwaltungen
33	Campingartikelgroßhändler
102	Campingausrüstungsfirmen
70	Fähragenturen und Fährbetriebe
124	Feriendörfer
226	Sportartikelfabriken
498	Karitative Erholungsstätten
65	Reisemobilhersteller, Caravanhersteller
7	Sport- und Campingzeltfabriken
725	Fluggesellschaften
4055	Omnibusverkehrsunternehmen
49	Sportartikelversandhäuser
9341	Reisebüros und Reiseveranstalter usw. (diese Angaben findet man in Adreßkatalogen)

5. Welche ist nun die erfolgversprechendste Zielgruppe?

....

Aus den vielen Möglichkeiten ist diejenige Teilzielgruppe herauszuschälen, mit der man sich am besten identifizieren kann, d.h., wo Eignungs- und Anforderungsprofil am besten passen (vgl. Schlüssel-Schloß-Verhältnis[13]).

Viele Studenten wissen leider wenig über die Branchen und Firmen und haben zudem keine Kenntnis über Gepflogenheiten in den Branchen. Um dieses Wissen zu erlangen, muß man einen Schwerpunkt setzen, sich z. B. auf die Reisebüros konzentrieren und die wesentlichen Fachzeitschriften regelmäßig durcharbeiten. Dann hat man in drei Monaten einen ausreichend großen Überblick über die Möglichkeiten und Berufschancen im jeweiligen Marktsegment.

Diese Vorgehensweise, sich selbst besser über seine Eignungen und Fähigkeiten Rechenschaft zu geben, sich selbst Ziele zu setzen, konsequent auf die Bedürfnisse und Probleme einer Zielgruppe hin zu denken usw., kann man erlernen; allerdings nicht an einem Tag, nicht im Schnellverfahren. Es gehört ein Lernprozeß, eine persönliche und berufliche Bewußtseinserweiterung dazu, sich nicht mehr nur auf sich selbst im Sinne einer Nabelschau zu konzentrieren, sondern sich im Hinblick auf eine konkrete Zielgruppe auf Herz und Nieren zu prüfen.

Für unseren Beispielstudenten Thomas Schmitz leitet sich als Strategie für den Berufseinstieg eine konkrete Aufgabenstellung ab: Konzentriere dich schon als Student auf die Akquisitions- und Organisationsprobleme von Outdoor-Veranstaltern (Camping, Caravaning). Die Zielgruppe ist groß genug, wie die Liste oben zeigt.

Erkennt Schmitz dann noch, daß er mit dieser Spezialisierung gewissermaßen eine Monopolstellung besitzt (kein anderer Student hat dieselbe Zielrichtung!), sollte ihm auch der Einstieg in das selbstbestimmte Berufsfeld nicht mehr allzu schwer fallen. Unsere Erfahrung zeigt, daß die aktive Karrierestrategie regelmäßig dazu führt, sich als Problemlöser für eine konkrete, engumgrenzte Zielgruppe zu verstehen. Und damit sind immer gute Bewerbungschancen gegeben. Gespräche mit Unternehmern und Personalleitern bestätigen, daß eine aktive Karrierestrategie auch Studienabbrecher zum Ziel führt.

Wirtschaftsstudenten haben u.a. die Möglichkeit, bei AIESEC, einer internationalen Studentenvereinigung, Wirtschaftskontakte aufzubauen und Praktika im In- und Ausland zu erhalten. Bei AIESEC-Tagungen von Studenten zusammen mit Vertretern der Wirtschaft hört man immer wieder, daß Personalchefs gar nicht so sehr am Diplomzeugnis, sondern an den Tätigkeiten interessiert sind, die man als Student nebenher erledigt hat, etwa Jobs in den Semesterferien, das Erlernen oder Anwenden von Spezialkenntnissen, Ehrenämter (z. B. Fachschaftssprecher, Tutor), sonstige Aktivitäten (beispielsweise Mitautor bei einem wissenschaftlichen Werk oder wissenschaftliche Hilfskraft an einem Institut) usw. Der Wunsch, Praktiker und Problemlöser für das Unternehmen zu gewinnen, setzt sich bei Führungskräften in verstärktem Maße durch.

Das konkrete Berufsziel

Man täusche sich nicht – es geht bei der Berufszielfindung nicht um eine verbale Festlegung auf eine Zielgruppe. Es bedeutet vielmehr, sich mit dem Geschehen in dieser Branche, mit den Problemen, mit der Wettbewerbssituation, mit den Personen usw. zu beschäftigen. Dies bedeutet aber auch, wie bei unserem Beispielstudenten Schmitz, daß Erlerntes konkreter umgesetzt werden kann, denn *kennen* heißt noch lange nicht *können*! So kann sich Schmitz schon während des Studiums in die angestrebte Richtung profilieren. Die Studienstrategie wird klarer, er kann z. B. eine Diplomarbeit über „Neue Wege des Marketing von Reiseveranstaltern“ schreiben, sich bei der Zielgruppe als an der Branche interessierter Student einführen, in den Semesterferien bei Reiseveranstaltern ein Praktikum machen, neben dem Studium Reiseleiter „spielen“ und dabei Erfahrungen im Umgang mit schwierigen Kunden, schlecht organisierten Reisen, Doppelbuchungen usw. machen. Auf diese Weise kann er sich sogar sein Studium finanzieren. Nach diesen Vorbereitungen wird der Berufseinstieg problemlos und mit großem Erfolg gelingen. Analog gilt das für andere Branchen auch!

Dies garantiert natürlich nicht – wie sollte es auch – sofort die Lebensstellung im Traumberuf. Berufe wandeln sich, heute schneller denn je. Mußte man bislang im Laufe eines Arbeitslebens mit einem dreimaligen Stellenwechsel rechnen, dann wird sich diese Dynamik in der Zukunft sicherlich nicht verlangsamen. Die aktive Karrierestrategie garantiert aber etwas anderes. Die Konzentration auf die Zielgruppe, bei der man mit seinen Fähigkeiten und Fertigkeiten, seinen Neigungen und seinem Engagement zum Problemlöser avanciert, stellt eine Denk- und Handlungsweise dar, die wie beim Jiu-Jitsu – bei dem man den Schwung des Gegners für den eigenen Angriff ausnützt – die eigene Dynamik noch verstärkt.

Den Lernprozeß muß man sich als „Nürnberger Trichter, verkehrt herum" vorstellen: Zuerst spezialisiert und konzentriert man sich auf ein enges Gebiet. Durch die ersten praktischen Lernschritte kommt man wissensmäßig schnell voran, hat bald Routine und kann nun sein Wissen immer mehr erweitern, bis man einen universellen Überblick über die wesentlichen und unwesentlichen Problembereiche der Branche bekommt. Diese ändern sich im Laufe der Zeit, und man muß mit seinem Berufsziel den wesentlichen Problemen folgen; als Problemlöser ist man immer gefragt! Das ist es, was den Erfolg einer aktiven Karrierestrategie garantiert.

4. Kapitel

Karrierestart – Vorbereitung und Einstieg ins Berufsleben

Die Ehemänner sind erfolgreich im Beruf, die Ehefrauen sitzen frustriert zu Hause – ein Zustand, der immer wieder geschildert und beklagt wird. Daran hat sich insofern etwas geändert, als Frauen heute mit ihrer Rolle als Nur-Hausfrau und Nur-Mutter nicht mehr zufrieden sind. Sie streben auch nach Selbstverwirklichung und Anerkennung außerhalb der eigenen vier Wände. Aber was tun? Eigentlich bleiben nur die immer gleichen Alternativen: Schreibkraft, Verkäuferin, Aushilfe usw. Nicht gerade typische Karriereberufe. Wenn der Mann genügend Geld verdient, kann man vielleicht eine Boutique eröffnen. Allzu häufig ist dies jedoch nur ein steuerlich begünstigter Zeitvertreib für die frustrierte Ehefrau, und die Frustrationen verstärken sich noch, wenn der Erfolg ausbleibt.

Was bleibt dann noch? Verborgene Talente entdecken und kultivieren!

Fall Thiel – verborgene Talente entdecken

Carola Thiel aus Mainz war mit sich nicht zufrieden. Nach dem Abitur (1977) hatte sie geheiratet. Ihr Mann war mittlerweile in leitender Position in einem Dienstleistungsunternehmen tätig. Nachwuchs stellte sich ein, doch als der Sohn in den Kindergarten kam, war sie nicht mehr ausgelastet. Sie wollte in einen Beruf.

Frau Thiel schrieb auf alle möglichen Inserate, bekam jedoch nur einfache Aufgaben angeboten – sie hatte ja keine Berufsausbildung. Auf dem elterlichen Weingut in Laubenheim, wo sie vor ihrer Heirat gearbeitet hatte und zur Zeit noch mithalf, wollte sie nicht mehr tätig sein, denn das Weingeschäft lief nicht so gut.

Sie überlegte nun, ob sie eine selbständige Existenz aufbauen sollte, z. B. mit einer Kleider- oder Wäscheboutique oder einem Antiquitätengeschäft. Existenzgründungsdarlehen würden den Beginn erleichtern. Die Verdienstmöglichkeiten waren für sie zunächst nicht so wichtig, da ihr Mann ein ausreichendes Einkommen hatte.

Schließlich entschied sie sich für ein Studium. Ihre Wahl fiel auf die Fachhochschule Wiesbaden. Sie wählte die Fächer Marketing und Management und machte einen Abschluß als Diplombetriebswirtin (FH). Die ersten Semester konnte sie ihren Sohn gut nebenher versorgen, als er dann in die Schule kam, hatte sie noch mehr Studienzeit zur Verfügung. Sie begann das Studium im Frühjahr 1981 und schloß es im Herbst 1983 ab. In den Semesterferien war sie als „Werkstudentin" bei der Werbeagentur Dorner tätig.

Ihren beruflichen Einstieg wollte Carola Thiel folgendermaßen angehen:

1. auf Stellenangebote in der Regionalzeitung reagieren, um einen Berufseinstieg zu bekommen;
2. sich direkt bei der Firma ihres Mannes bewerben;
3. sich in Werbeagenturen bewerben, da sie dort schon praktische Erfahrung hatte.

Nach ersten erfolglosen Bewerbungsversuchen kam sie zu uns. Wir empfahlen ihr die aktive Bewerbungsstrategie.

Fünf Schritte der aktiven Bewerbungsstrategie

Auch dieser Musterfall führt zu einer bestimmten Methodik[14], die den Bewerber zwingt, sich selbst immer in Bezug zu einer konkreten Zielgruppe zu setzen, also sich ganz konkret zu fragen: Wem kann ich besser als andere mit meinen Eignungen und Neigungen bei der Lösung von Problemen nutzen? Aus der Beantwortung dieser Frage leitet sich dann die aktive Bewerbungsstrategie ab. Frau Thiel mußte folgendes herausarbeiten:

1. ihre speziellen Stärken (Eignung);
2. ihr liebstes Betätigungsfeld (Neigung);
3. Unternehmen/Branchen, die ihr Interesse finden, und Probleme, die sie gut lösen könnte (Problemlösungsfähigkeiten);
4. Unternehmen in ihrer Umgebung, die ihre Erfahrung und ihr Wissen gut gebrauchen könnten (Bedarf).

Schließlich mußte sie sich bei diesen Firmen mit einer Kurzbewerbung unter offener Adresse vorstellen (Angebot)!

Carola Thiel ging die Beantwortung der Fragen und die Einleitung der Bewerbungsaktionen auf unseren Rat hin folgendermaßen an.

Stärkenanalyse

Carola Thiel war sich ihrer Stärken als Hochschulabgängerin gar nicht richtig bewußt. Sie war auf ihre theoretischen und wissenschaftlichen Kenntnisse stolz. Das Examen hatte sie mit Note 1,6 abgeschlossen. Unternehmen suchen jedoch Nachwuchsmitarbeiter, die praktische Probleme lösen können. So arbeiteten wir mit ihr heraus, mit welchen praktischen Problemen sie sich schon vor oder während des Studiums erfolgreich auseinandergesetzt hatte.

Dabei fiel uns auf, daß sie ihre frühere Tätigkeit im elterlichen Weinbaubetrieb völlig außer acht ließ. Für Carola Thiel war es anscheinend selbstverständlich, daß sie bei der Weinlese, in der Kellerwirtschaft, im Weinverkauf, bei Weinproben usw. mitgearbeitet hatte, daß sie gelernt hatte, unternehmerisch mitzudenken. Diese Kenntnisse sollten für ihren Berufsweg jedoch noch wichtig werden.

Weiterhin waren ihre Seminare und Praktika während des Studiums interessant, wobei sie viel über Werbung und Vermarktung von Produkten gelernt hatte. Zudem war ihre Diplomarbeit einem praktischen Problem gewidmet: „Neue Ansätze im Weinmarketing – Untersuchung und Differenzierung von Aktivitäten zur Kundengewinnung bei Weinhändlern und Wein-Selbstvermarktern".

Neigungsanalyse

Frau Thiel wollte schon immer in den Bereich Werbung gehen. Dabei war sie für alles offen, wenngleich sie nicht unbedingt an eine Werbeagentur, sondern eher an die Werbeabteilung eines größeren Unternehmens dachte.

Analyse der Problemlösungsfähigkeiten

Als Studienabsolventin konnte sie noch nicht viel Erfahrung vorweisen, jedoch war sie in der Lage, sich in Probleme im Bereich Vertrieb, Weinbau, Weinvermarktung, Werbung schnell einzuarbeiten, um Lösungen entwickeln zu können; schließlich hat sie die Probleme kleinerer Weinbaubetriebe von klein an mitbekommen. Sie brachte auf diesen Gebieten mehr als andere Studienkollegen mit.

Bedarfsanalyse

Im Raum Mainz/Wiesbaden/Bingen gibt es eine Vielzahl von Unternehmen, die mit Wein und Getränken zu tun haben; sei es als Importeur, als Händler, als Erzeuger von Wein, Sekt, Spirituosen. Anhand von Adreßkatalogen und Verbandslisten erarbeitete Carola Thiel eine Adreßliste von 80 Firmen, die mehr als 10 Millionen DM Umsatz machen.

Direktbewerbung, die ankommt

Den 80 ausgewählten Firmen sandte Frau Thiel eine dreiseitige Kurzbewerbung, bestehend aus

1. einen Bewerbungsanschreiben unter ihrer Adresse,
2. ihrem Lebenslauf,
3. einer Liste mit Berufserfahrungen.

Diese drei Bestandteile der Kurzbewerbung sind auf den folgenden Seiten als Muster 1 bis 3 abgedruckt. Sie dokumentieren die gelungene Umsetzung der Analyseschritte in die aktive Bewerbung.

Das Ergebnis der Aktion war großartig; es meldeten sich zwölf Unternehmen, die Carola Thiel zu einem Vorstellungsgespräch einluden. Fünf Unternehmen unterbreiteten ihr einen Vertragsentwurf. Sie hatte also die Wahl zwischen verschiedenen Angeboten. Sofort nach Beendigung des Studiums (1983) ging sie zu einem renommierten Sekthersteller und übernahm dort die Position der Assistentin des Geschäftsführers „Neue Produkte".

Carola Thiel trat ihre Stelle am 1.12.1983 an. Als Frau hat man es schwerer – heißt es manchmal. Da Carola Thiel jedoch eine Aufgabe hatte, wo ihr niemand ein X für ein U vormachen konnte, nämlich im Weinfachwissen, war sie bald als Kollegin unter Männern akzeptiert. Und was Kreativität und neue Ideen der Vermarktung betrifft, haben Frauen häufig bessere Lösungsansätze als ihre männlichen Kollegen. Sie wurde nach einem Jahr zur Produktmanagerin mit deutlich mehr Verantwortung befördert. Nach drei Jahren, 1986, wurde sie (mit 29 Jahren) Abteilungsleiterin. Ihr Berufseinstieg war insgesamt gelungen.

Carola Thiel ist stolz auf ihren Beruf. Ihre langfristigen Überlegungen zielen darauf, sich in der Wein- und Sektbranche einen Namen als Spezialistin für neue Vermarktungs- und Werbemöglichkeiten zu machen. Erste Referate darüber hat sie schon im Marketing-Club gehalten. Mit diesem Thema steht ihr die Welt offen.

Carola T h i e l

Beethovenstraße 91
6500 Mainz
Telefon (06131) 2312

22. Juli 1983

Christian Adalbert Kupferberg &
Commandit-Gesellschaft auf Actien
- Personalleitung -
Kupferbergterasse

6500 Mainz

Bewerbung für eine Tätigkeit in Ihrem Hause im Bereich Marketing/Vertrieb

Sehr geehrte Damen und Herren,

Ihre Branche, die Wein- und Sektherstellung und -vermarktung, ist seit langem mein berufliches Zielgebiet.

Aufgrund meiner Ausbildung und meiner persönlichen Neigung würde mich eine Tätigkeit in Ihrem Hause, speziell im Vertriebsbereich, interessieren, da hier meine Stärken liegen.

Auf diesen Gebieten konnte ich bereits praktische Erfahrungen sammeln, die ich auf beiliegendem Blatt gesondert aufgeführt habe.

Im Herbst des Jahres absolviere ich die Diplom-Prüfung (FH) an der Fachhochschule Wiesbaden und könnte ab 1.12.1983 in Ihrem Hause als Mitarbeiterin zur Verfügung stehen.

Meine Diplomarbeit befaßte sich mit einem praktischen Thema aus unserer Branche, nämlich neuen Ansätzen im Weinmarketing. Die Erarbeitung des Themas erfolgte in Kooperation mit verschiedenen Wein- und Sektkellereien. Zudem bringe ich etwas Erfahrung aus einer Werbeagentur mit.

Bitte prüfen Sie, ob eine entsprechende Tätigkeit in Ihrem Hause zu besetzen wäre.

Für einen Vorstellungstermin wäre ich Ihnen dankbar.

Mit freundlichen Grüßen

Carola Thiel

Carola Thiel

Anlagen

Muster 1

L e b e n s l a u f

Zur Person

Name	Carola T h i e l , geb. Hanke
Anschrift	Beethovenstraße 91 6500 Mainz Telefon (06131) 2312
geboren am	25.8.1957 in Mainz
Familienstand	verheiratet, 1 Sohn

Schulen

Grundschule	1964 - 1967 in Laubenheim
Gymnasium	1967 - 1977 in Mainz

Studium

Fachhochschule Wiesbaden	1981 - 1983 Wirtschaftsstudium mit Schwerpunkt Marketing und Management, Abschluß als Diplom-Betriebswirt (FH)

Beruf

Weingut Hanke, Laubenheim	1975 - 1981 Mitarbeit im elterlichen Weingut, bei Lese, Kellerwirtschaft, Verkauf, Kundenbetreuung
Hausfrau und Mutter	1977 - 1981
Werbeagentur Dorner, Wiesbaden	1982/83 Praktikum

Mein Studium werde ich in Kürze abschließen und suche eine meinen Kenntnissen und Erfahrungen entsprechende und ausbaufähige Anfangsposition in einem Unternehmen der Getränkebranche.

Muster 2

Carola T h i e l

Berufserfahrungen

1. Praxis

Mitarbeit und auch selbständiges Arbeiten im elterlichen Weinbaubetrieb:

W e i n b a u

Pflanzen, Junganlagen pflegen, Schädlingsbekämpfung, Bodenbearbeitung, Stockarbeiten, Unkrautvernichtung, Düngen, Reben veredeln

K e l l e r w i r t s c h a f t

Trauben pressen, Most einlagern, Mostbehandlung, filtern, abfüllen, versandfertig machen

V e r m a r k t u n g

Preislistengestaltung, entwerfen von Werbeprospekten, Ideen für Werbemaßnahmen, Kundenberatung, Verkaufsgespräche, Weinprobeleitung, Weinverkauf über Weinprobierstände

W e r b e a g e n t u r

Aufbereitung von Marktstudien, Marktanalysen, Teilnahme an Präsentationen, Mitentwicklung von Marketingstrategien nach Kundenbriefing, Text- und Grafikaufgaben

2. Studium, Seminare

Studium Marketing und Management an der FH Wiesbaden

EDV-Einsatz, Wirtschaftsenglisch im Rahmen des Studiums

Werbeseminar bei der Deutschen Marketing-Gesellschaft

Dreitägiges Weinsensorik-Seminar der Landwirtschaftskammer Rheinland-Pfalz

Lehrgang "Die kybernetische Managementlehre (EKS)"

Regelmäßige Teilnahme an Tagungen des Marketing-Clubs Frankfurt (Junioren)

3. Diplomarbeit

"Neue Ansätze im Weinmarketing - Untersuchung und Differenzierung von Aktivitäten zur Kundengewinnung bei Weinhändlern und Wein-Selbstvermarktern". Die Diplomarbeit wurde bei Professor Mendelsohn geschrieben und mit der Note "1,5" bewertet.

Muster 3

5. Kapitel

Die innerbetriebliche Karriereentwicklung – der sogenannte Normalfall

In vielen amerikanischen Großunternehmen gibt es ausgeklügelte Aufstiegswege. Sie basieren auf einem Personalbewertungssystem, das häufig eine Mischung aus Dauer der Zugehörigkeit zum Unternehmen und individueller Leistung darstellt. In japanischen Unternehmen findet fast nur das Dienstalter Beachtung, was sich aus historischen und kulturellen Gründen erklärt. Wie aber funktioniert bei unserer überwiegend mittelständischen Wirtschaft der sogenannte Normalfall eines innerbetrieblichen Aufstiegs? Wie kann man seine innerbetriebliche Karriereentwicklung positiv beeinflussen? Natürlich kennen Sie inzwischen viele der möglichen Antworten auf diese Fragen. Es gibt aber noch weitere Wege zur Profilierung.

Manche Führungskräfte suchen eine Beratung und fangen dann mit den Worten an: „Mein Chef (oder Vorgesetzter) hat vom Geschäft keine Ahnung. Er versteht mich nicht und entscheidet häufig falsch. Ich komme beruflich nicht weiter, da mich mein Chef blockiert. Was kann ich machen, um aufzusteigen?“

Anders denken! Nicht die Fehler bei anderen, sondern bei sich selbst suchen!

Diese Antwort erwartet niemand.

In leitender Stellung genügt es nicht, nur Fachkenntnisse vorweisen zu können. Man muß lernen, sich durchzusetzen, zu verhandeln, Sachverhalte im Firmeninteresse zu prüfen und abzuwägen, nicht nur nach-, sondern auch vorzudenken, zu entscheiden, zu kontrollieren, Verantwortung zu tragen und, ganz wichtig: Vertrauen aufzubauen, Vertrauen zu Vorgesetzten, Mitarbeitern und Kunden.

Wer beruflich weiterkommen möchte, muß aus Vorgesetztensicht vertrauenswürdig und in gewisser Weise sympathisch sein.

Fragen Sie sich selbst:

- *Bin ich vertrauenswürdig und sympathisch?*
- *Habe ich mich schon einmal in die Lage des Vorgesetzten hineingedacht?*
- *Weiß ich, welche geschäftlichen Probleme mein Vorgesetzter hat?*
- *Wird mein Vorgesetzter vielleicht von anderen Stellen im Unternehmen als sehr gut beurteilt?*
- *Wie werde ich von ihm und anderen Vorgesetzten beurteilt?*
- *Wissen die Kollegen und Vorgesetzten überhaupt, was ich tagtäglich an Arbeit erledige und was dabei an Leistung herauskommt?*

All diese Fragen sollten Sie beantworten können.

Machen Sie sich selbst eine Art Rechenschaftsbericht, welchen Nutzen Sie z. B. im letzten Vierteljahr dem Unternehmen gebracht haben. Sind Sie Ihr Gehalt wert, oder beziehen Sie lediglich „Anwesenheitshonorar"?

Bevor Sie zu Ihrem Vorgesetzten gehen, um eine Gehaltserhöhung zu verlangen oder das berufliche Fortkommen anzumahnen, sollten Sie sich genau diese Fragen sehr kritisch stellen. (Es ist besser, Sie stellen sich diese Fragen selbst, bevor man sie Ihnen stellt!)

Häufig wissen Vorgesetzte gar nicht im Detail, was ihre Mitarbeiter geleistet haben. Dies ist nur zum Teil die Schuld des Vorgesetzten: Er kann nicht alles wissen. Vielmehr müßte jedem Mitarbeiter daran gelegen sein, seine Leistungen ins rechte Licht zu rücken. Jeder ist selbst dafür verantwortlich, daß Fehler – die sich grundsätzlich nicht vermeiden lassen – nicht das einzige sind, worüber Vorgesetzte Kenntnis erhalten. Fehler müssen durch gute oder Spitzenleistungen kompensiert werden – und auch gerade darüber sollte man reden! Gute und überdurchschnittliche Leistungen sind schließlich das Salz in der alltäglichen Suppe, und erst dadurch wird sie wirklich wohlschmeckend. Aber auch hier muß man dosieren. Zuviel des Guten hat schon manchem den Geschmack verdorben, sprich: Wer immer nur vom eigenen Erfolg redet, wird mit der Zeit auch langweilig.

Was aber kann man tun, wenn es mit der Karriere nicht so klappt, wie man sich dies vorstellt? Die Idee, sich einfach ein anderes Unternehmen zu suchen, ist auf Dauer unbefriedigend. Ein häufiger Firmenwechsel ist kein Ruhmesblatt und wird langfristig negative Konsequenzen haben. Wer aufsteigen will, kann dies nicht allein durch Job-Hopping erreichen. Er muß mehr tun! Er muß sich in seinem Unternehmen bemühen aufzufallen. Hier einige Möglichkeiten (wobei nur der 4. Punkt positiv zu bewerten ist):

1. Man widersetzt sich gegen unsachgemäße Anweisungen von oben, und geht dabei das Risiko der Kündigung ein.
2. Man spielt „Aktion Eichhörnchen", bemüht sich kaum und wartet, bis der Vorgesetzte wechselt; nebenbei profiliert man sich im Tennisverein.

3. Man unterwirft sich der Ansicht „von oben“, auch gegen die eigenen Ansichten. Dabei geht man zwar das Risiko ein, Magengeschwüre zu bekommen, aber auch Anpasser haben es mitunter schon geschafft.

4. Man versucht zu „bohren“ (Mewes) bzw. sich zu profilieren.

Der letztgenannte Weg ist zunächst der schwierigste, mittel- und langfristig jedoch der beste, um Führungskraft zu werden bzw. im Unternehmen aufzusteigen.

Der Profilierungsweg – ein 5-Punkte-Programm

Der *Profilierungsinhalt* ist natürlich in jedem Einzelfall unterschiedlich. Es gibt Bäcker, die sich auf vollwertige Ernährung spezialisiert haben und damit die Zielgruppe der „Müsliriege“ erreichen; es gibt Automechaniker, die sich auf die Reparatur und Erhaltung alter englischer Autos kaprizieren und damit einen nicht uninteressanten Liebhabermarkt bedienen; es gibt Produktmanager, die sich z. B. auf das dringendste Problem einer Produktanpassung konzentrieren und es damit schaffen, den veränderten Kundenwünschen Rechnung zu tragen usw. Jede dieser Tätigkeiten hat ihre Spezifika. Es gibt aber für alle Berufe, Tätigkeiten, Unternehmungen und Führungskräfte systematische Möglichkeiten, *Profilierungswege* einzuschlagen. Das folgende 5-Punkte-Programm zeigt die Einzelschritte zu einer verstärkten Profilierung auf, die die Grundlage jeder beruflichen Entwicklung, speziell aber der innerbetrieblichen Karriereentwicklung, ist.

1. Schritt: Konzentration auf das Fachgebiet

Auch wenn hier scheinbar Trivialitäten und Selbstverständlichkeiten genannt werden, so täusche man sich nicht: Nicht jeder beherrscht seine Aufgabe so, wie er es eigentlich müßte. Das routinemäßige Beherrschen des bestehenden Aufgabenfeldes ist aber die absolute Voraussetzung für eine Karriere. Man sollte sich daher – auch wenn man glaubt, seinen Job im Griff zu haben – eine Struktur- und Ablaufanalyse des eigenen Arbeitsgebietes schriftlich anfertigen. Was gehört alles zu meiner Tätigkeit, in welcher Reihenfolge ist welche Aufgabe zu erledigen, was mache ich alles, und wie mache ich es? Eine solche Auflistung und Analyse hilft, überflüssige Abläufe, Handgriffe, Tätigkeiten, Doppelarbeiten, Kontrollücken usw. zu erkennen und zu eliminieren. Dadurch bekommt man sein Aufgabengebiet noch besser in den Griff.

Ihr Image sollte lauten: *Herr X beherrscht seine Aufgabe; auf ihn ist absolut Verlaß; was er sagt, ist tragfähig!* (Dies gilt natürlich auch für Frauen!)

Ein weiterer Vorteil der Aufgabenanalyse ist darin zu sehen, daß man Verbesserungsmöglichkeiten im Ablauf oder auch in der Struktur der Aufgabenbewältigung erkennen und durchsetzen kann. Damit macht man sich frei für höherwertige Aufgaben, man gewinnt Zeit für weitere Verbesserungen, für die Optimierung der eigenen Tätigkeit, ihren Ausbau und profiliert sich so weiter.

2. Schritt: Konzentration auf die nächstliegende Zielgruppe

Wie sieht meine Zielgruppe aus? Zunächst ist festzustellen, daß jeder wohl sehr unterschiedliche Zielgruppen hat. Im Spannungsfeld der beruflichen Karrierewünsche ist jedoch zuallererst die nächsthöhere Hierarchieebene die erste Zielgruppe, also der direkte Vorgesetzte. Nachdem man seine Zielgruppe (oder die wesentliche Zielperson) definiert hat, muß man versuchen, die Probleme der Zielgruppe besser kennenzulernen, zu begreifen, in welchem Spannungsfeld sie steht, welchen Ansprüchen sie ausgesetzt ist. Wer dies begriffen hat, kann daran gehen, die Probleme auf das eigene Arbeitsgebiet zu beziehen. Auch dies sollte man sich schriftlich klarmachen. Denn dann erkennt man plötzlich, weshalb der Vorgesetzte soviel Wert auf diese oder jene Tätigkeit legt und nicht auf andere, die man vielleicht selbst für wichtiger hält. Man muß sich in die Probleme seiner Zielgruppe hineinversetzen.

Man muß der Problemlöser seiner Vorgesetzten sein!

Es genügt nicht, auf seinem Arbeitsgebiet gute und hervorragende Leistungen zu vollbringen. Man muß seinem Vorgesetzten auch deutlich machen, daß man Fachmann ist. Wer sein Licht unter den Scheffel stellt, braucht sich nicht zu wundern, wenn besser profilierte Kollegen bei einer Beförderung vorgezogen werden. *Tue Gutes und rede darüber!*, so heißt ein alter Werbespruch. Dabei sollte man allerdings nicht übertreiben, da man sonst von Kollegen und auch vom Vorgesetzten als Spinner oder Streber abgelehnt wird. Die aus der Sicht des Vorgesetzten wesentlichen Spitzenleistungen sollte man jedoch durchaus bekanntmachen.

Dabei kann es im übrigen nicht schaden, wenn man sich hervorragende Leistungen schriftlich bestätigen läßt. Sollte nämlich der Vorgesetzte in Ruhestand gehen oder wechseln, kann er innerbetrieblich oder bei einer Bewerbung kaum mehr als Referenz dienen. Ebenso sollte man sich zu einer Bonuszahlung oder Prämie immer auch eine Bestätigung erbitten, daß man den Betrag aufgrund von überdurchschnittlichen Leistungen zusätzlich zum normalen Gehalt erhält. Solche Nachweise sind hervorragend geeignet, eine Personalstammakte oder eine Bewerbungsmappe zu schmücken. Die nachstehend abgedruckte Anerkennung kann als Muster dienen.

3. Schritt: Konzentration auf das brennendste Problem

Betreiben Sie *Management by results*, denn nicht nur am Arbeitseinsatz wird man gemessen, sondern insbesondere an den Ergebnissen! Da aber niemand *alle* Probleme lösen kann, gilt es, sich nicht zu verzetteln, sondern sich auf die konkret anstehenden Probleme und deren Lösung zu konzentrieren. Engpaßkonzentriertes Vorgehen nennt man dies. Natürlich wird jeder vom Tagesgeschäft eingeholt. Aber es gibt eben auch Einzel- oder Dauerprobleme, die es wert sind, daß man sich ihnen ausführlich widmet. Hier bietet sich eine A-B-C-Analyse an: A-Probleme müssen sofort und unter allen Umständen gelöst werden, hier liegen die größten Profilierungspotentiale; B-Probleme sind sol-

AGENTUR
[redacted]

Age[redacted] 1

[redacted]ntur
[redacted]
[redacted]ße 7
[redacted] 1
Telefon ([redacted]

Sehr geehrte Frau Scholand,

fünf Jahre ist es jetzt her, daß unser Unternehmen Sie als Mitarbeiter gewinnen konnte. Grund genug, Ihnen sowohl persönlich als auch im Namen der übrigen Mitarbeiter recht herzlich zu danken, sowohl für fünf Jahre qualifizierte Arbeit als auch für fünfjährige Treue zu unserem Unternehmen. Insbesondere freut uns, daß Sie Ihre Abteilung trotz immer größerem Arbeitsaufwand schlagkräftiger und in der Bearbeitung der Exportfälle schneller machen konnten.

Ich bin zuversichtlich, daß wir auch in den kommenden Jahren - die uns mit neuen Ideen und neuen Produkten erheblich voranbringen werden - auf Ihre Erfahrungen und Ihre tatkräftige Mitarbeit rechnen dürfen.

Ihnen und auch Ihrer Familie wünsche ich viel Zufriedenheit, und ich freue mich auf weitere, erfolgreiche Zusammenarbeit.

Mit freundlichen Grüßen
Ihr
[redacted]

[redacted]

Muster 4

che, die mittel- oder langfristig gelöst werden müssen, hier liegen strategische Profilierungspotentiale; C-Probleme sind diejenigen, mit denen man leben kann und die einen zwar stören, aber nicht wehtun, Finger weg!

Ganz wichtig ist es, nicht an seinem Vorgesetzten bzw. seiner Zielgruppe vorbei Probleme anzugehen. Grundsätzlich sollte man sich hier deren Unterstützung und Akzeptanz sichern. Dies hat sowohl sachliche als auch psychologische Gründe. Es ist besser, im Rahmen einer konkreten Absprache zu handeln; dann hat der Vorgesetzte nicht das Gefühl, übergangen worden zu sein. Im Falle eines Scheiterns steht man dann auch nicht „im Regen"! Und im Erfolgsfall hat man es nicht nötig, für sich selbst die Werbetrommel zu rühren, der Vorgesetzte weiß ohnehin Bescheid.

Da man nicht alles und jedes im Kopf haben kann und muß, sollte man allerdings wissen, wo man welche Information erhält. Wissen ist lern- und delegierbar. So kann man Kollegen fragen und in Fachbüchern nachschlagen. Auch kann sich das Studium alter Akten, von Seminarunterlagen oder Handbüchern lohnen.

Man kann sich bei der Beschaffung von Wissen und Können von Beratern und Institutionen helfen lassen. Auch konventionelle (Zeitungen, Fachzeitschriften u.ä.) und neue Medien (BTX, Datenbanken usw.) stehen zur Verfügung. Die Frankfurter Allgemeine Zeitung (FAZ) liefert beispielsweise monatlich ein Register, das Meldungen, Berichte und Leitartikel sowie den gesamten Inhalt von „Blick durch die Wirtschaft" umfaßt.

Wenig bekannt sind die Möglichkeiten, Informationen über klar umrissene Problemgebiete von Zeitungsausschnittdiensten zu erhalten. Diese werten täglich Hunderte von Tageszeitungen und monatlich Hunderte von Fachzeitschriften aus. Gibt man ein Stichwort, z.B. „Export Skandinavien", so erhält man einen ganzen Stapel von ausgeschnittenen Artikeln zu diesem Thema, also in kürzester Zeit einen guten und aktuellen Überblick über alle wichtigen Ereignisse und Zahlen, ohne daß man selbst aufwendig recherchieren muß. Weitere Dienstleistungen der Zeitungsauschnittdienste sind z.B. die Anzeigenauswertungen.

Ähnliche Informationsdienste gibt es auch für Techniker oder Erfinder. Die technischen Patentschriften-Auslegestellen geben Rat bei technischen Fragestellungen. Auch das Deutsche Patentamt in München läßt sich als eine wichtige Informationsquelle nennen.

Ein wichtiges und individuell steuerbares Instrument für jeden ist die Ideen- und Informationskartei („Ideenbrüter“[15]). Hierin kann man seine Ideen, die nicht sofort umsetzbar sind oder auch immer nur Idee bleiben werden, sowie wichtige Adressen von Informationsstellen, Organisationen, Experten usw. sammeln. Unter dem Stichwort „Karriere“ kann man z. B. speichern: BetriebsWirtschaftsMagazin (BWM), Rubrik „Karriere“ mit diversen Unterthemen. Alles Gespeicherte läßt sich in kürzester Zeit abrufen. So schafft man sich einen zeitlichen und sachlichen Informationsvorsprung, der einem bei der Lösung von Problemen sehr nützlich sein kann.

4. Schritt: Unterstützungsnetzwerke aufbauen

In unserer arbeitsteiligen Gesellschaft allgemein und in den Unternehmen speziell kann meist einer allein keine Probleme mehr lösen. Hierzu bedarf es der Mitarbeit und Unterstützung von anderen. Unterstützung erhält jedoch nur derjenige, der als Kollege akzeptiert wird, der nicht jeden Fehler anderer an die große Glocke hängt, der gefällig ist und anderen aus einer Verlegenheit hilft usw. Der „Radfahrer“, der „Kriecher“, der den Vorgesetzten nach dem Mund redet, Fallen aufstellt, gegenüber Kollegen keine Loyalität kennt, wird keine Unterstützung finden. Der Aufbau eines Unterstützungsnetzwerkes ist eine langfristige Angelegenheit, die sich nur durch Fachkompetenz, Fairneß, Loyalität, Kontaktfähigkeit und Rückgrat bewerkstelligen läßt. Einen Kollegen mit diesen persönlichen Eigenschaften akzeptiert man, und man ist auch bereit, ihn zu unterstützen.

Anmerkung: Manchmal kann auch ein Kollege die „Zielgruppe“ für karriereorientiertes Verhalten sein, wenn man erwartet, daß dieser Kollege innerbetrieblich schneller aufsteigt als man selbst. Im Zweifel wird er sich an die „guten Taten“ erinnern.

Das Unterstützungsnetzwerk muß auch den Vorgesetzten mit einbeziehen, denn man benötigt seine Fürsprache und Akzeptanz bei entsprechenden Vorhaben. Er wird eher bereit sein, ein Projekt zu unterstützen, wenn erkennbar ist, daß es ein betriebliches Problem – sei es ein Marketing-, ein Produktions-, Beschaffungs- oder ein Organisationsproblem usw. – lösen wird. Er wird ebenfalls eher Unterstützung anbieten, wenn eine integrative Lösung angestrebt wird, an der alle Betroffenen beteiligt werden, und die für keinen der Beteiligten negative Auswirkungen hat.[16] Als letzter und nicht zu unterschätzender Faktor für das Unterstützungsnetzwerk sind die außerbetrieblichen Kontakte zu nennen. Die Mitarbeit in Verbänden und Vereinigungen, in Erfa-Gruppen, in der Kammer, in berufsbezogenen Clubs (z. B. Marketing-Club) usw. bringt nicht nur eine Vielzahl von berufsbezogenen Fachkenntnissen, Anregungen und Ideen, sondern bietet oder vermittelt bei konkreten Problemen auch fachkompetente und nicht betriebsblinde Gesprächspartner. Durch Referate, Vorträge, Seminare und Fachaufsätze kann sich jeder dort noch weiter profilieren. Und sicher sind Kontakte zu solchen externen Zielgruppen von größtem Nutzen, wenn man den Betrieb wechselt oder sich selbständig macht.

5. Schritt: Positiv und unternehmerisch denken

Je mehr man sich an den Problemen seiner Zielgruppe, also des Vorgesetzten oder auch des Unternehmers, orientiert und seine eigenen Stärken in den Dienst einer Problemlösung für das Unternehmen stellt, desto mehr wird man Unternehmer; Unternehmer an seinem Arbeitsplatz und mit seiner Arbeitsaufgabe. Nur wenn die Zielrichtung des individuellen Bemühens mit den Zielen des Unternehmens übereinstimmt, kann der einzelne Erfolge haben.

Kein Handeln ist immer nur von Erfolg gekrönt. Nur wer gar nichts tut, vermeidet Mißerfolge. Worauf es ankommt, ist eine bestimmte Art des Denkens, wie man mit Mißerfolgen umgeht. Denkt man negativ, wird man versuchen, einen Schuldigen zu finden und an den Pranger zu stellen. Denkt man jedoch positiv, dann wird man bestrebt sein, die Fehler zu erkennen, aus den Fehlern zu lernen und sich so zu verhalten, daß man sie in Zukunft vermeidet. Die erste Art der Reaktion erzeugt Mißtrauen und Angst, letztlich Passivität; die zweite Art verursacht Zutrauen, Engagement und Identifikation. Positiv denkende Mitarbeiter und Führungskräfte benötigen viele Unternehmen dringend.

Von Tom Watson Sr., dem Begründer der IBM, erzählt man sich folgende Geschichte[17]: Ein vielversprechender jüngerer Manager von IBM führte für die Firma ein gewagtes Unternehmen durch und machte dabei einen Verlust von 10 Millionen Dollar. Es war ein Desaster. Als Watson den aufgeregten Jungmanager, der überzeugt war, entlassen zu werden, in sein Büro rief, platzte dieser heraus: „Ich nehme an, Sie verlangen, daß ich kündige?" Watson antwortete: „Das kann nicht Ihr Ernst sein. Wir haben soeben 10 Millionen Dollar für Ihre Ausbildung aufgewandt!" Eine solche Haltung entmutigt nicht, sondern spornt an, noch besser zu werden. So erhält man Rückendeckung für neue, chancenreiche Unternehmungen.

Beherzigt man das 5-Punkte-Programm des innerbetrieblichen Aufstiegs, dann sollte der Erfolg nicht allzu lange auf sich warten lassen. Dennoch sei hinzugefügt: Die aktive Karrierestrategie ist keine Vorgehensweise für diejenigen, die „eine schnelle Mark" machen wollen. Es gehört langfristiges Denken und Handeln ebenso dazu wie die Kunst des Wartens.

Strategie der Stärkenentwicklung

Es gibt viele Denkansätze, wie man seine Kräfte grundsätzlich einsetzen soll. Stark vertreten ist die Ansicht, man solle eine Analyse vorhandener Probleme machen und zunächst die eigenen Schwachstellen ermitteln und sie beseitigen. Erst dann solle man sich den anderen Problemen widmen.

Diese Ansicht ist nicht nur falsch, sondern gefährlich. Dabei würde man seine Kraft auf die Beseitigung von persönlichen Schwachstellen konzentrieren, deren Auflösung keinen Fortschritt für das Unternehmen oder die Aufgabe brächte.

Man hat beispielsweise für zehn Tagewerke Energie zur Verfügung. Wer sich nun mit dieser Energie auf den Minusbereich konzentriert, wird wohl den Schwächenbereich abbauen und ihn auf Null nivellieren. Damit hat er allerdings noch keinen positiven Beitrag geleistet.

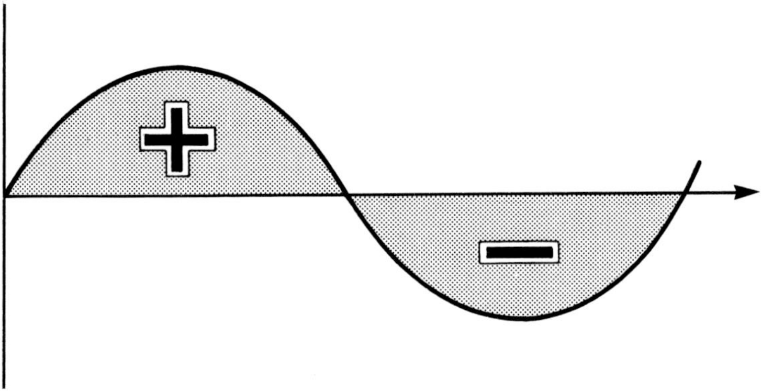

Abb. 2: Stärken-/Schwächen-Profil
Nicht der Abbau von Schwächen, sondern die Konzentration auf die Stärken und deren Entwicklung bringt Fortschritt und Erfolg.

Setzt man seine Kraft jedoch im Bereich der Stärken ein und verstärkt ihn, so wird die Wirkung deutlich größer als beim Kräfteeinsatz im Minusbereich. Zudem werden die Schwächen um so uninteressanter, je größer der Stärkenbereich wird. Starken Persönlichkeiten und Kollegen gesteht man Schwächen zu.

Damit soll aber kein Freibrief ausgestellt werden, der einen dazu berechtigen würde, über mangelnde Professionalität hinwegzusehen.Wie bereits oben verdeutlicht, ist die Beherrschung der eigenen Arbeitsroutine unabdingbare Voraussetzung für den beruflichen Aufstieg. Dort aber, wo man jenseits der Arbeitsroutine Schwächen vermutet, macht es wenig Sinn, sich allzu stark damit zu befassen.

Ein praktischer Fall: Der Personalreferent Hermann Frick hat besondere Kenntnisse in der Vergütung von Mitarbeitern, die öfters ins Ausland reisen. Seine Schwäche, so meint er, seien mangelnde Sprachkenntnisse. Würde er nun versuchen, sein Englisch und Französisch aufzupolieren, wäre dies recht schön, würde aber kaum bei der schnellen Vergütungs- und Spesenabrechnung helfen. Von seiten der Geschäftsführung erwartet man von ihm eine optimale Lohnkostengestaltung und Kostensenkung im internationalen Geschäft. Er hat sich darauf konzentriert, wie man den Mitarbeitern in Europa, die in Grenznähe wohnen und abwechselnd im Inland und in einem Nachbarland zeitweise arbeiten, die Nettogehälter erhöhen, gleichzeitig aber die Lohnkosten des Unternehmens senken kann; dies wurde möglich, indem er Reiserouten und Aufenthalte im Ausland so terminierte, daß die entsprechenden Mitarbeiter einkommensteuermäßig im Ausland veranlagt werden konnten, was beiden Seiten finanzielle Vorteile brachte.

Die Verbesserung seiner Stärken hat Hermann Frick das Image eingebracht, alle internationalen Vergütungsprobleme lösen zu können. Dies sprach sich herum, und bald wurde er von einem Konzern in eine höhere, leitende Position abgeworben (in seinem bisherigen Unternehmen war er direkt der Personalleitung unterstellt und konnte dort nicht aufsteigen). Hätte er seine Schwäche abgebaut, wäre er mit seinen Sprachkenntnissen vielleicht gerade ebenso gut wie andere Personalreferenten gewesen – und nicht weitergekommen.

Manche Psychologen könnten jetzt einwenden, daß das Thema der persönlichen Schwächen so nicht behandelt werden kann – das mag wissenschaftlich gesehen sogar völlig richtig sein. Dennoch sei jedem empfohlen, sich selbst, seine Vorgesetzten und Kollegen daraufhin zu prüfen, wo deren Stärken liegen. Das ausschließliche Starren auf Schwächen führt dazu, daß man im anderen immer nur den unselbständigen und schwachen Kollegen oder Vorgesetzten sieht; dies führt aber auch zur Überschätzung der eigenen Fähigkeiten. Und dies ist gefährlich, weil es eine reine Ichbezogenheit dokumentiert. Ichbezogene Menschen sind selten in der Lage, die Probleme anderer wirklich lösen zu helfen. Betrachtet man jedoch die Stärken der anderen, gibt das Hinweise auf die eigene Position innerhalb eines sozialen Gefüges und fördert den Respekt voreinander. Den Kollegen, Vorgesetzten oder Mitarbeiter als Person zu akzeptieren ist eine wichtige Vorausetzung für eine wirklich kooperative Zusammenarbeit in einem Unternehmen. Schließlich ist es auch erheblich motivierender, in einem Bereich eingesetzt zu werden, in dem man stark ist und der deshalb auch Erfolg verspricht. Innerhalb eines komplexen Aufgabengebietes muß man natürlich darauf achten, daß die Mitarbeiter unterschiedliche und sich ergänzende Stärken besitzen oder daß sich diese im Rahmen der Personalförderung entwickeln lassen.

> Die Parole muß also lauten: Nicht die eigenen Schwächen und Probleme ins Visier nehmen, sondern versuchen, mit den eigenen Stärken die Probleme anderer (nämlich seiner Zielgruppe) zu lösen! Diese Ausrichtung der Kräfte entspricht dem Prinzip der arbeitsteiligen Wirtschaft.

Dadurch gewinnen alle. Denn andere, die selbst ebenfalls problem- und zielgruppenspezialisiert sind, helfen uns bei unseren Problemen. Wenn man sich egozentriert verhält, führt das zur Abkapselung von anderen; auf andere und ihre Probleme zuzugehen führt zu Akzeptanz, persönlicher Bindung, Lernprozessen. "Leben ist Lernen!" sagt Konrad Lorenz. Und wer sich immer wieder um ähnliche Probleme kümmert, macht den erfolgreichsten Lernprozeß mit. Dadurch erreicht man allmählich Spitzenleistungen.

Wer auf seinem kleinen beruflichen Gebiet Spitzenleistungen vollbringt, steht bald im Ruf, auch auf anderen Gebieten gut zu sein. Man denke an einen Sportler, der im Skifahren die Nummer eins war. Ihn kennt man heute noch – die Nummer zwei nicht mehr. Und dem Besten werden auch auf Randgebieten ausgezeichnete Fähigkeiten zugeschrieben. Beispielsweise vermutetman bei Sportlern Kompetenz in Mode oder Technik. Ähnlich ist es im beruflichen Alltag auch: Herausragende Leistungen bringen einer Führungskraft neben dem Spaß am Beruf auch Anerkennung, Lob und schließlich materielle (finanzielle) Belohnung ein.

Selbstorganisation kontra Karriereplanung

In der Wissenschaft, insbesondere im Rahmen der Betriebswirtschaftslehre, gibt es verschiedene Ansätze, die Karriere von Führungskräften betrieblich zu planen. Man hat viele Werdegänge analysiert und festgestellt, daß Führungskräfte folgende Karrierephasen durchlaufen:

- 15 – 35 Jahre: frühe Karrierephase (Ausbildung, Berufswahl, erste Arbeitsleistungen);
- 35 – 50 Jahre: mittlere Karrierephase (konsequente Leistungsbeiträge, Beförderungen);
- 50 – 65 Jahre: späte Karrierephase (konsequente Leistungsbeiträge, Beförderungen, Ruhestandskrise, Arbeitsende).

Die Karrierephasen korrespondieren mit bestimmten Lebensphasen. In der ersten Phase sind die angehenden Führungskräfte in der Ausbildung, beim Wehr- oder Zivildienst und verdienen sich anschließend die ersten Sporen in der Praxis. In der mittleren Karrierephase ist man Führungskraft geworden und erlebt einen Aufstieg. Dieser wird jedoch häufig gebremst. Für manche Führungskräfte entstehen in dieser Phase Krisen, wenn sie merken, daß sie ihre hohen beruflichen Idealvorstellungen nicht verwirklichen können. Die Midlife-Crisis war schon für manchen, dem man eine ganz außergewöhnliche Karriere vorausgesagt hatte, der Anlaß, aus dem beruflichen Leben auszusteigen und in Ibiza das Malen anzufangen. Die dritte Phase kann weiteren Aufstieg oder zumindest eine etablierte Position bedeuten, in einigen Fällen jedoch tritt schon frühzeitig Resignation und „innere Kündigung" ein.

Wir empfehlen, über diesen Raster hinauszudenken und auch die vierte Phase zu berücksichtigen, nämlich den aktiven Ruhestand, der im 12. Kapitel näher beschrieben wird.

Die Analyse dieser Lebens- und Berufsphasen ist sehr aufschlußreich. Versucht man jedoch, aufgrund detaillierter Untersuchungen über den zukünftigen Bedarf an Führungskräften und des in der Firma vorhandenen Potentials betriebliche Karrieresysteme[18] für Führungskräfte oder Mitarbeiter zu entwickeln, dann wird es schon problematischer. Man setzt sich dabei meist das gutgemeinte Ziel, frei gewordene oder frei werdende Stellen mit Hilfe des Karrieresystems sachlich und wirtschaftlich optimal zu besetzen. Betrieblicher „Karrierebedarf" und individuelles „Karrierebedürfnis" sollen zur Deckung gebracht werden. Dabei übersieht man aber leider immer wieder, daß diese Systeme die Tendenz besitzen, sich zu verselbständigen, aufzublähen und damit übermächtig zu werden. Damit löst man aber keine Karriereprobleme einzelner Mitarbeiter, sondern schafft welche. Solche Karrieresysteme, die am „Karrierebedarf" des Unternehmens orientiert sind, funktionieren meist deshalb nicht, weil sie die tatsächlichen Karrierebedürfnisse und -potentiale falsch einschätzen.

Bekannt ist, daß einige große Konzerne im Rahmen der Organisationsentwicklung (OE) oder Personalentwicklung (PE) ausgewählte Mitarbeiter für zukünftige Aufgaben in Führungspositionen in verschiedenen hierarchischen Ebenen ausbilden. Es ist jedoch nicht möglich, für sämtliche Führungskräfte eine persönliche und betriebliche Karriereplanung zu erstellen und von den jeweiligen Vorgesetzten durchführen zu lassen. Erhebliche Zweifel am Gelingen solcher Vorhaben sind vor allem deshalb anzumelden, weil die Vorgesetzten keinerlei Kompetenz als Berufsberater bzw. Karriereberater haben. Eine Karriereberatung hat zum Ziel, primär die persönlichen Belange des einzelnen und erst in zweiter Linie die Belange der Firma zu fördern (wobei sich – zumindest nach unserer Ansicht – beide oft decken). So wäre der jeweilige Vorgesetzte in der Zwickmühle, im Zweifel gegen Firmeninteressen handeln zu müssen, wenn er seinen Mitarbeitern wirklich gute Ratschläge für ihre Karriere geben wollte.

Diese Ansicht schließt nicht aus, daß Unternehmen Programme zur Mitarbeiterförderung entwickeln und anbieten sollen, und das auch für Mitarbeiter in der dritten Karrierephase (für potentielle Ruheständler), um ihnen dadurch den Übergang ins Privatleben zu erleichtern. Die Unternehmen sollten ihre Förderungsprogramme aber nicht nach dem Gießkannenprinzip verwirklichen, um damit die allgemeine Motivation der Mitarbeiter zu steigern, sondern sie gezielt und aufgabenspezifisch nur bestimmten Mitarbeitern anbieten. Denn wer alle gleich behandelt, tut den meisten Unrecht.

Eine Führungskraft wiederum sollte sich nicht „von oben" verplanen lassen, sondern aktiv die Karriere selbst in die Hand nehmen und selbst dafür sorgen, daß sie durch gute Leistungen auf den richtigen Arbeitsplatz kommt. Sei es im bisherigen oder in einem anderen Unternehmen.

„Arbeit, als spezielle menschliche Praxis begriffen, ist wie jeder andere Lebensprozeß ein Prozeß der Selbstorganisation. Durch eine ständige Zunahme an Komplexität und Ordnung wird eine permanente Höherentwicklung initiiert. In diesem Sinne stellt Arbeit einen autokatalytischen Prozeß dar, der dynamisch und selbsttranszendent ist". Antoni zeigt in seinem Buch[19] auf, daß die menschliche Arbeit bislang zu stark unter produktivem statt unter verhaltensbezogenem Aspekt gesehen wurde. Der Arbeit als solcher kommt als spezieller menschlicher Verhaltensweise eine immer größere Bedeutung bei der menschlichen Lebensbewältigung zu. Über die Selbstorganisation ist der einzelne „Arbeiter" in der Lage, zu höheren Qualitäten für sich selbst und zum höheren Nutzen für Unternehmen und Gesellschaft zu kommen.

Unter Selbstorganisation hat man sich ein Ordnungssystem vorzustellen, in dem sich einzelne Elemente im Laufe der Zeit gegenseitig fördern und positiv beeinflussen. Dies führt dazu, daß das Gesamtsystem immer besser funktioniert, weil es nicht permanent auf ein bestimmtes Ziel hin ausgerichtet werden muß, sondern sich selbst darauf hinorientiert. Ein typisches Beispiel für ein hervorragend funktionierendes selbstorganisierendes System ist die Funktionsweise von Laserlicht[20] bzw. die Selbstorganisation aller Aktiven und Zuschauer beim Zusammenfinden, Erleben und Auseinandergehen anläßlich eines großen Fußballspiels in einem Stadion. Nicht wenige ernsthafte Wissenschaftler nehmen sogar an, daß die Selbstorganisation *das* Prinzip der Entstehung und Entwicklung der Erde und ihrer Bewohner ist (Evolutionsprinzip).

In unserem Zusammenhang meint Selbstorganisation, daß man sich mit seinen Verhaltens- und Denkweisen in den Problemlösungsprozeß seiner Zielgruppe integriert und damit seinerseits einen Prozeß des „Immer-besser-Werdens" auslöst. Man wird nicht nur immer sensitiver für die Belange und Probleme seiner Zielgruppe, sondern ist auch früher und besser darüber informiert. Problemlösungen werden nicht mehr zu einem außerordentlichen Ereignis, sie sind vielmehr in das normale Verhaltensrepertoire integriert. Will jemand Karriere machen – oder erfolgreich sein –, dann benötigt er keine institutionelle Fürsorge mehr für seine Aufwärtsentwicklung. Er nimmt diese vielmehr systematisch, aber ohne den Karrierewunsch jedermann permanent bewußt zu machen, in die Hand und macht sich unabhängiger von den Karriereplanern in der fernen Konzernzentrale. (Die Selbstorganisation muß und kann natürlich auch „von oben" gefördert werden, indem Unternehmen adäquate und attraktive Ziele aus der Marktentwicklung ableiten und als Teilziele an die Führungskräfte weitergeben.)

Die Seminar- und Weiterbildungsangebote der Personalentwicklung sind gut gemeint, und jeder sollte sich darüber informieren und sie auch nach Möglichkeit nutzen. Man verlasse sich jedoch nicht auf die theoretischen Möglichkeiten und Pläne von Stabsabteilungen. Vor allem in finanziell angespannten Zeiten werden Weiterbildungsmaßnahmen häufig gestrichen. Wie schnell weichen die Ist-Umsätze von den geplanten Werten ab, wie abhängig sind ganze Unternehmen von einer strategisch richtigen Technologieinvestition, vom Engagement der F&E-Mitarbeiter, vom Marketing usw. Diese Komplexe kann der einzelne in Großunternehmen nicht beeinflussen – wohl aber sein Engagement, sein Denken und Handeln, sein strategisch richtiges Verhalten.

Denkt man einen Schritt weiter, so bedeutet Karriere immer wieder auch Entwurzelung aus einer – vielleicht – liebgewordenen Abteilung oder persönlichen Beziehung. Denn eine Beförderung oder Versetzung ist meist damit verbunden, daß man sich in einem neuen sozialen Umfeld orientieren muß. Man sollte also neben der schnellen Einarbeitung in die neue Aufgabe versuchen, auch in dem veränderten Sozialsystem seinen Platz einzunehmen. Die folgende Checkliste[21] soll hierbei eine Hilfe sein.

Checkliste zur Mitarbeitereinführung

- Den Einarbeitungsplan mit dem Vorgesetzten oder Personalleiter besprechen; prüfen ob die Ziele überhaupt erreichbar sind

→

- Sich Firmenpaten nennen lassen; Vertrauen und informelle Kontakte aufbauen
- In Einzelgesprächen Informationen erlangen von Vorgesetzten, Mitarbeitern, Kollegen aus dem eigenen Bereich und eventuell aus anderen Bereichen
- Genau herausfinden, warum die Position neu besetzt wurde
- Einen eigenen Aufgabenplan machen, das Ziel mit dem Vorgesetzten absprechen – nicht alle Probleme auf einmal lösen wollen, sich auf das wichtigste konzentrieren
- Die Mitarbeiter von Anfang an konsequent führen, nichts „einreißen“ lassen
- Rückdelegation durch Mitarbeiter vermeiden
- Die Vorteile als Externer ausnutzen (zunächst hat man einen hohen Anerkennungsgrad), jedoch kein Besserwisser sein wollen
- Den Vorgesetzten genau studieren; worauf legt er Wert, welche Eigenarten hat er, wo sind seine Engpässe (geschäftlich und eventuell privat), bei denen man ihm helfen kann?
- Über eigene Leistung und Stärken den Vorgesetzten regelmäßig informieren
- Aufstiegsmöglichkeiten allmählich sondieren
- Nachfolgeregelung sondieren
- Sich von Anfang an über die Beförderungspolitik informieren
- Beurteilungs- und Fördergespräche nutzen, um Vorgesetzte über Stärken und Leistungen zu informieren

6. Kapitel

Karriere durch Positionswechsel

„Chuto Saiyo" heißt es in Japan, wenn man einen erfahrenen Arbeitnehmer einstellt; dies hat einen negativen Beigeschmack, denn ein Japaner sollte seine Stelle nicht wechseln. Größter Wert wird dort auf ein lebenslanges Beschäftigungsverhältnis gelegt. Bei uns – sieht man einmal von den öffentlichen Betrieben und Verwaltungen ab – ist das anders. Ein Stellenwechsel wird – artet dies nicht in Job-Hopping aus – eher positiv gewertet. Wer seine Stelle wechselt, verringert die Gefahr, betriebsblind zu werden und damit seinen „Marktwert" zu verlieren. Innerhalb einer aktiven Lebensgestaltung hat ein Stellenwechsel allerdings nur dann einen Sinn, wenn man ihn aktiv in Angriff nimmt.

Die Gründe, sich von einem Unternehmen zu trennen, sind mannigfaltig: Sei es aufgrund mangelnder Aufstiegschancen, aufgrund der schlechten Auftragslage, daß man schon lange innerlich gekündigt hat, sei es, daß man von einem Headhunter oder einem anderen Unternehmer abgeworben wird, daß man von Mitarbeitern oder Vorgesetzten hinausgeekelt wird, daß man sich selbständig machen will, daß man einem Ruf als Professor folgt oder daß einem nahegelegt wird, selbst zu kündigen usw. Eine Kündigung bzw. Trennung vom Unternehmen ist genau so natürlich wie der Eintritt in ein Unternehmen. Vor einem Stellenwechsel sollte man daher generell keine Befürchtungen haben. (Häufig haben Führungskräfte dennoch Angst vor einem Firmenwechsel, weil sie sich finanziell, z. B. mit einem Hausbau, übernommen haben. Diese Angst bezieht sich dann nicht auf den Wechsel als solchen, sondern auf die selbstverschuldete Abhängigkeit von regelmäßig fließenden Einnahmen.)

Den Firmen- oder Positionswechsel mit einem Aufstieg zu verbinden bedarf nicht nur des Glücks des Tüchtigen oder guter Beziehungen, sondern auch einer gezielten Bewerbungsstrategie. Bei einem Positionswechsel sind mehrere Alternativen denkbar, sich beruflich weiterzuentwickeln:

1. Positionswechsel innerhalb des eigenen Unternehmens, indem man in eine Filiale oder Niederlassung geht, sei es im In- oder Ausland;
2. Positionswechsel zu einem anderen Unternehmen derselben Branche (gegebenenfalls Wettbewerbsverbot beachten!);
3. Wechsel zu einem Unternehmen, für das man als Zulieferer tätig war;
4. Wechsel zu einem Unternehmen, das zwar einer anderen Branche angehört, jedoch dieselben Kunden als Zielgruppe hat;
5. statt im reinen Angestelltenverhältnis zu bleiben, künftig tätig zu werden als:
   - freier Mitarbeiter (eventuell noch in Teilzeit beim bisherigen Unternehmen)
   - Gesellschafter,

- selbständiger Kooperationspartner,
- Lizenznehmer oder Franchisepartner,
- Selbständiger, sei es mit Gewerbe, Industrie, als Freiberufler, Handelsvertreter, Unternehmensberater, Makler, Kommissionär,
- neben- oder hauptberuflicher Lehrbeauftragter, Journalist, Funktionär (Sport, Verband, Partei),
- Sachverständiger, Wahlbeamter, Projektbeauftragter, Manager auf Zeit usw.;

6. Mitarbeit bei einem Zeitarbeit-Unternehmen (moderne „Sklavenhändler"). Die Möglichkeiten, dort als „Springer" abwechselnd für verschiedene Unternehmen tätig zu werden, sind jedoch für eine Führungskraft von vornherein begrenzt.

Erstaunlich ist, daß die meisten Positionswechsler sich der Vielfalt der Alternativen gar nicht bewußt sind. Außerdem verhalten sie sich viel zu passiv, indem sie erst dann handeln, wenn es „brennt", sie also von anderen zum Handeln gezwungen werden. Das schränkt die eigenen Möglichkeiten ganz erheblich ein.

Passive oder aktive Bewerbungsstrategie?

Die freiwillige Beschränkung auf die immer wieder gleichen beruflichen „Trampelpfade" ist schon erstaunlich. Ein Positionswechsel wird meist nicht von langer Hand vorbereitet und schon gar nicht systematisch durchdacht. Durchdenken und analysieren sollte man allerdings angesichts der Vielfalt an Möglichkeiten sowohl sein berufliches Profil als auch die offenstehenden Wege. Und dann muß die Entscheidung für einen dieser Wege fallen.

Verwundert kann man über die zum Teil miserable Qualität der Bewerbungsunterlagen sein. Da man sich im Leben meist nur einige Male bei potentiellen Arbeitgebern bewirbt und daher in diesen Dingen kein Profi sein kann, ist dies zwar verständlich.

Dennoch: Bei der Vermarktung eines Produktes würden die gleichen Führungskräfte eine ähnlich schlechte Präsentation niemals akzeptieren, wie sie sie in ihren eigenen Bewerbungsunterlagen immer wieder bieten. Auch hier ist Passivität in der Regel Trumpf.

Von Führungskräften wird zu Recht etwas mehr erwartet, nämlich Zielerkennung und aktives Vorgehen. Genau dies sollte man auch bei einem Positionswechsel tun: sich aktiv bewerben. Das folgende Schaubild macht die Unterschiede zwischen der üblichen (passiven) und der aktiven Bewerbungsstrategie deutlich (vgl. Abbildung 3, S. 94).

Das Schaubild zeigt zwei Verhaltensweisen (Bewerbungsstrategien) auf dem Arbeitsmarkt:

1. Man reagiert passiv auf ein Stellenangebot in einer Tages- oder Fachzeitung. Dies ist der konventionelle Weg, den noch etwa 90 Prozent aller Bewerber einschlagen. Diese passive Verhaltensweise hat den Nachteil, daß man von vornherein nur ein Bewerber unter vielen Mitbewerbern ist. Die Chance, die angeschriebene Position zu bekommen, ist vielleicht 1 : 100, also höchst gering.

2. Die Chance, eine interessante Position zu erhalten, ist bei der aktiven Bewerbungsstrategie viel größer, da man
   - gezielt die Unternehmen auswählt, für die man ein potentieller Mitarbeiter ist,
   - bei Firmeninteresse (nach der Bewerbungsaktion) in den Vorstellungsgesprächen in der Regel keine Mitbewerber hat. Dann ist die Chance, eingestellt zu werden, sozusagen 100 : 1.

Das bedeutet, daß die beiden Bewerbungsstrategien in ihrer Wirkung genau konträr sind. Die Erfolgswahrscheinlichkeit der Aktivbewerbung ist bei weitem höher.

Natürlich kann man auch Erfolg haben, wenn man auf Anzeigen reagiert. Bis ein Bewerber heutzutage eine Anstellung bekommt, muß er jedoch oft etwa 60 Bewerbungen aussenden. Dies bedeutet, daß er zunächst 59 Absagen bekommt, was ohne Zweifel

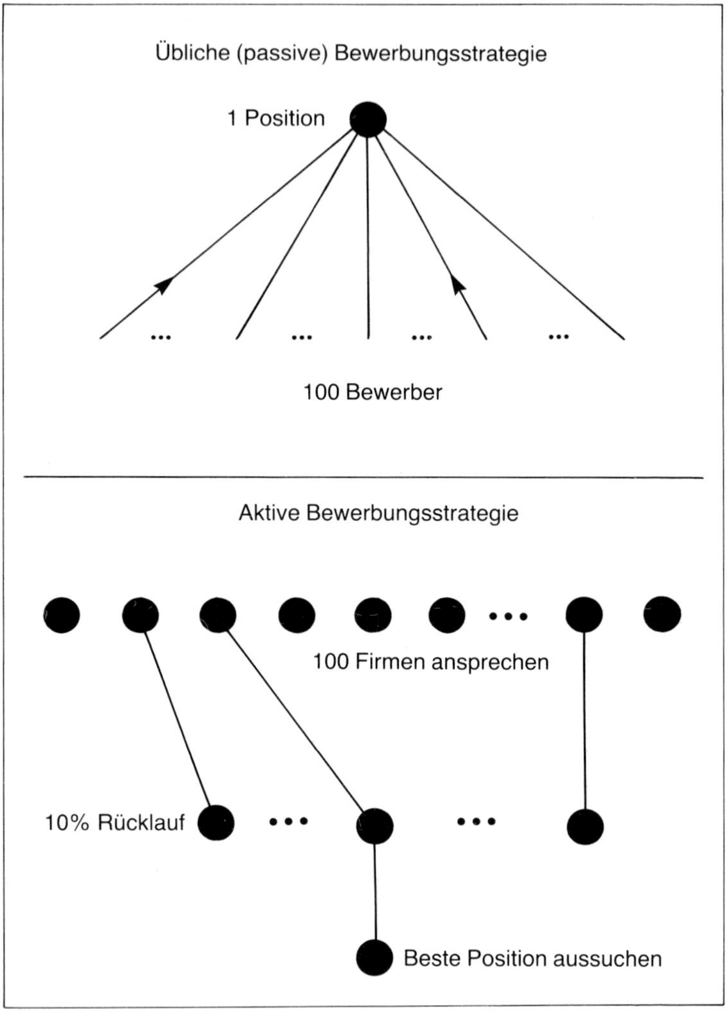

Abb. 3: Konträre Bewerbungsstrategien

Nur die aktive Bewerbungsstrategie verschafft dem Bewerber Wettbewerbsvorteile im Arbeitsmarkt.

frustrierend ist. Die Folge dieser falschen Strategie ist ein Motivationsverlust. Beim passiven Reagieren auf eine Stellenanzeige ist man bei der Bewerberauswahl immer einer von vielen. Selbst wenn man sich gut präsentiert, ist die Wahrscheinlichkeit hoch, daß man in der Masse untergeht.

Vor allem für ältere Bewerber ist die konventionelle Bewerbung eine fast aussichtslose Mühe, denn immer nur einer – und dann meistens ein jüngerer – bekommt die „Goldmedaille", und der Rest der Bewerberschar hat das Nachsehen. Aus Unternehmenssicht ist dagegen das Schalten von Stellenangeboten die richtige strategische Vorgehensweise. Denn dabei können die Unternehmen bzw. deren Personalberater nach dem Prinzip „teile und herrsche" verfahren und sich so die besten Bewerber aus einem großen Angebot auswählen.

Die Aktivbewerbung und der latente Personalbedarf

Für eine aktive Bewerbung ist es erforderlich, daß man sich zunächst auf seine Stärken, seine Eignungen und Neigungen besinnt und dann diejenige Zielgruppe anspricht, die für das spezielle Angebot Bedarf haben könnte. Gerade diese Vorgehensweise hat schon manchen Unternehmer, Manager oder Personalleiter veranlaßt, sich diesen aktiven Bewerber genauer anzusehen und dann für ihn eine neue Stelle zu schaffen oder eine bereits geplante Stelle früher zu besetzen.

Das Potential des latenten Personalbedarfs ist größer, als man denkt!

Auf dem Arbeitsmarkt gibt es offen ausgeschriebene Stellen, wie sie in den Tages- und Fachzeitschriften oder über das Arbeitsamt bzw. Personalberater angeboten werden. Stellt man sich den Personalbedarf als einen Eisberg vor, bei dem die Spitze aus dem Wasser ragt, so liegt das größte Potential jedoch zunächst unsichtbar unterhalb der Wasserlinie[22].

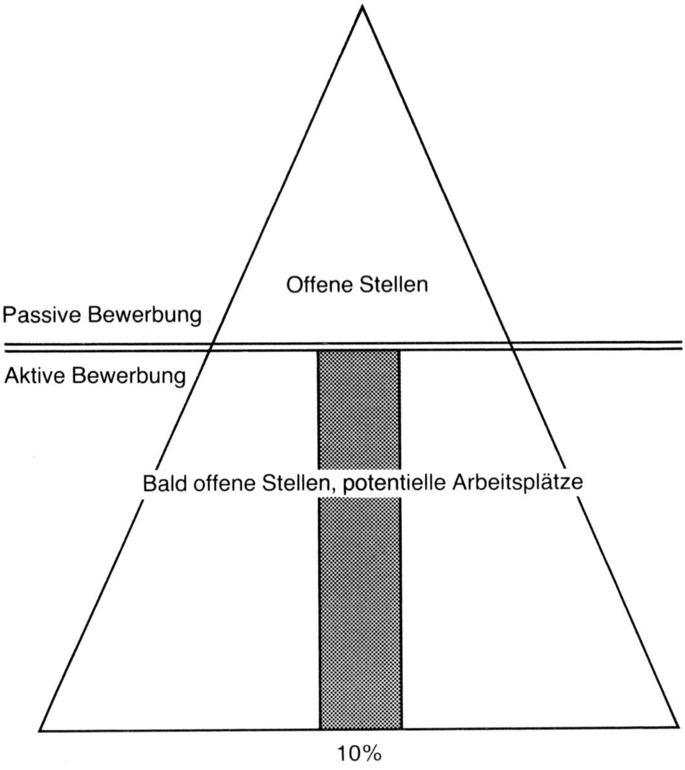

Abb. 4: Eisberg-Modell des Personalbedarfs

Offen sichtbar sind nur die Stellenangebote. Das Potential ist jedoch viel größer und kann nur durch aktive Bewerbungsmethoden erschlossen werden.

Das ist der sogenannte latente Bedarf. Er ist in jedem Unternehmen vorhanden, und sein Potential ist größer als das der ausgeschriebenen Stellen. Da es in jedem Unternehmen Fluktuation gibt, ist die Wahrscheinlichkeit recht groß, daß man auf eine Vakanz trifft. Auch in Zeiten der Stagnation erweitern Unternehmen ihren Personalbestand, so daß manche Geschäftsleitung nur deshalb eine Stelle schafft, um einen Aktivbewerber – vorausgesetzt er ist gut – an sich zu binden.

Es ist eine „Faustregel“, die empirisch bestätigt ist, daß ein aktives Bewerbungsschreiben etwa 10 Prozent Rücklauf von interessierten Firmen zur Folge hat, woraus dann in den meisten Fällen Bewerbungsgespräche hervorgehen. Bei 100 gezielt angeschriebenen Firmen – eine Zahl, die bei einer genauen Zielgruppenselektion oft erreicht wird –, kann man mit rund zehn Bewerbungsgesprächen rechnen (vgl. den Fall Waldner). Wie oft muß man dagegen zuerst die vielen Stellenangebote sondieren, eine zielgerichtete Bewerbung (jeweils einzeln geschrieben) formulieren, seine kompletten Bewerbungsunterlagen versenden (die sich hinterher oft nicht mehr verwenden lassen), bis man zehn Bewerbungsgespräche führen kann. Und wenn es zu einem Gespräch kommt, handelt es sich vielleicht noch um ein Unternehmen der falschen Zielgruppe, so daß man erst recht nur einer von vielen Bewerbern ist. Darum ist es besser, sich aktiv zu bewerben. Aber wie?

Die aktive Bewerbung erfordert eine intensive Vorbereitung.

Für eine konventionelle, passive Bewerbung sucht man seine Zeugnisse heraus, verfaßt einen Lebenslauf sowie ein Anschreiben und versendet alles auf eine Anzeige hin. Bei der Aktivbewerbung nimmt man zunächst sein Know-how unter die Lupe und prüft danach, welche Probleme man lösen kann und welchen Unternehmen man einen großen Nutzen bringen könnte. Dann wird herausgearbeitet, welche Unternehmen konkret an diesem Nutzen interessiert sein könnten.

Vorgehensweise bei der Aktivbewerbung

Der Nestor der deutschen Outplacement-Szene, Fritz Stoebe, unterscheidet folgende Arbeitsphasen im Rahmen der Bewerbungsstrategie:

1. Konzentration auf die Stärken des Bewerbers.

2. Konzentration auf die Probleme der erfolgversprechendsten Zielgruppe, Definition von geeigneten Unternehmen.
3. Abstimmung, ob der Bewerber als Problemlöser für die anvisierte Zielgruppe in Frage kommt (Prüfen des Schlüssel-Schloß-Verhältnisses).
4. Information der für den Bewerber interessanten Unternehmen mit einem Bewerbungsschreiben bzw. Kontaktherstellung auf andere Weise.

Im Rahmen dieser Strategie kann man als Bewerber selbst einige Vorbereitungen treffen. Natürlich machen viele Bewerber die ganzen Fehler noch einmal, die ein professioneller Karriereberater schon hinter sich gebracht hat, wenn sie alles allein machen. Zumindest die Bewerbungsunterlagen sollte man sich von einem guten Freund begutachten lassen (weitere Feinheiten dazu siehe „Bewerbungstaktik II"). Der Aufwand einer Aktivbewerbung ist zwar deutlich größer als bei einer konventionellen, passiven Bewerbung; er zahlt sich jedoch aus.

Die Gründe, warum die aktive Bewerbungsstrategie so gut funktioniert, liegen sicherlich zum einen in der Verbesserung der relativen Marktposition als Alleinbewerber. Zum anderen jedoch auch darin, daß man sich als Aktivbewerber mit seinem Nutzenangebot, mit seinen Stärken, Neigungen und Eignungen ebenso auseinandersetzt wie mit seinem Zielmarkt: Man weiß mehr über seine Zielgruppe und ihre Probleme. So verbessert sich allein durch die ausführliche Analyse in den Phasen 1, 2 und 3 die

- *Profilierung*; man weiß mehr über sein Know-how,
- *Präsentation*; man gibt sich mehr Mühe mit der zielgruppengerechten Ansprache,
- *Marktkenntnis*; auch in schlecht gehenden Branchen gibt es exzellente Unternehmen,
- *Beziehungsstruktur*; man kennt die wichtigen Personen der Szene.

Kurz: Das Eignungsprofil des Bewerbers paßt besser in ein Anforderungsprofil, d.h., der Schlüssel paßt ins Schloß. Die

Dominanz liegt beim Schloß, so daß am „Schlüssel“ (beim Bewerber) noch manchmal gefeilt werden muß, wenn er ins Schloß passen soll. Konkret kann das bei einer Führungskraft eine spezielle Weiterbildung erfordern.

7. Kapitel

Von der persönlichen Zielfindung zur Zielgruppenansprache

Manche Menschen müssen zuerst beruflich „auf die Nase" fallen, bevor sie sich Gedanken darüber machen, was sie eigentlich erreichen wollen. Dies ist eine – wenn auch schmerzhafte – Möglichkeit, um sich seiner Identität bewußt zu werden. Ein anderer, von uns bevorzugter Weg ist die aktive persönliche Zielfindung. Es paßt nicht ganz zum modernen Manager und schon gar nicht zur Führungskraft, keine Auskunft über persönliche Ziele geben zu können. Gerade in einer Zeit der Orientierungslosigkeit und Unsicherheit muß man sich seine Ziele setzen, denn nur so kann man für eine aktive Lebens- und Berufsgestaltung Fixpunkte markieren.

Ohne Ziel kein Weg! Wer den Hafen nicht kennt, in den er segeln will, für den ist kein Wind der richtige! (Seneca)

Persönliche Berufszielfindung

Fragt man Führungskräfte nach dem konkreten Berufs- oder Lebensziel, hört man oft nur ein Hüsteln oder vage Aussagen wie: „Familie ernähren, sicherer Arbeitsplatz, Geschäftsbereich X ordentlich führen, Eigenheim und schönes Auto ..." Aufstiegsbewußte sprechen von „Karriere machen, Umsätze steigern, etwas bewegen usw." Selten kann uns jemand sagen, welche mittel- und langfristigen Ziele er tatsächlich erreichen will und konsequent verfolgt. Natürlich wissen wir, daß die Fragen nach Zielen, nach dem Sinn oder Zweck des Lebens, schwer zu beantworten sind. Es gibt jedoch einfache, pragmatische Ansätze, um sowohl zu persönlichen wie auch unternehmerischen Zielen zu kommen.

Ziele sind die Richtungsgeber für menschliches Handeln. Sie beinhalten ein Spannungsgefälle zwischen dem gewünschten Zustand und der jetzigen Situation. Dieses Gefälle soll durch konkretes, auf die Verwirklichung des Zieles gerichtetes Handeln abgebaut werden. Ein Ziel spannt also einen Bogen zwischen der Zukunft und dem Jetzt und läßt uns aktiv werden – ein Ziel zu haben ist „spannend"!

Wer keine Ziele hat, arbeitet „ziellos", unkonzentriert, mit geringem Wirkungsgrad. Sind Ziele vorhanden, verursachen sie eine Erwartungshaltung, einen Antrieb. Ziele kann man direkt oder indirekt erreichen. Sie können zeitlich weit entfernt und noch unklar sein und dennoch stark wirken – als *Vision*. Kurzfristige Ziele sollten klar definiert sein, damit man sie mit geringstem Aufwand an eigenen und fremden Kräften erreichen kann.

Ziele motivieren und führen damit leichter zum Erfolg. Hat eine Führungskraft keine Ziele, dann hat sie durch das „Vor-sich-hinwursteln" geringen oder nur zufälligen Erfolg (es geschieht nichts). Die bessere Zielvorstellung führt zu besseren Erfolgen und zu besseren Führungskräften. Denn das Ziel bestimmt, was eine Führungskraft für wichtig erachtet, wie und wo sie ihre Energie einsetzt und was sie erreicht.

Ist die Zielsetzung falsch, dann entwickelt sich ein falsches Bewußtsein, und umgekehrt – je besser die Zielsetzung, desto besser die Bewußtseinsbildung für sich und andere![23]. Daraus ergibt sich für Führungskräfte die Frage: „Welches ist das für mich beste Ziel?" Anders formuliert: Auf was soll sich eine *Führungskraft* konzentrieren?

Es gibt zwei grundsätzliche Arten von Zielen, die sich ganz unterschiedlich auf das Verhalten auswirken. Quantitative, egozentrierte Ziele sind nicht sehr konsensfähig. Ein Beispiel dafür wäre eine geplante Gewinnsteigerung um 10 Prozent, die keine Nutzensteigerung beinhaltet. Auf Unterstützung durch andere wird man dabei vermutlich vergebens warten; es sei denn, man bezahlt dafür. Wenn jemand ausschließlich eigennützige Ziele verfolgt, gibt es keinen Grund für andere, ihm unentgeltlich zu helfen. Anders ist dies bei den qualitativen, soziozentrierten Zielen. Ein solches wäre zum Beispiel, wenn eine Führungskraft die Probleme im Vertrieb aus Kundensicht besser lösen will. Damit nützt man anderen und sich selbst und kann auf Unterstützung hoffen. Durch gemeinsam angestrebte Ziele lassen sich darüber hinaus auch noch Synergieeffekte realisieren, die ihrerseits wiederum die Zielerreichung verbessern.

Sicherlich möchte jedermann gut verdienen. Verdienst oder Gewinn sollte jedoch niemals das erste oder wichtigste Ziel sein, sondern das Ergebnis besserer Leistung. Wer also nach hohem Gewinn trachtet, sollte sich vorrangig die Aufgabe suchen, bei der er größeren Nutzen als andere bieten kann. Gewinn ist dann das indirekte Ergebnis der besseren Zielsetzung und Aufgabenerfüllung. Die bessere Zielsetzung ist diejenige, mit der größere Spannungen oder Probleme abgebaut, also dringende Probleme anderer gelöst werden.

In der arbeitsteiligen Wirtschaft und Gesellschaft ist ein grundsätzlich positives Ziel die optimale Bedürfnisbefriedigung anderer. Je präziser man sich auf die Bedürfnisse und Probleme von konkreten Zielgruppen konzentriert und die Probleme auch tatsächlich löst, um so zwingender ist als Folge der Gewinn. Gewinn in Form von Geld, Prestige, Lob oder anderen materiellen und immateriellen Formen der Anerkennung.

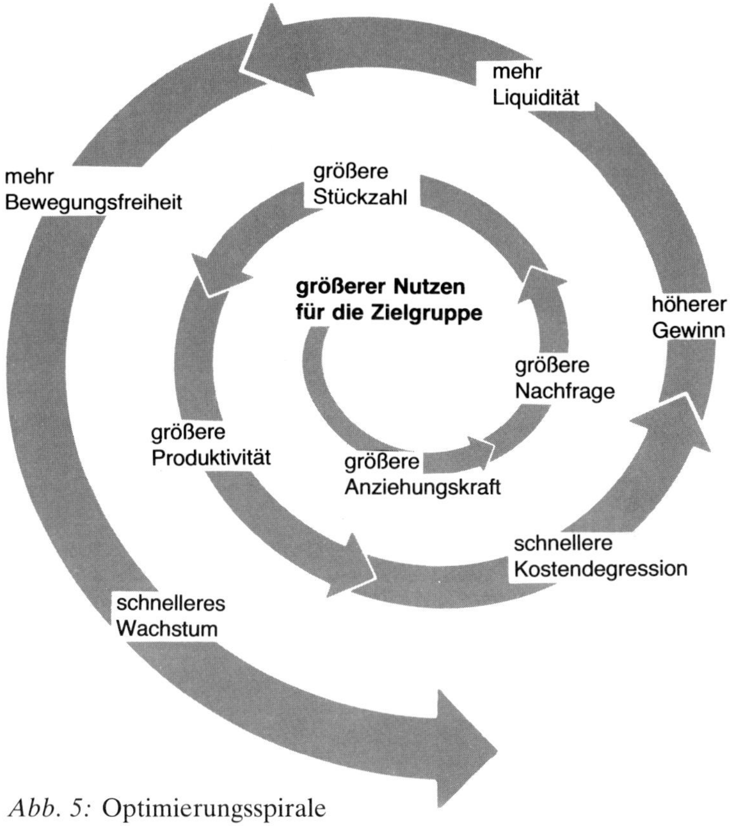

Abb. 5: Optimierungsspirale

Statt am größtmöglichen Gewinn für sich selbst, soll man sich in erster Linie am größtmöglichen Nutzen für seine konkrete Zielgruppe orientieren; dann wächst der eigene Gewinn und die Bewegungsfreiheit über die wachsende Anziehungskraft bei dieser Zielgruppe.

Bei dieser Betrachtungsweise ist es die Aufgabe von Führungskräften, die vorhandenen Kräfte so einzusetzen, daß die größtmögliche Wirkung im direkten Umfeld entsteht. So ist es am besten, wenn man seine persönlichen beruflichen Ziele vom umgebenden System ableitet. Z.B. orientiert sich der Abteilungsleiter bei seiner Zielsetzung primär an den Bedürfnissen des Hauptabteilungsleiters, jener an den Bedürfnissen des Direktors, dieser wieder an den Bedürfnissen der Kunden.

Ziel einer Unternehmensgründung ist es nicht, möglichst viel Geld zu verdienen, sondern in erster Linie Bedürfnisse des Marktes zu befriedigen. Gewinn, oder wie immer man das Residualeinkommen sonst nennen mag, ist dann die (automatische) Folge einer guten Bedürfnisbefriedigung oder Problembeseitigung. Genau an diesem Bewußtsein mangelt es aber. Quantitative Größen werden von der Meßlatte des Erfolgs zum Ziel erklärt; dadurch erhalten sie eine Eigendynamik, die dazu führt, daß sich unternehmerisches Handeln nurmehr an Deckungsbeiträgen, Umsätzen und Gewinnen orientiert.

Auf diese Weise stellt man sich aber selbst ein Bein, denn solche Zielsetzungen werden auf die Qualität der Arbeit Auswirkungen haben, die die Zielgruppe langfristig nicht hinnimmt. Die potentiellen Kunden wollen ihre Bedürfnisse befriedigt oder ihre Probleme beseitigt sehen. Die Kosten- und Ertragssituation des Unternehmers interessiert sie nicht. Um die unternehmerische Erlössituation zu verbessern, gibt es also kein besseres Rezept, als die bestmögliche Leistung für den Kunden zu erbringen. Dies gilt für Unternehmen ebenso wie für Individuen. Denn über den Umweg der Nutzenmaximierung bei der Zielgruppe verfolgt man indirekt seine eigene Nutzenmaximierung; das ist Jiu-Jitsu-Technik, höhere Strategie, die Ausnutzung von Naturgesetzen, Konzentration der Kräfte auf den wirksamsten Punkt.

Die Zielkriterien für Führungskräfte sind somit:

1. Ziele von der direkten Zielgruppe ableiten, nämlich deren Engpässe ansteuern;
2. qualitative statt quantitative Ziele suchen;
3. Ziele so auswählen, daß sie mit den eigenen Kräften erreicht werden können;
4. attraktive Ziele bekanntgeben, damit auch andere von sich aus bei der Zielerreichung mitwirken (eventuell Kooperation);
5. Zielerneuerung immer vom selben Aufgaben-/Zielbereich ableiten, um Lernprozesse zu nutzen, die man durch Wiederholung in Gang setzen kann (Entwicklung in die Tiefe).

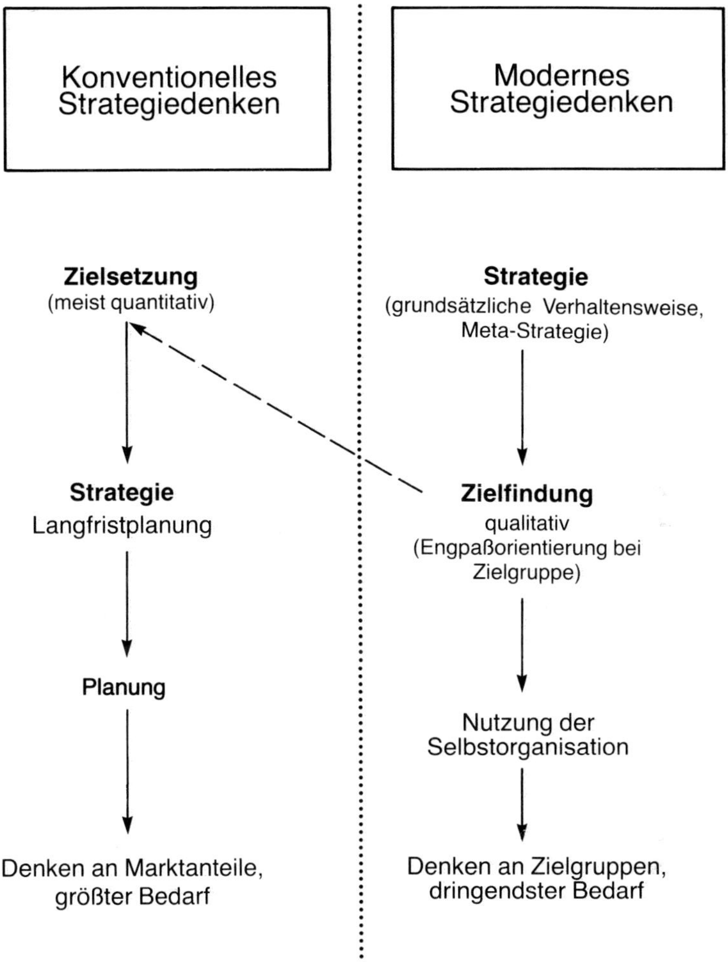

Abb. 6: Strategisches Denken im Vergleich

Nicht die eigene Zielsetzung ist für den Erfolg der Ausgangspunkt, sondern die grundsätzliche strategische Ausrichtung des Verhaltens auf die Engpässe der Zielgruppe.

Analyse der persönlichen Stärken

Wer seine Kräfte sinnvoll auf ein Ziel hin einsetzen will, muß sie zuvor genau kennen. Sie lassen sich – wie schon mehrfach erwähnt – in Eignungen und Neigungen unterteilen. Erst die systematische Analyse und Bewertung der Einzelaspekte und die Kombination der daraus gewonnenen Daten lassen eine Aussage zu, in welchen Bereichen man besser als andere ist oder zu werden verspricht.

Eignungsanalyse

Die Eignung umfaßt Erfahrungen aus Beruf und Hobby, Schul- und Ausbildungskenntnisse sowie Situationskenntnisse (eigenes Erleben, Problembewältigungen usw.). Bei der Analyse geht man am besten so vor, daß man seiner Entwicklung entsprechend seine Erfahrungen und Kenntnisse herausarbeitet. Natürlich wird den letzten Berufsjahren besonderes Gewicht beigemessen. Wichtig ist, nicht die normalen Erfahrungen, sondern seine Besonderheiten herauszustellen. Für Führungskräfte kommen bei der Eignungsanalyse insbesondere folgende Kriterien zur Diskussion: Facherfahrung, Branchenerfahrung, Stab-/Linienerfahrung, Menschenführung, Persönlichkeitsstruktur, konzeptionelle Fähigkeiten, Kommunikationsfähigkeit, Organisation, Kreativität.

Nach der ersten Analyse stellt man gemeinhin fest, daß die Ergebnisse fast genauso gut auf einen Kollegen zutreffen könnten. Dann muß man tiefer nachdenken und die Besonderheiten gegenüber anderen Kollegen herausarbeiten. Denn es ist besonders wichtig, die sogenannte Differenzeignung [24] darzustellen.

Die Differenzeignung drückt aus, in welchen Einzelaspekten seiner Eignung man sich gegenüber anderen unterscheidet und wie. Es kommt ja nicht darauf an, in jeder nur denkbaren Hinsicht wie ein Weltmeister dazustehen. Wesentlich ist der Unterschied zu anderen in den Aspekten, die für die Zielgruppenbefriedigung am wichtigsten sind. Diese Differenz kann etwas über den Grad an zusätzlichem Nutzen für die Zielgruppe aussagen. Das folgende Schaubild zeigt den möglichen Aufbau einer Eignungsanalyse mit integrierter Differenzeignung.

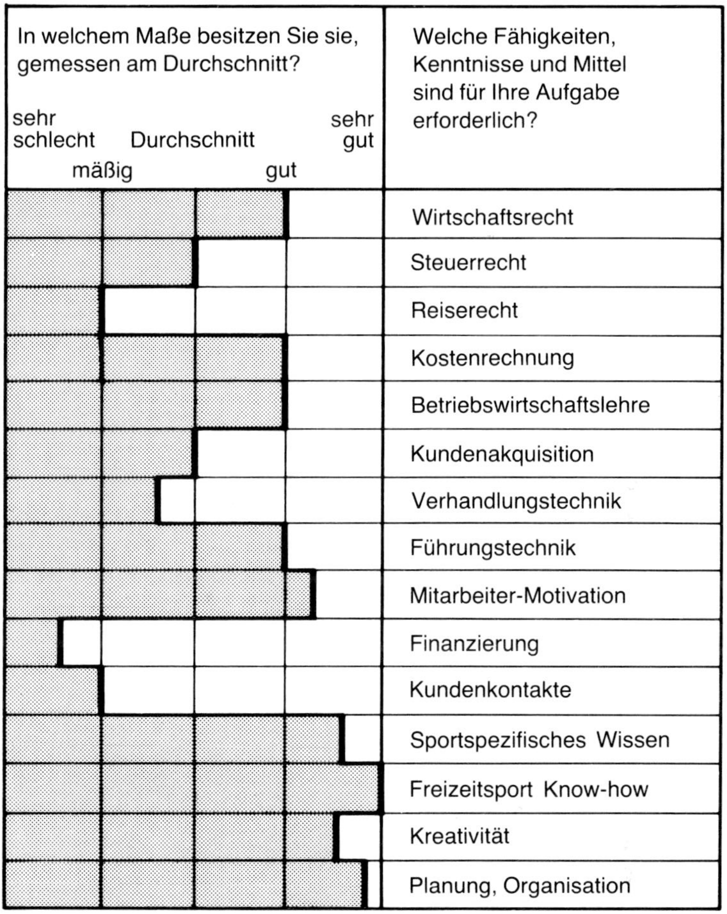

Abb. 7: Eignungsanalyse I: Bewertung von Einzelaspekten

Wichtig ist es, nicht nur die einzelnen Kenntnisse und Fähigkeiten zu analysieren und zu bewerten, sondern auch die Differenzierung zu anderen herauszuarbeiten.

Anmerkung: Man sollte die Eignungsanalyse auf großen Papierbogen erstellen, die man an die Wand pinnt. Dies ist ein psychologischer Trick: Auf großen Flächen kann man großzügig arbeiten. Zu kleine Bogen Papier verleiten oft dazu, sich auch hinsichtlich seiner Eignungen zu klein zu machen.

Wie man auf der Abbildung 7 leicht erkennen kann, ist es dem Kandidaten nicht recht gelungen, seine Eignungsstärken herauszuarbeiten. Hier hilft ein visueller Kunstgriff weiter: Man schneidet die Einzeleignungen auseinander und fügt sie wieder so zusammen, daß daraus eine „Speerspitze“ entsteht; die folgende Abbildung 8 zeigt dies. Man erkennt an diesem Bild viel deutlicher, wo die besonderen Stärken liegen.

Wem es jetzt immer noch nicht gelungen ist, seine Stärken und Besonderheiten zu benennen, der sollte folgenden Weg einschlagen: seine Hauptaufgaben auflisten und sie in Teilaufgaben untergliedern. Dasselbe kann man nun auch für die Aufgaben tun, die man bei früheren Tätigkeiten auszuführen hatte oder die man ehrenamtlich oder nebenberuflich übernommen hat. Auch hier ist es ratsam, große Papierbogen zu verwenden, denn Sie werden viel Platz benötigen; nach unserer Erfahrung ist hier noch jedem etwas eingefallen, was für die Eignungsanalyse verwertbar war.

Hat man die eigene Tätigkeit in Struktur und Abläufe differenziert, bewertet man seine Leistungen und kann dann anhand seiner Aufzeichnungen leichter die „Glut unter der Asche“ finden.

Neigungsanalyse

Eignung und Neigung ergänzen sich und bestimmen die berufliche Entwicklungsrichtung. Man sollte seine Neigungen mindestens ebenso ernst nehmen wie seine Eignungen, im Einzelfall vielleicht sogar etwas höher bewerten. Denn wenn man die Neigung hat, eine bestimmte Aufgabe zu erledigen, dann besitzt man im allgemeinen auch genügend Motivation, um sich die erforderlichen Kenntnisse anzueignen.

Häufig entspricht die persönliche Neigung der beruflichen Eignung. Sollte dies nicht der Fall sein, so ist zu empfehlen, seinen

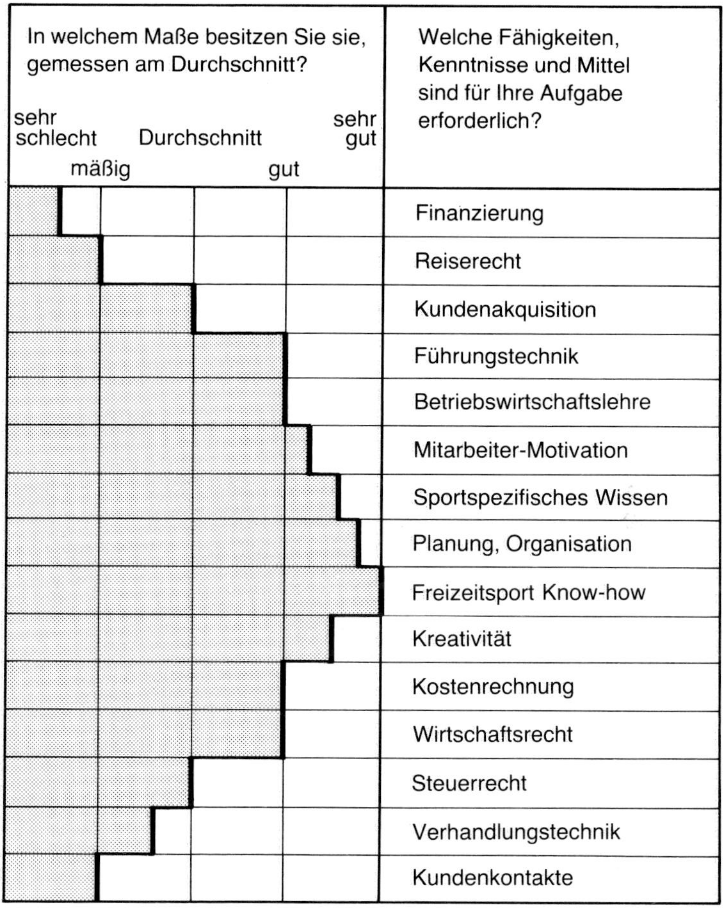

Abb. 8: Eignungsanalyse II: Das Speerspitzen-Modell

Die Eignungsstärken sind die „Speerspitzen" des beruflichen Erfolges; diese müssen im Hinblick auf die Engpässe der Zielgruppe entwickelt werden.

Neigungen in der subjektiven Bewertung noch mehr Bedeutung beizumessen. Dies ist insbesondere dann zu raten, wenn die Eignungsanalyse auch nach mehrfachen Anstrengungen kein vernünftiges Ergebnis gebracht hat. Denn das ist meist ein untrügliches Zeichen dafür, daß man sich in seiner Aufgabe nicht zu Hause und wohl fühlt, sich weder im Zentrum noch am Rande seiner Potentiale bewegt und ganz offensichtlich auch keine Anstrengungen unternehmen will, dies innerhalb der augenblicklichen Tätigkeit zu ändern.

Wie aber findet man nun heraus, welche Neigungen man hat?

Hierzu gibt es höchst unterschiedliche Verfahrensweisen. Am einfachsten kann man es sich machen, indem man zu einem Psychologen geht, der über testpsychologische Verfahren Bescheid weiß, und sich beraten läßt; der Berufsverband der Psychologen kann einem hier sicherlich mit Informationen helfen. Es gibt auch eine ganze Reihe zum Teil durchaus ernstzunehmender Literatur, nach deren Studium es jedem leicht fallen soll, sein eigener Psychoanalytiker zu sein. Man merkt es an der Ironie – diesen Weg empfehlen wir nicht.

Der von uns empfohlene Weg hat zwar auch mit Psychologie zu tun, nur kommt sie nicht „breitbeinig“, sondern subtil daher. Wir schlagen vor, über Wochen hinweg Zeitungen, Fachzeitschriften, Magazine usw. systematisch durchzuarbeiten und diejenigen Artikel, Stellenangebote, Beteiligungsangebote, Produktanzeigen, Nachrichten usw. auszuschneiden, die – aus welchem Grund auch immer – Interesse wecken, und diese Ausschnitte zu sammeln. Selbstverständlich sollte man verstärkt den Wirtschaftsteil der Tageszeitung und der Wochen- oder Monatszeitschriften lesen und sich die beruflich interessanten Artikel herausziehen. Unser Vorschlag geht aber noch weiter: Nehmen Sie eventuell auch den Sportteil, die Lokalseite, die Leitartikel usw. unter die Lupe, und sondieren Sie die interessant erscheinenden Informationen. Wenn man dies über ein paar Wochen hinweg getan hat, kommt einiges an Material zusammen.

Sortiert man dieses Material nun nach selbst zu wählenden, sich immer wieder ändernden und neu zu gestaltenden Kriterien, so schält sich schließlich eine Richtung heraus, in der sich berufliches und persönliches Interesse decken. Dies liegt daran, daß man natürlich bereits beim Ausschneiden unbewußt eine wohlbegründete Auswahl trifft, über die man sich aber keine Gedanken zu machen braucht. Diese geistige Vorprägung macht uns sensitiv für bestimmte Informationen. Themen, für die man sich nicht interessiert, werden systematisch unterdrückt. Um nicht dem Zufall der aktuellen Stunde zu unterliegen, sollte man dieses Verfahren tatsächlich einige Wochen lang anwenden. Erst dann ist das Spielmaterial umfangreich und aussagefähig genug.

Hat man nun Eignung und Neigung herausgearbeitet, so folgt der dritte Schritt, nämlich zu prüfen, welche Probleme man damit lösen will und kann.

Analyse der Problemlösungsfähigkeit

Auch bei diesem Schritt der aktiven Bewerbungsstrategie folgen wir der gleichen Methodik wie bei den ersten beiden Schritten. Das heißt, wir listen unter der zweifachen Fragestellung „Welche Probleme löse ich zur Zeit" und „Welche Probleme will oder könnte ich lösen" alle Probleme auf, die sich konkret stellen. Probleme faßt man nun zu Problemgruppen unter dem Gesichtspunkt zusammen, in welcher beruflichen Position sie normalerweise bearbeitet werden.

So kann man beispielsweise Probleme des Rechnungswesens als Bilanzbuchhalter, Leiter des Rechnungswesens, kaufmännischer Leiter, Geschäftsführer, Unternehmensberater, Steuerberater usw. lösen. Das Aufgabenfeld der Büroraumgestaltung kann man als Innenarchitekt, Schreiner, Mitarbeiter in einem Möbelhaus oder Bürobedarfshandel, Organisator, Wissenschaftler usw. bearbeiten. Diese Beispiele sollen zeigen, daß es für die gleiche Problemgruppe unterschiedlichste berufliche Positionen gibt. Natürlich kann man nicht einfach Steuerberater werden. Wenn jemand jedoch bemerkt, daß er in seinem jetzigen Tätigkeitsfeld, z. B. als Bilanzbuchhalter oder Leiter der Verwaltung in einem kleinen Unternehmen, besondere Fähigkeiten im Bereich der betriebswirtschaftlichen Steueroptimierung besitzt und daß ihn die Aufgaben in diesem Bereich auch noch besonders interessieren, dann sollte er sich nicht von Ausbildungsvorschriften und berufsständischen Regularien abschrecken lassen.

Anhand der theoretisch möglichen Berufsposition muß man sich nun zwingend die Frage nach den Unternehmen stellen, die eine solche Aufgabe bzw. Position zu vergeben haben. Der Einstieg in die Zielgruppenanalyse kann eingeleitet werden mit der Frage: Welches Unternehmen benötigt mich dringend als Problemlöser?

Zielgruppenanalyse

Zweck einer Zielgruppenanalyse ist es, die erfolgversprechendste Zielgruppe zu ermitteln, damit man diese mit einem konkreten Bewerbungsangebot ansprechen kann.

Der erste Weg führt über die Analyse einzelner Unternehmen. In Fachzeitschriften, Magazinen, Branchenblättern usw. werden häufig die spezifischen Problemlagen, Erfolge oder Mißerfolge einzelner Unternehmen dargestellt. Eine genaue Diagnose dieser Fallbeschreibungen und die Ableitung bzw. Übertragung der genannten Probleme auf Unternehmen der gleichen Branche, ähnlicher Größe oder Struktur sowie ein Abgleich mit den eigenen Problemlösungsfähigkeiten kann eine ganze Reihe von möglichen Ansprechpartnern in der Zielgruppe erbringen. Auch eine genaue Beobachtung der Wettbewerber zeigt die wesentlichen Problemlagen auf, die zu ihrer Lösung einen neuen Mitarbeiter erforderlich machen können. Die Anzahl der Unternehmen, die man auf diesem Weg selektieren kann, dürfte normalerweise unter 50 liegen. Es ist erfahrungsgemäß kein Problem, die wichtigen Entscheidungsträger namentlich zu erfassen und über einen Treuhänder anzusprechen.

Der zweite Weg ist einfacher. In der Bundesrepublik Deutschland und auch im Ausland gibt es eine ganze Reihe von sogenannten Adreßverlagen. Diese sammeln Adreßdaten, die nach den unterschiedlichsten Kriterien abrufbar sind. Wer hat sich nicht schon über die vielen Angebote gewundert, die namentlich adressiert von American Express, Eurocard, Wirtschaftswoche, Reader's Digest usw. jede Woche im Briefkasten zu finden sind? Diese Firmen haben die Adressen, nach bestimmten Kriterien sortiert (z. B. Höhe des Einkommens, Lebensalter, Beruf, Ausbildungsstand usw.), bei den Adreßverlagen gekauft bzw. selbst gesammelt und selektiert. Jeder Adreßverlag führt ein Zielgruppenverzeichnis mit der Anzahl der Namensadressen einer bestimmten Zielgruppe, z. B. im Postleitzahlgebiet 6 – und nennt natürlich auch den entsprechenden Preis. Die folgende Musterseite ist aus einem solchen Zielgruppenverzeichnis[25] beliebig ausgewählt. Die Zielgruppenverzeichnisse kann man bei den Adreßverlagen (siehe Anhang) anfordern, meist sogar kostenlos.

Alphabetischer Teil

Best.-Nr.	Zielgruppe	Stück		Preis		Markt
2850 142	Kork u.Korkwaren-Importeure	18		36,-		5B
1700 022	Korkwaren F.	33		36,-		1Q
2200 076	Kornbrennereien	330		81,-		1V
3605 009	Korrespondenten	173		56,-		6G
3612 001	Korrespondenz-u.Nachrichtenbüros	552		104,-		6G
2978 012	Korsett Eh.	1.344	‰	104,-		5C
2100 036	Korsett F.	67		56,-		1U
2981 016	Korsett-Versandgeschäfte	14		36,-		5C
2981 013	Kosmet.u.pharm.Versandgeschäfte	35		36,-		5C
2850 043	Kosmetika u.Parfümerien-Exporteure	23		36,-		5B
2850 143	Kosmetika u.Parfümerien-Importeure	24		36,-		5B
4110 099	Kosmetikfachschulen	39		36,-		7C
2938 001	Kosmetiksalons	6.366	‰	100,-		5C
0300 031	Kosmetische Präparate F.	538		104,-		1C
2835 003	Kosmetische Präparate Gh.	329		81,-		5B
2835 001	Kosmetische Präparate u.Friseurbed.Gh.	517		104,-		5B
3951 001	Kostüm-u.Kleiderverleihunternehmen	64		56,-		6J
3529 001	Kostüm-u.Maskenbildner	292		81,-		6F
3529 002	▷ Kostüm-u.Maskenbildner,freiberufliche	127		56,-		6F
2618 001	Kräuter Gh.	29		36,-		5B
2200 030	Kräutertee F.	37		36,-		1V
3350 021	Kraftfahrversicherungsgesellschaften	113		56,-		6D
3050 011	Kraftfahrzeug-Reparaturw.u.-händler	30.933	‰	92,-		4C
3050 036	Kraftfahrzeugbremsendienste	982		104,-		4C
3050 003	Kraftfahrzeuge Eh.	25.949	‰	92,-		4C
1200 020	Kraftfahrzeuge F.	128		56,-		1L
2709 001	Kraftfahrzeuge Gh.	579		104,-		5B
2850 044	Kraftfahrzeuge-Exporteure	191		56,-		5B
2850 144	Kraftfahrzeuge-Importeure	177		56,-		5B
3050 002	Kraftfahrzeugabschleppdienste	2.455	‰	104,-		4C
3050 007	Kraftfahrzeugersatzt.u.-zubeh.Eh.	5.961	‰	100,-		4C
1200 003	Kraftfahrzeugersatzt.u.-zubeh.F.	636		104,-		1L
2712 001	Kraftfahrzeugersatzt.u.-zubeh.Gh.	2.042	‰	104,-		5B
2850 045	Kraftfahrzeugersatzt.u.-zubeh.-Exp.	114		56,-		5B
2850 145	Kraftfahrzeugersatzt.u.-zubeh.-Imp.	110		56,-		5B
3320 002	Kraftfahrzeugfinanzierungsunternehmen	34		36,-		6D
3050 001	Kraftfahrzeuggewerbe	56.816	‰	81,-		4C
4110 100	Kraftfahrzeughandwerkerschulen	31		36,-		7C
[illegible]20	Kraftfahrzeugmechaniker-Innungen	198		56,-		7D
[illegible]	[illegible]hrzeugschä[illegible]stellen,DAT	168		56,-		6I
[illegible]	[illegible]	[illegible]34		36,-		1W
[illegible]	[illegible]	[illegible]		[illegible]		7E
[illegible]	[illegible]	[illegible]		[illegible]		[illegible]C

Best.-Nr.	Zielgruppe	Stück		Preis		Markt
3745 022	▷ Säuglingskrankenanst.u.Abteilungen	65		56,-		6H
3745 025	▷ Tuberkulosekrankenanstalten u.Abtlg.	125		56,-		6H
3745 026	▷ Unfallkrankenanstalten u.Abteilungen	177		56,-		6H
3745 027	▷ Universitätskliniken u.Abteilungen	269		81,-		6H
3745 028	▷ Urologische Krankenanstalten u.Abtlg.	423		81,-		6H
3745 029	▷ Versehrtenkrankenanstalten u.Abtlg.	7		17,-		6H
3745 030	▷ Versorgungskrankenanstalten u.Abtlg.	97		56,-		6H
1200 012	Krankenfahrzeug F.	13		36,-		1L
3772 002	Krankengymnasten	3.519	‰	104,-		6H
3772 001	Krankengymnasten u.Masseure	11.849	‰	100,-		6H
4110 165	Krankengymnastikschulen	45		36,-		7C
4710 001	Krankenhausärzte,leitende	12.443	‰	100,-		6H
2905 002	Krankenhaus-Apotheken	479		81,-		5C
2902 001	Krankenhaus-u.Ärztebedarf Eh.	858		104,-		5C
2802 001	Krankenhaus-u.Ärztebedarf Gh.	324		81,-		5B
2902 004	Krankenhausbedarf Eh.	481		81,-		5C
2300 027	Krankenhauseinrichtungen F.	55		56,-		1W
2543 005	Krankenhaus-Einrichtungsbauunternehmen	32		36,-		4B
4110 166	Krankenhaushelferinnenschulen	8		17,-		7C
3747 001	Krankenhausverwaltungsleiter	2.385	‰	104,-		6H
3750 001	Krankenkassen	5.340	‰	100,-		6H
3750 002	▷ Betriebskrankenkassen	1.029	‰	104,-		6H
3750 003	▷ Ersatzkassen	3.025	‰	104,-		6H
3750 004	▷ Innungskrankenkassen	216		81,-		6H
3750 007	▷ Ortskrankenkassen	1.045	‰	104,-		6H
3750 008	▷▷ Ortskrankenk.,Hauptgeschäftsstellen	306		81,-		6H
4266 001	Krankenkassenverbände	55		56,-		7D
4110 045	Krankenkassenverwaltungsschulen	6		17,-		7C
4110 167	Krankenpflegehelferinnenschulen	122		56,-		7C
4110 168	Krankenpflegehilfeschulen	488		81,-		7C
9002 143	Krankenpfleger,Krankenschwestern	85.966	‰	92,-		0A
4110 169	Krankenpflegerschulen	227		81,-		7C
4110 170	Krankenpflegeschulen	861		104,-		7C
4110 171	Krankenpflegevorschulen	203		81,-		7C
3226 016	Krankentransportunternehmen	1.444	‰	104,-		6C
3350 022	Krankenversicherungsgesellschaften	37		36,-		6D
3942 001	Kranverleihunternehmen	389		81,-		6J
2100 025	Krawatten F.	72		56,-		1U
2000 110	Krawattenstoffwebereien	12		36,-		1T
3350 023	Kredit-u.Garantie-Versicherungsges.	30		36,-		6D
3300 008	Kreditbanken	888		104,-		6D
3300 009	Kreditbanken,Hauptstellen	93		56,-		6D
3399 001	Kreditinstitute,Versicherungsgew[illegible]	82.873	‰	81,-		6D
3399 [illegible]	[illegible]register-Eintragu[illegible]	[illegible].179	‰	[illegible]	S	6D
						1G

Abb. 9: Zielgruppenverzeichnis (Beispiel)

Der Ausriß aus einem Adreßkatalog zeigt, wie detailliert Zielgruppendaten erfaßt sind und bezogen werden können.

Die Adreßkataloge sind – je nach Verlag – unterschiedlich gegliedert. In der Regel haben sie jedoch einen alphabetischen und einen Branchenteil, die nach weiteren Kriterien untergliedert sein können, z. B. nach Unternehmensgröße, Mitarbeiterzahl, Umsatzvolumen, Rechtsform usw. Hier kann man sich also ganz gezielt mit möglichen Zielgruppen auseinandersetzen oder eine Zielgruppeneingrenzung vornehmen. Überdies fallen einem beim Durcharbeiten der Kataloge häufig völlig neue Berufsmöglichkeiten und somit Zielgruppen auf, für die die erarbeiteten Fähigkeiten wertvoll sein könnten.

Bei der Zielgruppenanalyse ist es sehr wichtig, daß man sich auch um Details bemüht. Das heißt, daß man genau auswählt, wen man direkt ansprechen will: Es wäre beispielsweise ziemlich unsinnig, sämtliche Krankengymnasten anzusprechen, denn davon gibt es immerhin 3519 (siehe Abbildung 9). Nach verschiedenen Kriterien läßt sich die Gesamtheit auf die Anzahl von Krankengymnasten reduzieren, die man sinnvollerweise erreichen sollte; d.h. in diesem Falle solche, die mehr als zwei Personen beschäftigen, in Groß- oder Kleinstädten ihre Praxis betreiben (dies läßt sich über die Postleitzahl steuern) und ein bestimmtes Umsatzvolumen haben. So kommt man auf eine Zahl von vielleicht 300 Ansprechpartnern. Wenn man seine Zielgruppe nach diesem Verfahren auswählt, kann man sich wesentlich preisgünstiger und effektiver bewerben.

Weiß man nun genau, welche Unternehmen als Arbeitgeber in Frage kommen könnten, empfiehlt sich eine nochmalige Überprüfung seiner spezifischen Fähigkeiten angesichts der Problemlage dieser Zielgruppe. Auch hier gilt es, das dringendste Problem zum Aufhänger zu machen. Beispielsweise könnte ein Personalreferent in seinem Bewerbungsschreiben anbieten, das Problem der Fluktuation wirksam und dauerhaft in den Griff zu bekommen. Ist dies nun in der angesprochenen Branche augenblicklich kein Thema, dafür aber die Verminderung des Krankenstandes, dann hätte der Kandidat „aufs falsche Pferd gesetzt“. Hätte er sich dagegen vorher um die aktuellen Branchenprobleme gekümmert und sie in Erfahrung gebracht, würde er mit Sicherheit erfolgreicher sein. Gerade die Probleme werden in Fachzeitschriften und Branchenblättern immer wieder beschrieben, so daß es bei konsequenter Nachforschung möglich ist, sie – wenigstens zu einem

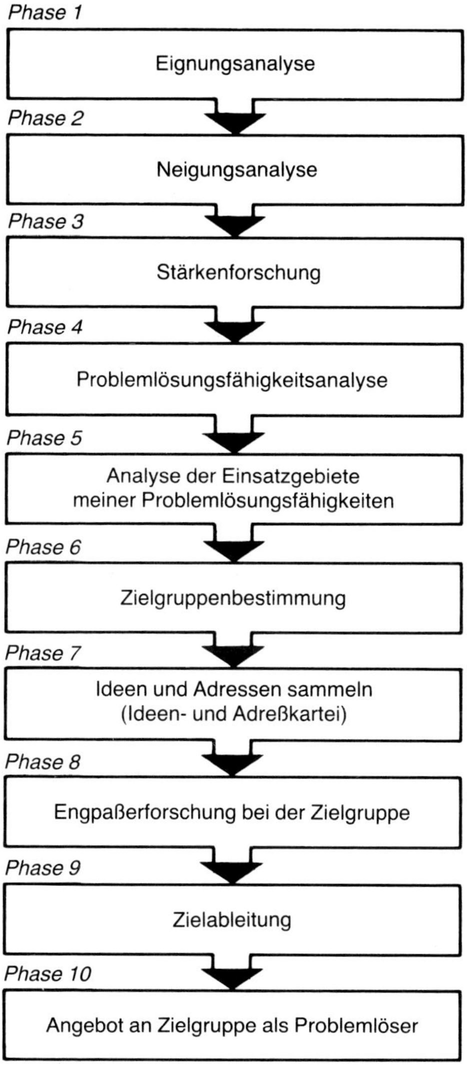

Abb. 10: Phasen der Strategieentwicklung
Nur die konsequente Durchführung der einzelnen Schritte bringt den nachhaltigen beruflichen Erfolg.

großen Teil – zu definieren, das Engpaßproblem herauszufiltern und sich seine Lösung zum Ziel zu machen. Und genau dieses Ziel muß im Bewerbungsschreiben deutlich zum Ausdruck kommen.

Anhand der Selbst- und Marktanalysen kann man nun genau die Ziele für sich herausarbeiten, die gleichzeitig für die ausgewählte Zielgruppe einen Engpaß darstellen; man hat seine Marktlücke gefunden. Mit dieser Karrierestrategie deckt sich das Firmeninteresse mit den eigenen berufsbezogenen Interessen.

Zusammengefaßt führt die Abbildung 10 (siehe S. 117) noch einmal die Einzelschritte der persönlichen Strategieentwicklung und Zielfindung auf[26]. Ganz wesentlich für den nachhaltigen Erfolg ist aber, daß man konsequent jeden dieser Schritte macht.

8. Kapitel

Bewerbungstaktik I

Viele Wege führen nach Rom, sagt der Volksmund. Man sollte sich daher nicht damit zufrieden geben, nur einen Weg zu kennen. Häufig ist dieser Weg hoffnungslos verstopft und behindert somit das Weiterkommen. Andere, möglicherweise weitere Wege können schneller zum Ziel führen, denn nicht der kürzeste Weg ist immer der schnellste, wie Lao Tse sagt; auch die alten Chinesen wußten dies also bereits. Man sollte daher auch ungewöhnliche Wege gehen, Wege, wie sie hier beschrieben sind.

In diesem Kapitel geht es um die wesentlichen Verfahren, wie ein Bewerber Kontakte zu Firmen aufnehmen kann. Ihre Beschreibung und Analyse sind dabei unterschiedlich umfangreich. So äußern wir uns z. B. zum Thema „Stellenangebote“ nicht sehr ausführlich, da hierüber nahezu jeder Bewerberratgeber Auskunft gibt und wir diesen Weg nicht zu den erfolgversprechendsten zählen. Sehr eingehend werden aber das „aktive Stellengesuch“ und die „Zielgruppen-Kurzbewerbung (ZKB)“ dargestellt, weil wir diese zu den Kernstücken einer aktiven Bewerbungsstrategie und -taktik rechnen. Die Analyse einiger weiterer Verfahren wird gute und schlechte Wege zeigen.

Stellenangebote nutzen

Stellenangebote werden in jeder Wochenendausgabe der großen deutschen Tageszeitungen veröffentlicht. Auch Lokalzeitungen enthalten Stellenangebote; diese beziehen sich jedoch meist auf Stellen, die dem unteren Teil der betrieblichen Hierarchie zugerechnet werden müssen. Wer Karriere machen will, muß sich auf jeden Fall an der Frankfurter Allgemeinen Zeitung und anderen überregionalen Zeitungen orientieren; dort werden die wirklich interessanten Angebote gemacht.

Für die inserierenden Unternehmen sind diese Stellenangebote die effektivste Art, ein genügend großes Angebot an Bewerbungen zu erhalten, unter denen sie dann den oder die geeigneten Kandidaten auswählen können. Für den Bewerber sieht die Situation genau umgekehrt aus. Er konkurriert auf jeden Fall sofort mit einer großen Anzahl anderer Bewerber. Selbst bei Stellenangeboten für das Topmanagement und den Vorstandsbereich melden sich nicht selten bis zu 80 Bewerber, die allesamt potentielle Kandidaten sind. Die Chancen auf Erfolg bei dieser passiven Bewerbungsart sind deshalb vergleichsweise gering. Sie erhöhen sich allerdings dann entscheidend, wenn das Eignungsprofil des Bewerbers voll dem Anforderungsprofil der angebotenen Stelle entspricht. Nur in diesem Fall – so unsere Empfehlung – lohnt es sich, die Bewerbungsunterlagen zu versenden.

1. Quartal	Außendienst	EDV	Einkauf	Export	Fertigung	Forschung/Entwicklg	Geschäftsleitung	Org./Betriebsw	Personal/Sozial	Planung/Statistik	Rechnungswesen	Verkauf	Vertrieb	Verwaltung	Werbung/Marketing	Sonstige
Land- u. Forstwirt	1					1	1	1	1		1	1			1	1
Ernaehrungsind.	8	1	1	4	9	1	1	5	2	1	3	18	12	1	21	
Getraenkeind.	5	2	1	4	1			3		6	3	13	6	2	9	1
Tabakwaren		3				2	1				1	1	1		1	
Bergbau-Kohle						1	1									
Bergbau-Erze																1
Kohleverarbeitung																1
Mineraloel	3	9	1		1	1		1		1		4				2
Chemische Indust	38	3	3	3	7	22	3	6	3	4	6	21	7	2	10	6
Pharmazeut. Indust	938	8	11	11	9	55	1	4	6	6	1	17	15	4	95	6
Kunststoffvearb.	25	1	3	1	17	12	2	3		1		37	11		16	5
Kosmetische Ind.	28	5	1	2	1	3	1	5		1	6	17	9	2	7	4
Eisenverarb. Ind.	15	13	6	21	47	47	18	19	8	25	19	70	61	4	7	1
Schwermaschinen	2	1	1	2	4	8				2	2	5	2		2	2
Anlagen	11	4	2	9	20	30	4	17	1	24	8	32	49	1	4	6
Klima Technik	15			2	5	6	1	3	1	2	2	4	23		12	
Fahrzeugbau	4	6		4	2	24		8		2	3	18	4		4	6
Schiffsbau	1							1								
NE-Industrie	12	3	3		8	8	2	2			1	4	13	1		1
Elektromaschinen	11	2	2	1	6	18	2	9	10		2	34	12	6		
Energiewirtschaft		2				1	4	5	2	10	8		1	2	1	9
Nachrichtentechn	9	4		2	3	33		3		3		7	37		4	6
Mess/Regeltechnik	33	5	2	3	5	32	2	2		1	2	19	36	2	10	8
Rundfunk Phono	3	1	1	1				1		1	5	12	3	1	3	
Elektronik	68	43	6	4	32	121	6	20	2	8	17	78	294	7	43	9
Baugrundstoffe			1	1	1	3	3	1				11	3	1	3	1
Bauindustrie	4			1	11	2	3	14		25	4	29	8	3	2	2
Keramische Ind				2		1	1			1	1	11				
Glasherstellung		3			1				1			1	2			
Hoch/Tief-Bau				1	21		1	9		9	1	1	5		1	2
Ingenieur-Bau		2			2	10	1	7		35	1	6	2	6		26
Einzelhandel	8	3	29			2	5	18	4	4	4	68	3	4	10	5
Grosshandel	[illegible]															

Abb. 11: FAZ-Stellenmarkt

Der Ausriß aus dem Karriere-Kursblatt® der FAZ zeigt die nach verschiedenen Branchen und Funktionen differenzierten Stellenangebote eines Quartals in der FAZ.

Sucht jemand eine neue Aufgabe, kann er die Stellenangebote dazu nutzen, um sich über den Bedarf, die Struktur und die Schwerpunkte auf dem für ihn interessanten Teil des Arbeitsmarkts zu informieren. Er kann natürlich auch über die Stellenangebote versuchen, möglichst viele Einladungen zu Vorstellungsgesprächen zu erhalten, daraus zu lernen und seinen Marktwert zu testen. Die sich daraus ergebenden Gelegenheiten sollte er nutzen. Stellenangebote werden immer wieder von den verschiedensten Instituten statistisch ausgewertet. Die Frankfurter Allgemeine Zeitung z. B. veröffentlicht vierteljährlich die FAZ-Daten, die die erschienenen Stellenangebote nach Branchen und Funktionen gegliedert auflisten. Hieraus kann man schnell ersehen, wo Bedarf war und ist. Die Abbildung 11 zeigt die FAZ-Daten beispielhaft für ein Quartal (die FAZ-Daten sind kostenlos bei der Frankfurter Allgemeinen Zeitung erhältlich).

Die Bewerbung auf Stellenanzeigen wird hier nicht weiter analysiert, da sich andere Bücher damit ausführlich beschäftigen.

Stellengesuche schalten

„500 DM soll meine Anzeige kosten?“ fragt der Kandidat erbost – und geht dann in Urlaub, 14 Tage Ibiza für 2730 DM Halbpension. Die Wichtigkeit von Investitionen für die berufliche Entwicklung wird zumeist unterschätzt. Bei einer Anzeige, die auf eine bessere Position gerichtet ist, sollten die Kosten eigentlich eine untergeordnete Rolle spielen. Dennoch ist die Scheu, größere Beträge für eine Stellensuchanzeige auszugeben, nicht ganz unbegründet, da man auf manche Anzeige wenig oder sogar keinerlei Resonanz erhält.

Strategische Überlegungen

Ludwig Peters entschloß sich, ein eigenes Stellengesuch zu schalten (siehe Abbildung 12). Der Rücklauf auf diese Anzeige war mager: vier Zuschriften erhielt er, und es war kein Unternehmen dabei, das für ihn interessant und reizvoll gewesen wäre.

EDV-Organisator
38, sucht neuen Wirkungskreis im Großraum Hannover bei einem mittelständischen Unternehmen . . .

Abb. 12: Stellengesuch ohne Problemlösungsangebot
Ohne ein Problemlösungsangebot bietet ein Stellengesuch keine Informationen und bleibt für die Zielgruppe uninteressant.

Von Kollegen hörte er immer wieder, daß sie viele und gute Kontakte bekämen – nur bei ihm schien es nie zu klappen. Schließlich faßte er den Entschluß, sich von anderer Seite helfen zu lassen. Arbeitsämter, Psychologen und Berater bieten ja Tests und Eignungsanalysen an.

Was kam dabei heraus? Herr Peters wurde auf seine *persönlichen* und insbesondere *beruflichen Fähigkeiten* hin analysiert. Man stellte fest, speziell bei der beruflichen Eignungsanalyse, daß er als EDV-Organisator kaum über dem Durchschnitt lag. Er hatte somit wenig Chancen bei Bewerbungen. Zudem waren seine Bewerbungsunterlagen auch wenig ansprechend aufgemacht.

Die Analyse zeigte jedoch auch, daß er Interesse und eine ausgeprägte Stärke im Bereich neuer EDV-Netzwerke und der Datenfernübertragung, speziell in Verbindung mit Großcomputern, hatte. Auf diesem Arbeitsgebiet machte ihm so schnell keiner etwas vor. Die Frage, ob er diese Stärken im Bewerbungsschreiben schon besonders hervorgehoben hätte, verneinte Peters, denn für ihn seien diese Kenntnisse etwas Normales und nichts Besonderes.

Diese Einstellung ist bei Bewerbern häufiger zu finden; sie sind sich nicht darüber im klaren, wo ihre besonderen Stärken liegen. Die Frage nach den Stärken und Schwächen ist nicht nur bei Bewerbungsgesprächen von großem Interesse, sondern spielt überall im Wirtschaftsleben immer wieder eine Rolle.

Jeder hat an seinem Arbeitsplatz Leistung zu erbringen. Um jedoch weiterzukommen, gegebenenfalls beruflich aufzusteigen, genügt eine Durchschnittsleistung nicht; es sind überdurchschnittliche oder gar Spitzenleistungen erforderlich. Eine Leistung wird immer von der nächsthöheren Zielgruppe beurteilt, aus deren Sicht die Leistung gut sein muß. Also ist jeweils zu überlegen, für wen man die Leistung erbringt. Nur wenn der Zielgruppe die eigenen Leistungen bekannt sind, gewinnt man Einfluß und Anziehungskraft. Sein Licht unter den Scheffel zu stellen führt zu Fehleinschätzungen durch die Zielgruppe. Man muß also seine Zielgruppe über besondere Stärken und Leistungen informieren, damit man beruflich weiterkommt.

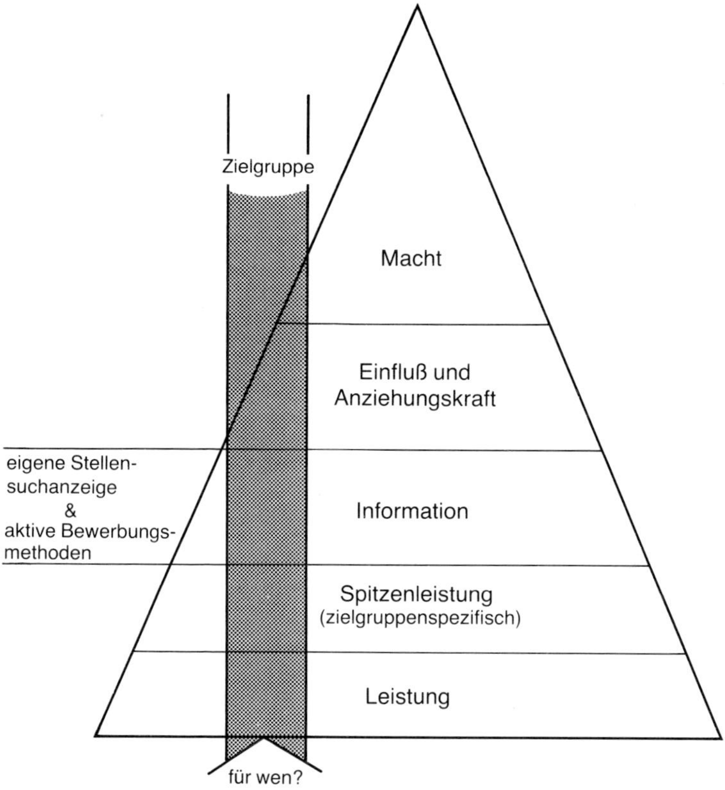

Abb. 13: Zielgruppeninformation ist eine „Pflicht“

Die eigene Leistung „muß“ für die Zielgruppe oder Zielperson erkennbar sein, damit sie überhaupt bewertet werden kann.

Die neuen Erkenntnisse über die speziellen Stärken unseres Kandidaten Peters führten dazu, sein spezielles Know-how der Zielgruppe der EDV-Hersteller und Software-Unternehmen anzubieten. Eine neue Anzeige wurde formuliert und in zwei Zeitungen der EDV-Branche geschaltet:

EDV-Fachmann DFÜ/Großcomputer

Industrie-Kaufmann, 38, bietet umfangreiche Erfahrungen und Kenntnisse auf dem Gebiet der EDV-Organisation und -Programmierung, speziell bei Großcomputern und in Verbindung mit Datenfernübertragung. Branchenerfahrung aus Kreditwirtschaft und Industrie. Gesucht wird eine neue Aufgabe bei einem EDV-Hersteller oder Software-Unternehmen. Zuschriften erbeten unter Chiffre . . . an die . . .

Abb. 14: Stellengesuch mit Problemlösungsangebot
Durch die Information über die speziellen Kenntnisse und Fähigkeiten ist dieses Stellenangebot für die Zielgruppe interessant.

Der Erfolg bestätigte das neue Konzept, denn Peters bekam 22 Rückläufe von renommierten EDV-Herstellern und Software-Häusern. Sieben der 22 Kontakte liefen über Personalberater. Mit inzwischen verbesserten Bewerbungsunterlagen konnte Peters 17 Bewerbungsgespräche führen und bekam schließlich von vier Firmen Angebote, unter denen er sich das beste aussuchen konnte. Für Peters hat es sich also gelohnt, genau herauszuarbeiten, für welche Zielgruppe er am geeignetsten ist und welche besonderen Fähigkeiten er hat. Allgemeine Kenntnisse in Stellensuchanzeigen anzubieten führt also nicht weiter.

Gute und schlechte Stellensuchanzeigen

Der Erfolg eines Stellengesuchs wird an der Anzahl der Antworten von interessierten Unternehmen gemessen. Viele große Tageszeitungen geben Broschüren bzw. Literatur zum Thema Stellengesuche heraus. Darin ist die Anzahl der Antworten auf verschiedene Anzeigen hin dokumentiert. Im Durchschnitt sind zwischen fünf und 15 Kontakte pro Anzeige zu erwarten.

Manche Anzeigen bringen vielleicht mehr als 20 Antworten – andere wiederum überhaupt keine. Die Anzahl der Rückläufe läßt jedoch nicht immer auf eine qualitativ gute Anzeige schließen. Oftmals nämlich reagieren auf Stellengesuche auch irgendwelche Dienstleistungsanbieter, die etwas verkaufen möchten, jedoch nicht zur angesprochenen Zielgruppe gehören. So unterteilen wir die Anzeigenrückläufe in drei Kategorien:

1. Zuschriften von Unternehmen, die zur Zielgruppe gehören,
2. Reaktionen von Personalberatern, die im Firmenauftrag Bewerber suchen,
3. sonstige Anfragen und Angebote, die mit der gesuchten Position direkt nichts zu tun haben.

Es gibt etwa 600 Tageszeitungen, 20 Wochenzeitungen, mehr als 400 Fachzeitschriften und sonstige Medien, in denen Stellengesuche erscheinen. Weiterhin gibt es vom Arbeitsamt den BTX-Service, in dem per Bildschirmtext sowohl Stellengesuche als auch Stellenangebote veröffentlicht werden.

Optische Gestaltung von Stellengesuchen

Das Stellengesuch darf unter den vielen anderen nicht untergehen, sondern muß auffallen. Es kann durch die Größe auffallen, durch herausgehobene Schlagzeilen, durch einen speziellen Rahmen, durch die Typographie usw. Mittleren und leitenden Angestellten ist zu empfehlen, die Anzeige zumindest zwei-, wenn nicht gar dreispaltig zu schalten. Es hat sich als Vorteil erwiesen, in einer Fachzeitschrift, die in der Regel zweispaltige Stellensuchanzeigen enthält, nun eine dreispaltige zu schalten. Der Pluspunkt liegt in der Auffälligkeit.

Tip: Man lese einige vorhergehende Ausgaben der jeweiligen Zeitschrift oder Tageszeitung durch und überlege, wie man seine Anzeige gegenüber den anderen hervorheben könnte. Sie soll gut lesbar sein und deshalb höchstens zwei oder drei verschiedene Schriftarten beinhalten. Wichtige Textteile könnten halbfett oder kursiv hervorgehoben werden.

Da jeder Leser gern direkt angesprochen werden will, ist es ratsam, die Zielgruppe in der Headline der Anzeige zu erwähnen.

Zum Beispiel: „Buchhalter für *Spedition*" oder „Controller *Textilindustrie*".

Eine selten genutzte, da teure Möglichkeit sind Anzeigen mit graphischen Zusätzen, z. B. Pfeilen, Sternen oder gar einem Bewerberfoto. Es gibt aber auch genügend andere Alternativen, sich aus der Masse der sonstigen Stellengesuche positiv herauszuheben. So hatte eine Kunststudentin, statt in der Tageszeitung zu inserieren, eine Plakatfläche in Hamburg gemietet und ihr Portrait sowie Telefonnummer eines Bekannten darauf gemalt. Mit bestem Erfolg. Nachträglich konnte sie diese Aktion sogar in ihrer Diplomarbeit verwerten!

Inhalt der Stellensuchanzeige

Das wichtigste ist die *Headline*. Sie soll folgendes beinhalten: Beruf/Funktion und die Branche/Zielgruppe. In manchen Fällen kann in der Headline auch eine Problemlösung oder ein Projekt genannt werden, z. B. „Exportkaufmann baut Ihre Niederlassung in Südafrika auf". Solch eine Aussage wirkt sehr attraktiv.

Weitere Inhalte kann man nach folgendem Schema einbringen: „Ich biete. Ich habe. Ich suche".

- Unter *„Ich biete"* schreibt man, was man alles kann, welche Stärken man hat usw. In vielen Anzeigen steht hierzu gar nichts. Ein Unternehmen will ja wissen, welche Kenntnisse und Fähigkeiten der Bewerber hat – welche Probleme er lösen könnte.
- Unter *„Ich habe"* kann man die Erfahrungen und Ausbildungsabschlüsse beschreiben, insbesondere Auslandserfahrungen, unter Umständen Examensnote, Fremdsprachenkenntnisse usw.
- Unter *„Ich suche"* beschreibt man, in welcher Branche oder in welcher Position man tätig werden will: „Suche leitende Aufgabe in Großhandelsunternehmen" oder „Suche Aufgabe als Exportsachbearbeiter".

Berufstitel, wie Betriebswirt oder Diplomkaufmann, gehören nicht in die Headline, sondern in den Anzeigentext.

Sein Alter sollte man normalerweise angeben, es sei denn, man ist über 50 Jahre. Dann kann man es zunächst weglassen, damit überhaupt Kontakte zustande kommen.

In einer Anzeige sollte man Übertreibungen, überflüssige Floskeln sowie negative klingende Aussagen (z. B. „bin DDR-Aussiedler", „habe keinen Führerschein", „bin geschieden" usw.) vermeiden. Wenn man sich bei einer kirchlichen Organisation bewerben will, ist es richtig, die Konfession anzugeben; ansonsten nicht. Als Jungakademiker kann man die Examensnote nennen; sobald Berufserfahrung vorliegt, ist dies überflüssig.

Betriebsleiter Maschinenbau/Werkzeugbau

Ingenieur grad., 45, bietet 13 Jahre Erfahrung als Betriebsleiter, verantwortlich für die gesamte Härterei und Qualitätskontrolle, Werkzeug- und Betriebsmittelwesen, Teilelager, AV, Fertigungssteuerung, Personalwesen, Instandhaltung. Know-how in: Sondermaschinen, Sonder- und Präzisionswerkzeuge, Warmbehandlung von Stahl, Umweltschutz. Suche neue, leitende Aufgabe im Maschinen-/Werkzeugbau.

Bitte schreiben Sie mir unter Z 4942025 an den Verlag

Abb. 15: Optimal gestaltetes Stellengesuch

Text dieses beispielhaften Stellengesuchs wurde nach dem Schema „Ich biete. Ich habe. Ich suche" gestaltet.

Kosten einer Stellensuchanzeige

Die Kosten hängen vom Medium ab, in dem man die Anzeige schaltet. In der Regel sind Stellengesuche preiswerter als sonstige Anzeigen, um den Bewerbern entgegenzukommen. So gibt es Millimeterpreise (pro Zeitungsspalte) von 2 bis 7 DM. In renommierten Fach- und Tageszeitungen ist mit ungefähr 10 Prozent eines Monatsgehalts zu rechnen; also beispielsweise zwischen 300 und 800 DM. Da wir zwei- bis dreispaltige Anzeigen empfehlen, sollte eine einfache Anzeige 35 mm hoch sein, ein Stellengesuch für einen leitenden Manager 45 bis 60 mm und höher. Folgende Anzeige (Abbildung 16) kostete in einer überregionalen Zeitung etwa 600 DM.

Diese Kosten sind steuerlich voll abzugsfähig, ebenso alle anderen Bewerbungs- und Beratungskosten.

Stellen-Gesu

Geschäftsführer Maschinenbau

Dipl.-Ing., 41, Industrielle Produktionstechnik im Maschinenbau, bietet fundiertes Know-how in: Alleinverantwortliche Leitung eines mittleren Produktionsunternehmens. Besondere Erfahrung in: Ausbau einer Produktionsabteilung zu einem eigenständigen Unternehmen inkl. kaufm. Teilbereiche, Organisation, Fertigungsrationalisierung, Personalkostenreduktion um 8% bei 15%iger Kapazitätssteigerung, Produktionsplanung und Betriebswirtschaft (konnte Ergebnis um + 18% in einem Jahr verbessern). Suche neuen Aufgabenbereich in leitender Position, ggf. Übernahme eines Teilbereichs in größerem Unternehmen. Kontaktaufnahme erbeten unter 450311 an die Frankfurter Allgemeine, Postfach 100808, 6000 Frankfurt am Main 1.

Polier

36jährig, mit mehrjähriger Auslandserfahrung im Hoch-, Tief-,

lunger Betriebsingenieur

Abb. 16: „600 DM-Anzeige"
Format, Layout und Text müssen mit der angepeilten hierarchischen Stellung korrespondieren.

Wirkung des Stellengesuchs

Inseriert man in Tageszeitungen, kommen die Rückläufe zumeist innerhalb von drei Wochen nach Erscheinen. Bei Fachzeitschriften kann sich der Zeitraum auf bis zu zwei Monaten ausdehnen. Bei anderen Medien, z. B. Kooperationsbörsen der Industrie- und Handelskammern, können Kontakte noch viel länger dauern.

Der richtige Zeitpunkt für ein Stellengesuch

Die meisten Stellengesuche erscheinen in den großen Tageszeitungen. Manche Tageszeitungen veröffentlichen sie nur an einem Tag der Woche, z. B. am Mittwoch, Freitag oder Samstag, manche zweimal, nämlich mittwochs und samstags. Also sollte man sich vorher mit der Zeitung in Verbindung setzen, um die Erscheinungstermine zu klären.

Gelegentlich hört man den Rat, vor Feiertagen keine Stellensuchanzeigen zu schalten. Wir haben die Erfahrung gemacht, daß dies keine große Rolle spielt. Die Rückläufe sind keineswegs geringer als sonst. Nur in den Ferienzeiten kann die Resonanz deutlich schlechter sein. Auch bei Druckerstreiks, wenn nur die halbe Auflage ausgeliefert wird, sollte man den Auftrag rechtzeitig zurückziehen und die Anzeige erst nach dem Streik schalten.

Wenn man ein Stellengesuch aufgeben möchte, muß man auch die Kündigungsfristen bis Vertragsabschluß (ein halbes Jahr und länger) einkalkulieren.

Manche Fachzeitschriften haben schon sechs Wochen vor Erscheinen Annahmeschluß für Anzeigen; darauf muß man sich einstellen. Die Erfahrung zeigt auch, daß es für bestimmte Berufe saisonale Schwankungen gibt. Deshalb ist zu empfehlen, die Fachzeitschriften regelmäßig zu lesen – auch bezüglich anderer Anzeigen –, um solche Trends aufzuspüren.

Läßt ein Bewerber sein Stellengesuch über einen Karriereberater schalten, hat er den Vorteil, zusätzlich zum Rücklauf Hinweise über das Unternehmen zu bekommen. Karriereberater arbeiten beispielsweise mit aufwendigen Nachschlagewerken, woraus sie sofort entnehmen können, wieviel Umsatz ein für den Bewerber interessantes Unternehmen im letzten Jahr machte, was im Detail produziert wird, wie viele Mitarbeiter beschäftigt werden usw. Diese Informationen können bei den anstehenden Vorstellungsgesprächen äußerst nützlich sein.

Was Interessenten schreiben

Ein interessiertes Unternehmen schreibt unter der Chiffrenummer an die betreffende Zeitung, die den Brief dann an den Inserenten weiterleitet. Normalerweise hat eine solche Antwort folgenden Inhalt: „Ihre Anzeige hat unser Interesse geweckt, und wir bitten Sie um Zusendung Ihrer ausführlichen Bewerbungsunterlagen." Manche Firmen legen einen Personalfragebogen bei. Andere Firmen beschreiben sehr ausführlich, warum und für welche Aufgabe sie einen Mitarbeiter suchen, und sagen von sich aus, wie groß das Unternehmen ist, und legen (leider zu selten) sogar eine Anfahrtskizze bei für den Fall, daß es zum Vorstellungsgespräch kommt. Sehr erfreulich ist auch, wenn Unternehmen ihrem Schreiben gleich einen Firmenprospekt oder einen Geschäftsbericht beilegen.

Der Bewerber muß dann die komplette Bewerbungsmappe versandbereit haben, schreibt nur noch das kurze Anschreiben – und ab geht die Post. Möchte er sich bei einem der reagierenden Unternehmen nicht bewerben, kann er unter der Chiffre-Nummer absagen, so daß sein Name nicht bekannt wird.

Oftmals stammt die Hälfte der Rückläufe von Personalberatern. Hier weiß man zunächst nicht, welches Unternehmen sich hinter dem Personalsuchauftrag verbirgt. Deshalb sollte man dem Personalberater mitteilen, welche Firmen die Bewerbung nicht erhalten dürfen – *Sperrvermerk*! In einem Telefongespräch sollte man überdies abklären, ob die Bewerbung auch wirklich sinnvoll ist. Dabei erfährt man oft zwischen den Zeilen, daß der Personalberater gar keinen Suchauftrag eines Unternehmens hat, sondern nur Adressen von Bewerbern sammeln will. In einem solchen Fall sollte man sorgfältig abwägen, ob man seine Bewerbungsunterlagen aus der Hand gibt.

Die folgende Abbildung 17 zeigt gute und schlechte, d. h. konkret: erfolgreiche und erfolglose Anzeigenbeispiele.

Abb. 17: Anzeigenbeispiele

Geschäftsführer

40 J., seit 15 Jahren in Führungsposition, kfm. und handwerkl. Ausbildung, agil, dynamisch, höchstbelastbar und Realist, scheut sich nicht vor dem Zupacken, Kenntnisse in vielen kfm. und techn. Bereichen, sucht neue Führungsaufgabe. Zuschriften unter **A F 803549** an die Frankfurter Allgemeine, Postfach 2901, 6000 Ffm. 1.

So nicht! Weder Form noch Inhalt dieser Anzeige korrespondieren mit der angestrebten Position eines „Geschäftsführers“.

EDV-Fachmann Großprojekte Kreditwesen

bietet fundierte praktische Erfahrung bei der Durchführung von Großprojekten, spez. Banken und Versicherungen, von der Systemanalyse bis zur Einführung, Reorganisation von EDV-Gruppen, Auswahl von Softwarepaketen, Programmierung auf verschiedenen Großrechnersystemen, Dokumentationssystemen, Kenntnisse und Erfahrungen in EDV-Revision, Englisch. Bin 42, suche eine interessante Aufgabe im Informationsbereich. Zuschriften erbitte ich unter **P H 814972** an die Frankfurter Allgemeine, Postfach 2901, 6000 Frankfurt am Main 1.

Mittelmäßige Anzeige, die brauchbare Informationen für die Zielgruppe liefert.

Finanz- und Rechnungswesen im Handel

Kaufmann, 42, zwanzig Jahre Erfahrung in Finanz- und Rechnungswesen und kaufm. Leitung von Handelsgesellschaften und Kettenbetrieben, sucht neue Aufgabe als

Kaufmännischer Leiter

Spezielle Kenntnisse: Unternehmensplanung, Controlling, Ergebnisrechnungen, Bilanzen – kaufm. Verwaltung mit ORG/EDV und Personal – Einkauf und Logistik – EDV-gestützte Steuerungs-, Kontroll- und Dispositionssysteme – Angebotsplanung, Kalkulation, Sortimentspolitik – Planung, Bau und Einrichtung von Betrieben.

Zuschriften erbeten unter **L B 814930** an die Frankfurter Allgemeine, Postfach 2901, 6000 Ffm. 1.

Gute Anzeige, in der sowohl die Zielgruppe als auch die berufliche Position richtig angesprochen wird.

Planungsfachmann Heizung

35 Jahre, Heizungs- und Sanitärtechniker, bietet umfangreiche Erfahrung: Wärmebedarfsberechnung, Heizflächenplanung (spez. Fußbodenheizung), Massenauszüge, Ausschreibungen, Groß- und Kleinprojekte, Altbau-Sanierung, Ein- und Verkauf, Beratung usw. Suche neue Aufgabe in mittelständischem oder großem Unternehmen. Bitte schreiben Sie mir unter **P E 816662** an die Frankfurter Allgemeine, Postfach 2901, 6000 Ffm. 1.

Sehr gute Anzeige mit klarer Nennung der Zielgruppe und Problemlösungsangebot.

Die nachstehende Checkliste hilft, ein Stellengesuch in Text und Gestaltung aufzubauen.

Worauf man beim Texten eines Stellengesuches achten muß!

1. Grundsätzliche Überlegungen:
   - welche Aufgabe/Funktion biete ich an? (z. B. Planungsingenieur)
   - welche Zielgruppe spreche ich an? (z. B. Heizungssysteme-Hersteller)
   - welches Problem will ich lösen helfen? (z. B. als Marketingfachmann: Konsumgüter profitabel verkaufen wollen)
   - welches Medium, welche Zeitung wird von meiner Zielgruppe gelesen?

2. Headline:
   - wie gestalte ich die Headline? Welche von mehreren Versionen ist diejenige, auf die die angesprochene Zielgruppe sofort reagieren müßte?
   - enthält die Headline alle wichtigen Punkte? (Aufgabe bzw. Funktion, die ich ausüben will, Zielgruppe oder Branche)

3. Text der Anzeige:
   - meine Ausbildung (z. B. Diplomkaufmann, Grafikdesigner)
   - mein Alter
   - welche speziellen Kenntnisse und Erfahrungen habe ich, die für die anvisierte Zielgruppe von Nutzen sein werden?
   - was suche ich? (z. B. leitende Position oder Außendienstaufgabe)
   - wie gestalte ich den Text aktiv? Was kann ich alles anbieten? Welche nachweisbaren Erfolge habe ich schon erzielt? (Dabei sachlich bleiben!)

4. Kontaktaufnahme:
   Wie soll die Abschlußformel lauten? (z. B. Kontaktaufnahme erbeten unter Chiffre... über die Allgemeinen Nachrichten B-Stadt, oder: Zuschriften senden Sie bitte an...; oder: Bitte schreiben Sie mir über...) →

5. Beteiligung:
   Wenn Sie sich als Angestellter im neuen Unternehmen finanziell beteiligen möchten, sollten Sie folgenden Standardsatz in der Anzeige mitverwenden: Suche neue Aufgabe in leitender Position und „bin ggf. zu weitergehendem Engagement bereit".
6. Optische Aufmachung:
   Leisten Sie sich keine Extravaganzen, es sei denn, Sie sind Werbefachmann, Künstler o.ä. Verwenden Sie eventuell Hervorhebungen, Absätze und Freiräume als Gestaltungsmittel. Wenn die Zielgruppe sofort die Headline versteht, wird sie auch den kleiner gesetzten Text lesen. Besprechen Sie Plazierung und Schrifttypen eventuell mit der Zeitung.

Bewerbung auf Verdacht

Diplomvolkswirt Stefan Lippert las in der Presse, daß das Unternehmen Wohnpark AG expandiert. Und zwar in Deutschland wie auch in den USA. Er selbst war in ungekündigter Position als Abteilungsleiter in einem mittleren Möbelhaus tätig, die ihn jedoch nicht befriedigte. Seine besonderen Erfahrungen, die er aus seiner Lehrzeit mitbrachte, lagen in den Kenntnissen über Ledergewinnung, Lederarten, Ledergerbung, Zurichtverfahren und den Einsatz von Leder bei Möbeln und im Textilbereich.

Seit einiger Zeit studierte er schon die Tagespresse, fand jedoch kein Stellenangebot, das auf ihn zutraf. So überlegte er sich nun anhand der Pressemeldung, ob er sich nicht einfach bei der Wohnpark AG bewerben sollte, obwohl das Unternehmen weder in der regionalen noch in der überregionalen Presse und auch in keiner Fachzeitschrift Stellenangebote veröffentlicht hatte.

Lippert wagte, sich zu bewerben. Etwas Scheu hatte er noch, da er vermeiden wollte, daß sein Arbeitgeber etwas von der Bewerbung erfuhr. Wir gaben ihm den Tip, in seinem Lebenslauf das Unternehmen, in dem er zur Zeit arbeitete, nicht zu nennen, sondern nur zu umschreiben. Statt also die Firma mit Name und Ort im

Lebenslauf anzuführen, schrieb Lippert lediglich „ein Unternehmen der Möbelbranche im Großraum Karlsruhe“. Zudem verfaßte er ein Anschreiben mit folgendem Text:

Kurt Lippert

Lerchenweg 34
7505 Ettlingen
Telefon (07123) 456
31.3.1986

WOHNPARK AG
z.H. Herrn Rudolf Butterfaß
- Personalleiter -
Postfach 12345

7500 Karlsruhe

Bewerbung als Möbelfachmann

Sehr geehrter Herr Butterfaß,

in der Presse las ich von Expansionsbemühungen Ihres Hauses, und ich kann mir vorstellen, daß Sie dafür gute Mitarbeiter benötigen. So bewerbe ich mich hiermit unverbindlich in Ihrem Hause und bitte Sie, anhand der beigefügten Bewerbungsmappe zu prüfen, ob mein Eignungsprofil für Ihr Unternehmen von Interesse ist.

Sollten Sie kurz- oder mittelfristig eine Vakanz im Unternehmen haben, stehe ich gerne für ein Gespräch zur Verfügung. Wenn nicht, bitte ich Sie, mir gelegentlich meine Bewerbungsmappe wieder zurückzusenden.

Mit freundlichen Grüßen

Kurt Lippert

Anlage

Muster 5

Lippert bekam nach vier Tagen eine Antwort mit einem Terminvorschlag. Er führte das Gespräch und wurde als Einkaufsleiter Möbel zum nächsten Jahresanfang eingestellt.

Die Bewerbung auf Verdacht funktioniert häufig dann, wenn man den Markt, nämlich seine Zielgruppe, regelmäßig beobachtet. Die Erfahrung zeigt uns, daß etwa jede dritte Bewerbung auf Verdacht zu konkreten Gesprächen führt. Auf diese Art kann man sich allerdings nicht zu oft bewerben, da sonst der Name des Bewerbers in der Branche zu sehr bekannt wird.

Genau dies ist bei Bewerbungen auf Verdacht das größte Problem. Wer sich mehrfach in seiner Branche auf Verdacht bewirbt, muß damit rechnen, daß er als Job-Hopper bekannt wird; die Chancen für eine erfolgreiche Bewerbung sinken dann auf Null.

Dies war auch der Grund, weshalb sich Jürgen Jende an uns wandte. Jürgen Jende, 43, technischer Leiter in einem Automobilkonzern mit mehreren tausend ihm unterstellten Mitarbeitern, kam zu uns, weil er sich bewerben wollte, ohne daß sein Name bekannt wird. Er hatte über private Beziehungen erfahren, daß ein anderer Automobilkonzern ein neues Werk errichtete. Die Leitung eines solchen Werkes entsprach von den Anforderungen und der Größenordnung her genau seiner Eignung. Zudem kannte er sich in der neuesten Fertigungstechnologie mit Einsatz von Robotern aus.

Wir rieten ihm zu einer „getarnten" Bewerbung auf Verdacht. Getarnt heißt, daß wir für ihn als Treuhänder auftraten, so daß sein Name zunächst nicht in Erscheinung trat. Dies war für Jende deshalb so bedeutsam, weil er in der gesamten Automobilbranche bekannt war. Hätte auch nur ein Personalleiter der angeschriebenen Unternehmen seiner Firma etwas von seiner Bewerbungsabsicht mitgeteilt, hätte er seinen Posten als leitender Angestellter sofort verloren.

Anmerkung: Bei solch einer Bewerbung ist festzuhalten, daß der Treuhänder keine Vermittlungsfunktion im Sinne eines Verstoßes gegen das Vermittlungsmonopol der Bundesanstalt für Arbeit ausübt. Er übernimmt lediglich die Tarnfunktion.

So schrieben wir für Jende den als Muster 6 abgedruckten Brief an den besagten Automobilkonzern. Natürlich haben wir den Lebenslauf ohne Namens- und Adreßnennung abgefaßt, und auch die Liste der Berufserfahrungen enthielt keine Namen der Unter-

HANS BÜRKLE
Diplom-Kaufmann

Georgstraße 5-7
D-6505 Nierstein 1
☎ (06133) 5477

30.10.1985

Herrn
Dr. F. Bohnenkamp
Vorsitzender des Vorstands der
AUTOMOBIL AG
Postfach 4567

8600 Augsburg

Bewerbung Top-Management-Aufgabe in Ihrem Hause

Sehr geehrter Herr Dr. Bohnenkamp,

ein leitender Manager der Automobilindustrie hat mich gebeten, Ihnen zunächst vertraulich seine Bewerbungsunterlagen zu überreichen. Sie finden anbei seinen Lebenslauf und seine Liste der Berufserfahrungen. Sollten Sie eine Vakanz in Ihrem Unternehmen haben und an einem persönlichen Kennenlernen interessiert sein, darf ich Sie um eine kurze Nachricht bitten, die ich dem Bewerber weiterleite. Er ist in ungekündigter Position. Ihm unterstehen zur Zeit 4.000 Mitarbeiter in der Fertigung.

Für Ihre Mühe darf ich mich vorab schon bedanken und ich verbleibe

mit freundlichen Grüßen
im Auftrag

Hans Bürkle
(Treuhänder)

Anlagen

Muster 6

nehmen, bei denen er tätig gewesen war. Jedoch war aus diesen Unterlagen Jendes Qualifikation als Werks- bzw. Fertigungsleiter in der Automobilindustrie klar erkennbar. Nach drei Wochen erhielten wir den als Muster 7 wiedergegeben Brief.

AUTOMOBIL AG Vorstand

Herrn
Hans Bürkle
Georgstraße 5-7

6505 Nierstein 1

AF/MA Z 4895-4901

Sehr geehrter Herr Bürkle,

im Namen von Herrn Dr. Bohnenkamp bestätige ich Ihr Schreiben vom 30.10.1985 mit dem beigefügten Lebenslauf.

Wir haben veranlaßt, daß die Einsatzmöglichkeiten von den Vorstandsressorts Technik und Personal geprüft werden.

Wir informieren Sie kurzfristig über das Ergebnis.

Mit freundlichen Grüßen
AUTOMOBIL AG

Muster 7

Eine Woche später folgte die konkrete Anfrage (Muster 8).

AUTOMOBIL AG

Herrn
Hans Bürkle
Georgstraße 5-7

6505 Nierstein 1

AF/MA Z 4895-4901

Sehr geehrter Herr Bürkle,

nach zugesagter Prüfung der Einsatzmöglichkeit teilen wir Ihnen mit, daß wir an einer Kontaktaufnahme interessiert sind und den Herrn zu einem ersten Gespräch einladen möchten.

Besteht die Möglichkeit, daß wir uns direkt in Verbindung setzen, oder würden Sie bitte Ihrem Interessenten mitteilen, daß er Herrn Kurze anschreiben oder anrufen kann?

Vielen Dank für Ihre Bemühungen.

Mit freundlichen Grüßen
AUTOMOBIL AG
Personalbetreuung obere Führungskräfte

Muster 8

Nun hätte Jende, falls ihm das Eisen doch zu heiß gewesen wäre, immer noch absagen können. Er wußte jedoch, daß seine Angelegenheit wirklich im obersten Führungskreis des Unternehmens diskutiert wurde und dort wohl Diskretion herrschte. Er nahm Kontakt auf, führte ein erstes Gespräch allein mit Herrn Kurze, das zweite Gespräch direkt mit den beiden Vorständen Personal und Technik. Er erhielt das Angebot, die Werksleitung in 18 Monaten zu übernehmen. Man erkennt an diesem Zeitraum, wie lange oft in Personaldingen vorgedacht wird. So kam seine Bewerbung gerade rechtzeitig, da man schon in Vorüberlegungen für das neue Werksmanagement eingestiegen war.

Je höher man in der Hierarchie schon geklettert ist, um so längerfristiger muß man für seine Karriere vorausdenken. Die Kündigungsfristen werden länger, die Arbeitsverträge beinhalten manchmal Zeiträume bis zu fünf Jahren. So ist es für ein Unternehmen wichtig, Führungskräfte früh genug zu akquirieren, damit sie ihre vertragliche Bindung rechtzeitig lösen können.

Die Bewerbung auf Verdacht ist eine interessante Bewerbungsart für Führungskräfte, die in einer Branche heimisch und über diese gut informiert sind. Daß solch eine Bewerbung nicht immer zu einem Vorstellungsgespräch führt, ist selbstverständlich. Sie ist kein Patentrezept, und es gibt ja noch weitere, aktive Bewerbungsarten, um seine Fähigkeiten an den Mann (die Firma) zu bringen.

Zielgruppen-Kurzbewerbung (ZKB)

Man stelle sich den Arbeitsmarkt wie die arbeitsteilige Wirtschaft als Getriebe vor. Die Märkte wirken um so effektiver, je besser die einzelnen Räder ineinandergreifen. Der wirkungsvollste Eingriffspunkt liegt dort, wo Eignungsprofil und Anforderungsprofil am besten zueinanderpassen. Die Eignungen und Aufgaben differenzieren sich zunehmend in unserer Wirtschaft. Dadurch ist das Ineinandergreifen schwieriger geworden. Will man dieses Problem lösen, müssen die hinführenden Instrumente und Methoden effizienter werden. Die konventionellen Methoden der Personalsuche und Stellensuche werden von neuen Konzepten verdrängt.

Eines dieser neuen Konzepte ist die Zielgruppen-Kurzbewerbung (ZKB)[27]. Diese führt zu einem verbesserten Ineinandergreifen von individuellen Eignungen und beruflichen Aufgaben auf dem Arbeitsmarkt erstens durch eine betont deutlichere Profilierung des Bewerbers und zweitens durch eine umfassendere Suche nach dem wirkungsvollsten Eingriffspunkt auf dem Arbeitsmarkt. Sie ist nach unserer Auffassung die zur Zeit beste Methode, um das Eignungsprofil eines Bewerbers mit dem Anforderungsprofil eines Unternehmens zur Deckung zu bringen und damit einen allseitig optimalen Zustand herbeizuführen.

Eine ZKB ist ein Bewerbungsschreiben, das lediglich eine DIN A-4-Seite umfaßt. Es wird an eine bestimmte Zielgruppe gesandt, wobei es sich – je nach Bewerbungskonzept – um 20 bis 150 angeschriebene Adressen handeln kann.

Ziel einer ZKB ist es, daß der Bewerber durch ein gut vorbereitetes Angebot mit der Zielgruppe ins Gespräch kommt und letztlich ein attraktives Stellenangebot erhält. Dies setzt aber voraus, daß sich der Bewerber mit dem Anforderungsprofil bzw. den Problemen des Unternehmens oder der Branche auseinandersetzt. Eine Reihe von Vorarbeiten sind zur Durchführung einer erfolgreichen ZKB notwendig. Diese Vorarbeiten dürfen jedoch nicht unter dem meist im Vordergrund stehenden Motto „Bei wem kann ich am meisten verdienen?" stehen, sondern unter dem Leitgedanken „Wessen Probleme kann ich besser lösen als andere?" Das erste ist ein egozentrisch-quantitatives, das zweite ein soziozentrisch-qualitatives Motto, das einen deutlich höheren Aufmerksamkeitsgrad bei der Zielgruppe bewirkt.

Wie man seine eigenen Stärken herausarbeitet und zu einem Stärkenprofil verdichtet, haben wir bereits behandelt (siehe das 7. Kapitel). Auf welchem Weg man zu den dringendsten Problemen seiner Zielgruppe findet, wurde ebenfalls bereits gezeigt. Und wir wissen auch, wie die Namensadressen einer Zielgruppe beschafft werden können. Die Methodik bleibt also dieselbe, nur das Instrument wechselt.

Aufbau eines Bewerbungsschreibens (ZKB)

Die neuen Büroautomaten und Textverarbeitungsmaschinen lassen es zu, daß jedes Bewerbungsschreiben (ZKB) sowohl die Anschrift des Empfängers als auch die persönliche Anrede enthält. Dem Bewerbungsschreiben sollte man nicht ansehen, daß der Bewerber dieses Schreiben in der Zielgruppe breit streut. Zudem sollte auch auf keinen Fall der Eindruck entstehen, daß sich der Bewerber wenig Mühe gegeben habe; daher ist die Verwendung von Fotokopien mit der Anrede „Sehr geehrte Damen und Herren!" und einem eingeklebten Adreßetikett bereits der erste Schritt zum totalen Mißerfolg einer ZKB. Der Angeschriebene muß sich von dem Bewerbungsschreiben (ZKB) angesprochen fühlen; eine Fotokopie beleidigt, ist unpersönlich und wandert daher sofort in den Papierkorb. Man wende sich also mit seinem Adreßmaterial an ein Schreibbüro oder, wenn man es nicht selbst machen will oder kann, an einen Karriereberater.

Soviel zur Form; nun zu den Inhalten einer ZKB. Das Bewerbungsschreiben muß genau auf die Fähigkeiten des Bewerbers zugeschnitten sein. Die angebotenen speziellen Problemlösungsfähigkeiten müssen genau dem Problemlösungsbedarf der Branche entsprechen und werden in einem Bewerbungsschreiben als *das* Problemlösungsangebot dargestellt. Ein Textaufbau enthält also folgende Bausteine:

1. Anschrift, wenn möglich mit Nennung einer Person;
2. Betreff;
3. Anrede, möglichst persönlich;
4. Problemansprache;
5. Angebot als Problemlöser;
6. Selbstdarstellung;
7. Weg der Kontaktaufnahme, in der Regel über einen Treuhänder.

Das folgende Muster 9 zeigt eine ZKB, die einen sehr guten Erfolg hatte und damit als besonders gut gelungen gelten darf.

6505 Nierstein, den

Druck- und Verlagshaus
[redacted] GmbH & Co
Herrn J. [redacted]
Postfach 4567
[redacted]

<u>Steigerung Ihrer Druckereileistung in AV und Technik -
Führungskraft (47) bietet Ihnen erfolgreiches Know-how, sucht neue Aufgabe</u>

Sehr geehrter Herr [redacted],

die Forderungen des Marktes nach kurzfristigen, pünktlichen Lieferungen, hoher Qualität, niedrigen Preisen und Serviceleistungen ergeben für Druckereien schwierige Aufgaben, die jedoch lösbar sind. Sollten Sie zur Lösung dieser angesprochenen Probleme auf leitender Ebene einen Fachmann benötigen, könnte ich Ihnen zur Verfügung stehen.

Das Ziel einer optimalen Wettbewerbsfähigkeit meines jetzigen Druckbetriebes erreichte ich (insbesondere im technischen Bereich) durch:

- zielklare Führung der Mitarbeiter
- optimale Nutzung der Fertigungskapazitäten
- maßgeschneiderte Terminsteuerung
- erzeugnisgerechte Qualitätssicherung
- kundenorientiertes Denken und Handeln

Meine technischen Erfahrungen liegen in der Fertigung von Zeitschriften, hochwertigen Werbedrucken, Packmitteln sowie Buch- und buchähnlichen Erzeugnissen. In den Vorstufentechniken bin ich ebenso sicher wie im Bogen- bzw. Rollenoffsetdruck und der gesamten buchbinderischen Verarbeitung.

Eine technische Ausbildung in der Druckindustrie, begleitet von Fortbildung in Arbeitswissenschaften, BWL, Organisation, EDV, Mitarbeiterführung, Management und Strategie, bildet das fachliche Fundament, um als Mitglied der Geschäftsleitung Ihrem Hause konkreten Nutzen zu bieten und die Zukunft aktiv mitzugestalten.

Ich suche heute eine neue Herausforderung in einem Unternehmen wie dem Ihren. Bitte prüfen Sie, ob kurz- oder mittelfristig eine entsprechende Aufgabe in Ihrem Unternehmen zu besetzen wäre. Bei Interesse an meiner Bewerbung geben Sie mir bitte (da ungekündigt) unter dem Kennwort "Druck" eine kurze Nachricht über meinen Treuhänder, Herrn Dipl.-Kfm. Hans Bürkle, Georgstraße 5-7, 6505 Nierstein, Tel. (06133) 5477. Ich sende Ihnen dann meine ausführlichen Bewerbungsunterlagen zu.

Mit freundlichen Grüßen

der Bewerber "Druck"

für den Bewerber
Hans Bürkle

Muster 9

Damit keine Mißverständnisse entstehen, sei betont, daß es verhängnisvoll ist, Texte und Profile anderer Personen zu kopieren oder inhaltlich zu übernehmen. Sie sollten das Musterbeispiel deshalb nicht abschreiben oder sonstwie verwenden. Die Inhalte einer ZKB treffen immer nur auf einen Bewerber mit einer ganz spezifischen Profilierung und in einer ganz spezifischen Problemsituation zu. Die Übernahme oder Kopie muß zwangsläufig zu einer schlechten Bewerbung führen, da sie weder genau auf Ihre Fähigkeiten noch auf die Probleme des angeschriebenen Unternehmens ausgerichtet ist. Sie verursacht unter Umständen nur Verärgerung bei den angeschriebenen Firmen/Personalleitern und für Sie selbst nur Kosten und keine erfolgversprechenden Rückläufe. Ein mit uns befreundeter Personalleiter sandte uns vor kurzem eine ZKB, die so ziemlich alle Fehler enthält, die man nur machen kann. Zu betonen ist ausdrücklich, daß das Schreiben ganz genau in der hier wiedergegebenen Form (vgl. Muster 10) versandt wurde.

Dieses Schreiben ist ein Beispiel erstens dafür, wie ein Bewerber seinen eigenen Mißerfolg programmiert, und zweitens dafür, wie man ein Instrument, das vielen anderen zu neuen und attraktiven beruflichen Perspektiven verholfen hat, in Mißkredit bringt. Es lohnt sich auf jeden Fall, Mühe auf die Darstellung des eigenen Profils und der Problemansprache zu verwenden. Zudem sollte die ZKB natürlich in einwandfreiem Deutsch und mit der richtigen Interpunktion geschrieben und auch äußerlich, z. B. hinsichtlich der Raumaufteilung, ansprechend sein.

Kurzbewerbung mit oder ohne Treuhandadresse?

Einleitend wurde bereits erwähnt, daß eine ZKB an 100 oder mehr Adressen in einer Branche versandt wird. Dies führt zwangsläufig dazu, daß der Name des Bewerbers in der ganzen Branche bekannt wird. Damit gefährdet er aber unter Umständen seine bisherige berufliche Position, zumal solche Aktionen noch nicht allzu üblich sind und Aufsehen verursachen. Um dies zu vermeiden, bedient man sich bei einer Kurzbewerbung besser einer Treuhandadresse. So bleibt der Bewerber zunächst verdeckt, die interessierten Unternehmen schreiben an den Treuhänder, und der Bewerber kann sich ohne Gefahr seine Gesprächspartner aussuchen.

[redacted] Wuppertal den 10.5.86

Betrifft: PROGRAM zur Umsatzsteigerung
in Dynamisch geleiteten Firmen.

Sehr geerte Damen und Herrn der Geschäftsleitung

Wie mir bekannt ist besitzt Ihre Firma in der BRD noch keinen
organisierten Kundenservies - Kundenberatung
Ihre Maschinen für die Massivekaltumformung liegen vom Preis
aus gesehen zum gesamten Bearfermarkt günstig.
Es ist unverstädlich Warum " Sie " nicht Ihren Umsatz
geziehlt zu Gunsten der Bedarfer steigern wollen?
Den möglich ist eine Umsatzsteigerung in jedem F ll.

Program zur Umsatzsteigerung in Kurzvorm.

a) Erkundung des gesamten Marktes wieviele Maschinen werden
pro Jahr benötigt. (Zielgruppe)
b) Was hindert die Kunden daran mehr zu investieren?
Bei bedarf die Preise deutlich runter bei gleicher Qualität
und größeren Stückzahlen.
c) Sind Ihre Maschinen optimal den Bedürfnissen der Bedarfer
angepaßt (Objektivgesehen ?)
Nach meinen Erkenntnissen der WIRE 86 Düsseldorf und den
Kundenproblemen sind mit Sicherheit noch einige Verbesser-
ungen möglich Zum Beispiel-Automation der Werkzeugklemmung.
d) Personal-Führungs-Probleme-- Anziehungskraft der Firma
Hier ist mit einem Minimum an Aufwand bei gezielter Anwendung
ein Maximum an Wirkung zu erreichen.
e) Extravertierte Maßnahmen ergreifen nach außen besser invormieren
Um eine deutlich sichtbare Spitze zu erreichen.Die, die Bedarfer
automatisch anzieht und die Mitbewerber automatsich abschreckt.

Sollten " Sie " an diesem Grundgrogram und der Verbesserung
interessiert sein so bitte ich um Rückantwort.
Ich setze Ihre Diskretion voraus.

Wolfgan[redacted]en 1943 sehr Dynamisch und Extravertiert
zur Zeit tätig als KDT. und angehe[redacted] Menager.

Ich bin zu jeder sinnvollen Mitarbeit an diesem Program interessiert

Wohnhaft in
5600 Wuppertal[redacted]

Mit freundlichem Gruß
[redacted]

Muster 10

Treuhänder kann grundsätzlich jeder sein, auch ein Freund oder Bekannter. Sichergestellt sollte allerdings sein, daß der Treuhänder tagsüber telefonisch erreichbar ist und daß die eingehende

Post sofort weitergeleitet wird. Dies dürfte bei Freunden oder Bekannten manchmal nicht zu verwirklichen sein. Es empfiehlt sich in solchen Fällen, einen Karriereberater einzuschalten, der den ZKB-Rücklauf regelt.

Ein weiterer Vorteil der Einschaltung eines Karriereberaters ist die umfassende Erfahrung, die dieser auf den unterschiedlichsten Arbeitsmärkten mitbringt. Nehmen wir an, der Bewerber erhält nach einer Kurzbewerbung zehn Kontakte, die er auch alle wahrnehmen will. Für ihn allein wird es nun ziemlich schwierig sein, sich über jedes Unternehmen ausreichend zu informieren. Hier kann ein Berater helfen, denn er hat die gängigen Nachschlagewerke mit den wichtigsten Daten über die einzelnen Firmen und Branchen zur Verfügung; zudem haben die Berater unterschiedlicher Branchen und unterschiedlicher Art (z. B. Technologie-, Unternehmens-, Strategie-, Personalberater usw.) vielfältige Kontakte, die in solchen Fällen immer wieder nützlich sind. Ein Bewerber kann somit optimal vorbereitet in ein Vorstellungsgespräch gehen, d.h. er kennt bereits die wichtigsten Daten des Unternehmens und muß sich nicht erst im Gespräch informieren lassen. Ein gut informierter Bewerber hinterläßt einen weitaus besseren Eindruck als ein schlecht vorbereiteter.

Es gibt jedoch auch zahlreiche Fälle, bei denen es völlig unnötig ist, einen Treuhänder einzuschalten. Ein Beispiel dafür ist die erfolgreiche Kurzbewerbung von Detlef Koseck.

Detlef Koseck hatte 1982 einen Unfall und war drei Jahre krank. Er war seit langem arbeitslos und konnte daher auch nicht riskieren, seine Stelle zu verlieren. Während seiner Arbeitslosenzeit bot ihm das Arbeitsamt etwa zehn Positionen in seinem erlernten Beruf als Ingenieur bzw. Betriebsmittelkonstrukteur an. Zusätzlich bewarb er sich auf 150 Stellenangebote – alles ohne den erhofften Erfolg. Ein Schicksal, das viele Arbeitslose mit ihm teilen.

Als Detlef Koseck zu uns kam, war er bereits ziemlich entmutigt. Wir erarbeiteten mit ihm seine Bewerbungsstrategie und den Bewerbungstext. Wir verzichteten ganz bewußt auf den Hinweis, daß er krank gewesen und arbeitslos war.

> Eine ZKB soll ein Problemlösungsangebot enthalten. Sie sollte daher problembezogen über die speziellen Stärken des Bewerbers informieren. Negative Dinge wie Arbeitslosigkeit, Krankheiten, familiäre Probleme usw. gehören nicht in ein Bewerbungsschreiben!

Am 5. Mai wurde die Kurzbewerbung an 70 Kunststoff- und Kunststoffwarenhersteller versandt. Bereits am 7. Mai kamen telefonisch die ersten Anfragen. Auf acht konkrete Anfragen kamen noch innerhalb einer Woche vier Vorstellungsgespräche zustande. Drei Firmen boten Detlef Koseck einen Arbeitsvertrag an. Seit dem 1. Juni ist er wieder in einem festen Anstellungsverhältnis bei einem Hersteller für Kunststoffspritzteile.

Die ZKB scheint also ein hervorragendes Instrument zu sein, um arbeitslosen Führungskräften die Integration in die Arbeitswelt wieder zu ermöglichen oder zumindest zu erleichtern, denn sie schafft in idealer Weise vielfältige Kontakte. Effektiv kann es aber ebenso sein, die ZKB bereits während eines bestehenden Arbeitsverhältnisses einzusetzen. So kann man (mit Hilfe eines Treuhänders) nicht nur seinen Marktwert testen, sondern auch überprüfen, ob der eingeschlagene berufliche Weg Erfolg verspricht oder ob man sich besser umorientiert.

Die ZKB ist eine vielversprechende Möglichkeit der Bewerbung. Sie ist – wie gezeigt – nicht nur für die normale Aufstiegs- oder Umstiegsbewerbung besonders geeignet, sondern auch für sogenannte Problemgruppen. Man muß jedoch auch bei diesem Instrument konsequent den Nutzen der Zielgruppe im Auge behalten, sonst verkommt diese Bewerbungsform zu einer Massenbewerbung, die zu Recht sofort in den Papierkorb wandert.

Vorteile der ZKB für die Unternehmen

Die Personalbeschaffung ist selbst in Zeiten hoher Arbeitslosigkeit für die Unternehmen ein Problem, denn es gibt strukturelle Angebotsschwächen auf dem Arbeitsmarkt, und die Personalbe-

Detlef K o s e c k

Von-Thürheim-Str. 70
7912 Weißenhorn 2
Telefon (07309) 7617

den 3.5.1986

THALMANN GmbH
Herrn Dr. Fritz T h a l m a n n
Postfach 4711

7900 U l m

Konstrukteur aus dem Bereich Kunststofftechnik bietet umfangreiche Erfahrung, sucht neue verantwortungsvolle Aufgabe

Sehr geehrter Herr Dr. T h a l m a n n ,

wie Sie wissen, müssen Konstruktionsunterlagen dafür sorgen, daß die Maschinen marktgerecht, fertigungsgerecht und wirtschaftlich produziert werden können. Um Konstruktionszeichnungen, Detailzeichnungen, Angebotszeichnungen usw. zu erstellen, braucht man Fachleute, die schnell und systematisch arbeiten. Wenn Sie für die Lösung von Konstruktionsproblemen einen Fachmann mit langjähriger Erfahrung aus Ihrer Branche suchen, kann ich Ihnen als Mitarbeiter zur Verfügung stehen und folgende Kenntnisse anbieten:

- Konstruktion von Sondermaschinen für die Kunststoffbe- und -verarbeitung
- Ausarbeitung neuer Preßformen bis 1600 x 1600 mm
- Ausfertigung von Angebotszeichnungen und Stücklisten
- Materialflußpläne
- Konstruktion von Schallschutzkabinen
- Praktische Kenntnisse in der Kunststoff- und Metallverarbeitung
- Abfallbeseitigung bzw. -verwertung von Kunststoffen.

Mein Werdegang umfaßt die Lehre als Technischer Zeichner und ca. 15 Jahre Erfahrung im Lehrberuf und als Betriebsmittelkonstrukteur. Ich bin 35 Jahre alt und suche eine neue Aufgabe. Bitte sind Sie so freundlich und geben mir eine kurze Nachricht, ob meine Bewerbung Ihr Interesse findet. Ich stehe Ihnen gerne für ein Gespräch zur Verfügung und bringe meine ausführlichen Bewerbungsunterlagen mit bzw. sende sie Ihnen vorher zu. Vielen Dank für Ihre Aufmerksamkeit.

Mit freundlichen Grüßen

Koseck

Detlef K o s e c k

Muster 11

schaffungskosten sind immens hoch. Zudem weiß man nicht, ob der Bewerber auch tatsächlich hält, was er verspricht. In dieser Situation bringt die ZKB auch den Unternehmen nur Vorteile.

Die Personalbeschaffungskosten sind bei dieser aktiven Bewerbung ungleich geringer. Die betrieblichen Einarbeitungszeiten sind kürzer, da sich die Bewerber in die Probleme der Branche bereits eingearbeitet haben; dies dürfte auch der Grund sein, weshalb eine wesentlich niedrigere Fluktuationsrate bei Aktivbewerbern festzustellen ist. Aus dem Blickwinkel der Unternehmen müssen diese Tatsachen als Pluspunkte verbucht werden. Somit kann die ZKB das Instrument der Stellenangebote hervorragend ergänzen.

Ein weiterer Vorteil für Unternehmen ist psychologischer Art. Aktivbewerber sind nicht in dem Ausmaß durch Negativerlebnisse vorgeprägt, wie dies auf Bewerber zutrifft, die immer nur passiv reagieren. Wer wechseln will oder als Arbeitsloser eine Stelle sucht und eine Absage nach der anderen erhält, sieht die Welt in einem düsteren Licht. Dies kann einem Aktivbewerber nicht passieren; er bekommt kaum Absagen, er sieht sich nicht in Konkurrenz mit bis zu 100 anderen Bewerbern, er ist in einem Vorstellungsgespräch nicht der Bittsteller, sondern unterbreitet ein Angebot. Dies hat auch äußerst positive Wirkungen auf die Arbeitseinstellung des Bewerbers, worauf ein Arbeitgeber größten Wert legen muß.

Bestätigt wurden diese Aussagen auch durch die Reaktionen vieler Unternehmen auf eine ZKB, die von hoher Akzeptanz zeugen. Nur selten kommt es vor, daß sich ein Unternehmen über eine verdeckte Bewerbung beschwert oder sich über die „Massenbewerbung" abfällig äußert; die Tarnung der Bewerbungsaktion ist jedoch für Bewerber in ungekündigter Stellung unerläßlich. Wer dies nicht versteht, kennt sich auf dem Arbeitsmarkt nicht aus. In Großunternehmen und in dynamischen mittelständischen Unternehmen erkennt man auch an, daß der aktive Bewerber neue und erfolgversprechende Wege geht, die den üblichen Rahmen sprengen.

Viele Unternehmen bewahren die Kurzbewerbung auf, um im späteren Bedarfsfalle – manchmal erst nach drei Jahren – auf den Bewerber wieder zuzugehen und ihm ein Angebot zu machen. Es sollte sich daher niemand entmutigen lassen, wenn eine ZKB eine ganze Reihe von Absagen nach sich zieht; dies ist der Normalfall, denn nicht jedes Unternehmen hat gerade eine Stelle zu besetzen. Aber: Es genügen – wie die Erfahrung zeigt – wenige Anfragen, um die gewünschte Position zu bekommen.

Hier sei noch einmal betont, wie wichtig es ist, daß der Bewerber vom Treuhänder umgehend den Rücklauf – sei er schriftlich oder telefonisch – erhält, damit er sogleich die vorbereiteten Bewerbungsmappen an die interessierten Unternehmen senden kann. Eine prompte Reaktion zeigt an, daß der Bewerber am Kontakt zum Unternehmen interessiert ist, daß er gewohnt ist, professionell zu arbeiten und daß er entsprechende Vorarbeiten geleistet hat. In der Regel sollte der Bewerber daher zehn komplette Bewerbungsmappen vorbereitet haben, die er dann nur noch mit einem kurzen Anschreiben versehen und abschicken muß. Zu diesem Zeitpunkt hat der Bewerber zum letztenmal die Chance, seine wahre Identität zu verschweigen und den Kontakt wieder abzubrechen. Dies ist bei der Zwischenschaltung eines Treuhänders völlig unproblematisch.

Die Vorteile der ZKB

- statt sich fünfzigmal auf die unterschiedlichsten Stellen zu bewerben, bewirbt man sich nur einmal (eine Aktion an etwa 100 selektierte Anschriften), um sofort Kontakte zu bekommen (Durchschnitt der positiven Rückläufe liegt bei 10 Prozent)
- statt sich von einzelnen Kontakten abhängig zu machen, erhält man einen kompletten Marktüberblick und erfährt seinen objektiven Marktwert – „Angebot schafft Nachfrage!“ Die ZKB regt die Personalleiter an, darüber nachzudenken, ob man den Bewerber zusätzlich einstellen könnte, da er Attraktives zu bieten hat
- durch die ZKB als Markttest wird man in der bisherigen Position gestärkt und hat für den Notfall Alternativen
- die Versendung der ZKB unter Treuhandadresse birgt für die jetzige Position kein Risiko

→

- das Kosten-Nutzen-Verhältnis im Vergleich zur Stellensuchanzeige ist besser
- mit der ZKB werden durch die Bewerber bewußt neue Stellen geschaffen, wenn sie ihren Nutzen deutlich machen und sich mit einem Programm oder Projekt bewerben
- man erfährt von neuen offenen Positionen, bevor diese veröffentlicht werden
- sollte die ZKB-Aktion keine Resonanz bringen, ist sie (wenn kein Formfehler vorliegt) der beste Nachweis, daß man sich in eine andere Richtung entwickeln muß – besser sofort als zu spät
- aus Vorsichtsgründen kann die ZKB in anderen Regionen getestet werden, um Schlüsse für die eigentliche Bewerbungsaktion ziehen zu können
- die ZKB ist natürlich auch im Ausland in der jeweiligen Landessprache einsetzbar
- für Topmanager: Mit der ZKB erfährt man von neuen Positionen und kann die Kontakte auf anderem, persönlicherem Wege weiter aufbauen
- bei Vorstellungsgesprächen ist man deutlich besser vorbereitet und erfolgreicher, da man mehr Informationen als sonst über das Unternehmen hat
- der Bewerber zieht die Aufmerksamkeit des Personalleiters voll auf sich und läuft nicht Gefahr, mit 50 anderen Bewerbern verglichen zu werden.

Bewerbung über das Arbeitsamt

Wer sich über das Arbeitsamt vermitteln lassen will und eine Führungsposition anstrebt oder bereits erreicht hat, sollte sich nicht bei den Landesarbeitsstellen der Bundesanstalt für Arbeit melden, sondern direkt bei der

- ZAV (Zentralstelle für Arbeitsvermittlung) in Frankfurt am Main, Feuerbachstraße 42-46.

Für Topmanager wäre Ansprechpartner das

- BFW (Büro Führungskräfte der Wirtschaft).

Für Führungskräfte sind noch relevant:

- Fachvermittlungsstelle für Angehörige besonders qualifizierter Berufe
- BFIO (Auslandsvermittlung mit Büro Führungskräfte in internationalen Organisationen).

Das Arbeitsamt hat unter anderem den Auftrag, auf offen gemeldete Stellen geeignete Bewerber zu vermitteln. Dies bedeutet ein Reagieren statt Agieren. Nur in geringem Umfang bemüht man sich beim Arbeitsamt, aktive Bewerbungsmethoden in Erwägung zu ziehen.

Wegen der Monopolstellung der Bundesanstalt für Arbeit darf nur sie Berufsberatung, Vermittlung in berufliche Ausbildungsstellen und Arbeitsvermittlung betreiben. Sie kann jedoch weitere Institutionen und Unternehmen damit beauftragen. Zum Glück bleiben noch Freiräume für die Karriere- und Personalberatung.

Der Nutzen der Arbeitsämter ist umstritten[28]. Zu Zeiten hoher Arbeitslosigkeit ist das Arbeitsamt mit seinem Vermittlungsmonopol hoffnungslos überfordert, weil es für Massen von Arbeitssuchenden nicht genügend Kapazität hat. Dann bleibt auch die individuelle Beratung lediglich Anspruch. Dennoch sollte man die hervorragenden Informationen der Fachvermittlungsstellen nutzen, die in Form von Schriften, Statistiken und Erfahrungen der hochqualifizierten Mitarbeiter vorliegen. Gerade im Rahmen einer aktiven Bewerbungsstrategie sollte man sich mit Informationen versorgen – woher sie auch kommen. Gegebenenfalls sollte man den Anzeigendienst des Arbeitsamtes nutzen, jedoch nicht auf den Vermittlungserfolg warten, sondern selbst die Fäden in die Hand nehmen – und handeln.

Headhunter / Karriereberater / Personalberater

Die beiden Berufsgruppen Personalberater und Headhunter arbeiten im Firmenauftrag und suchen Führungskräfte. Sie beraten die Unternehmen und haben somit in der Regel gar kein Interesse, den einzelnen Bewerber *individuell* zu beraten.

Dies übernehmen dagegen Karriereberater gegen Honorar. Auftraggeber sind die Führungskräfte selbst. Bei einer Trennungsberatung (siehe „Outplacement / faire Trennungsberatung") beauftragen und honorieren jedoch die Unternehmen die Beratungsleistung.

Dennoch sind Headhunter und Personalberater auch in der Phase der Vorstellungsgespräche Partner des Bewerbers. Denn qualifizierte Führungskräfte sind für den Personalberater der nötige Fundus bei seinen Suchbemühungen, und er gibt in diesem Rahmen einem wichtigen Kandidaten häufig gute Tips und Informationen für das Verhalten in Vorstellungsgesprächen. Der Bewerber sollte versuchen, dem Personalberater möglichst viel Informationen und ein Urteil über sich in Relation zu Mitbewerbern zu entlocken; er verbessert durch die Meinung eines erfahrenen Personalberaters seine Selbsterkenntnis und seine Chancen bei einer Bewerbung.

Es ist durchaus sinnvoll, auf Anzeigen der Personalberater zu schreiben und die Bewerbungsunterlagen mitzusenden, wenn das Eignungsprofil passend ist. Sie dürfen einen Personalberater jedoch *nicht* um die *Vermittlung* an weitere als die ausgeschriebenen Stellenangebote bitten. Dies fällt unter das Monopol der Vermittlung durch das Arbeitsamt (ein Verstoß dagegen ist strafbar).

Mit einem solchen Anliegen wendet man sich besser gleich an Karriereberater mit langjähriger Praxis. Diese dürfen zwar auch keine Stellen vermitteln; durch die Spezialisierung auf die berufliche Förderung von Führungskräften können sie jedoch bei Karriereproblemen mit Rat und Tat zur Seite stehen.

In vielen anderen Ländern gibt es kein staatliches Monopol für die Arbeitsvermittlung. Dort vermitteln Personal- und Karriereberater offiziell Arbeitskräfte und Arbeitsplätze. In den USA gibt es schon das „Electronic Headhunting": Firmen geben offene Stellen in den Computer ein und bezahlen dafür bis zu 2000 Dollar monatlich. Jeder Stellensuchende kann über seinen PC (Personal Computer) mit dem Computer des Stellenanbieters in Dialog treten, wobei die Anonymität des Bewerbers gewahrt bleibt, solange dieser es will.

Einige Adressen seriöser Personal- und Karriereberater sind im Anhang zu finden.

Outplacement / faire Trennungsberatung

Es mag zunächst etwas Verwunderung auslösen, wenn im Rahmen der Bewerbungstaktik das Outplacement oder die Trennungsberatung behandelt wird. Aber ebenso wie der Abschluß eines Arbeitsverhältnisses einen ganz natürlichen Vorgang darstellt, ist auch die Auflösung einer Verbindung keine Schande. Wenn am Anfang Einvernehmen zu erzielen war, sollte dies auch bei einer Trennung möglich sein. Umweltfaktoren, Märkte, Wettbewerbsvorteile, Technologien, Bedürfnisse, Rechtsverhältnisse usw. haben in unserer schnellebigen Zeit häufig nur kurzfristigen Bestand. Unternehmen müssen sich ständig an die veränderten Bedingungen anpassen. Die Strukturveränderungen des Marktes zwingen nicht selten auch zur Veränderung von Strukturen, Hierarchien und Kompetenzen in einem Unternehmen. Insbesondere Führungskräfte müssen sich dieser Dynamik stellen. Dies kann geschehen durch Aufstieg, Umstieg oder eben auch durch ein Outplacement. Selten können Unternehmen in solch dynamischen Zeiten völlig ohne personalpolitische Reibungsverluste auskommen. So kann es – möglicherweise ohne persönliches Verschulden – zu Trennungen kommen. Oft führen Entscheidungen in einer fernen Konzernzentrale zu strukturellen Veränderungen, die die Freisetzung von einer oder mehreren Führungskräften zur Folge haben.

In allen diesen Fällen sind die davon betroffenen Führungskräfte, leitenden Angestellten und Organmitglieder (Geschäftsführer, Vorstandsmitglieder) oft völlig überfordert, denn sie haben zumeist wenig Erfahrung in der „Selbstvermarktung“ und damit auch wenig Chancen, sofort eine neue und adäquate Stelle antreten zu können. Das Outplacement, besser: die faire Trennungsberatung, kann in solchen Fällen sowohl den Unternehmen als auch den Führungskräften helfen. Für die Unternehmen liegt der Nutzen darin, daß sie in die Lage versetzt werden, Marktanpassungen schnell und ohne Schaden für die Beteiligten durchzuführen. Für ausscheidende Führungskräfte lassen sich Härtefälle und Auseinandersetzungen dadurch vermeiden, daß ihnen Hilfe beim Suchen und Finden einer neuen Position angeboten wird[29]. Ein Outplacement kann durchaus die Chance zu einem neuen Karrierestart sein.

Fritz Stoebe, Fachberater für Positionswechsel im Management (Outplacement), ist Begründer des *fairen* Outplacement in Deutschland. Dieses Outplacement benutzt eine spezielle Methode, eben die der aktiven Karrierestrategie und der aktiven Bewerbung. Eine Reihe von Fachleuten hat sich auf die Beratung eines fairen Outplacements spezialisiert; ihre Adressen sind im Anhang aufgelistet.

Trennungsberatung und Replacement werden zur Zeit hauptsächlich von großen und mittelständischen Unternehmen in Anspruch genommen[30]. Dabei ist es für beide Seiten ganz wichtig, daß man nach einer neuen Position sucht, solange die betroffene Führungskraft noch angestellt ist. Dadurch wird vermieden, daß die Führungskraft in eine schwächere Situation auf dem Arbeitsmarkt gerät. Die Unternehmensleitung, die Auftraggeberin ist und die Kosten der Beratung übernimmt, erfüllt so ihre Fürsorgepflicht gegenüber dem Mitarbeiter. Die frühzeitige Einschaltung von Karriere- oder Outplacementberatern bringt für das Unternehmen erhebliche finanzielle Vorteile durch die Verkürzung der arbeitsvertraglichen Restlaufzeiten, weniger oder keine Rechtsstreitigkeiten, niedrigere Abfindungssummen. Daher sollten Personalleiter und Führungskräfte sich diese neue Dienstleistung zunutze machen.

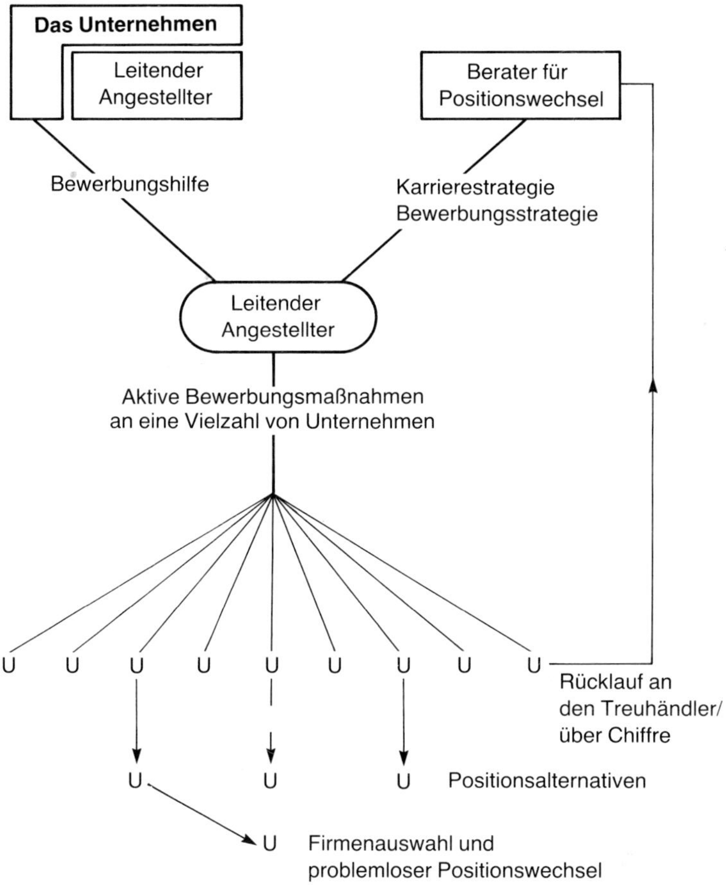

Abb. 18: Systematik des Outplacement
Die faire Trennung nach der Methode des Outplacement läßt die Attraktivität eines Bewerbers erheblich steigen.

Auch Führungskräfte, denen nahegelegt wurde, selbst zu kündigen, sollten sich des Outplacements bedienen, da sie eine stärkere Marktposition besitzen, solange ihr jetziger Arbeitsvertrag noch besteht. Gleichzeitig sollten sie sich bei der abschließenden Zeugnisformulierung beraten lassen, denn hier kommt es auf die detaillierte Wortwahl an. Die Überzeugung, hier bereits alle Kniffe selbst zu beherrschen, hat schon viele in die Irre geführt[31].

Immer mehr Unternehmer nutzen das neuartige Instrument des fairen Outplacements. Die Akzeptanz ist bei allen Beteiligten enorm hoch. Nicht nur bei den sich trennenden Vertragspartnern aus den besagten Gründen, sondern auch bei den angesprochenen neuen Arbeitgebern. Insbesondere wird allenthalben hervorgehoben, daß die Attraktivität von Bewerbern erheblich steigt, wenn der alte Arbeitgeber eine solche Leistung für sie erbringt. Die Abbildung 18 (siehe S. 157) macht das System des Outplacements noch einmal deutlich.

9. Kapitel

Bewerbungstaktik II

Die Kontakte sind da – was nun? Jetzt muß man sich umfassend präsentieren; entweder gleich bei einem Vorstellungsgespräch oder zuerst durch die Bewerbungsunterlagen. Jetzt entscheidet es sich, ob man eine neue berufliche Position und neue Aufgaben anpacken kann! Es kommt also darauf an, dem möglichen Vertragspartner ein optimales Angebot zu machen. Der Gestaltung der Bewerbungsmappe und noch mehr der aktiven Gestaltung des Vorstellungsgespräches kommt eine herausragende Bedeutung zu. Beides kann man zum eigenen Nutzen optimieren, wenn man die Aktivmethode konsequent anwendet.

Der Kontakt mit der Zielgruppe ist durch eine Zielgruppen-Kurzbewerbung gelungen. Genügend Interessenten haben sich entweder direkt oder über den Treuhänder gemeldet. Nun muß der Bewerber die Angebote genau prüfen und entscheiden, wem er seine Bewerbungsunterlagen zusendet oder mit wem er sofort ein Vorstellungsgespräch vereinbart.

Manchmal melden sich Unternehmen über einen zwischengeschalteten Berater, um namentlich nicht bekannt zu werden. Der Grund liegt zumeist darin, daß die Mitarbeiter nichts über ein Umschichtungs- oder Erweiterungsengagement der Firma wissen sollen. In einem solchen Fall kann man seine Bewerbungsunterlagen mit Sperrvermerken versehen, d.h. dem Berater angeben, welche Firmen die Unterlagen nicht bekommen dürfen. Dadurch schützt sich der Bewerber vor einem Bekanntwerden seiner Bewerbung bei seinem derzeitigen Arbeitgeber. Besser ist es jedoch, wenn der zwischengeschaltete Treuhänder direkt mit dem Beraterkollegen Kontakt aufnimmt und – unter Wahrung der Vertraulichkeit – prüft, ob die Versendung der Bewerbungsmappe sinnvoll ist.

Wie aber sehen Bewerbungsunterlagen aus? Was gehört alles in eine Bewerbungsmappe? Was darf nicht hinein? Wie sieht die optimale Bewerbungsmappe aus?

Man findet in den meisten Ratgebern für Bewerber gute und nützliche Tips zur Gestaltung der Bewerbungsunterlagen. So wäre auch hier wieder ein Verweis angebracht. Bei einer Aktivbewerbung gestaltet man seine Bewerbungsmappe und ihre Einzelbestandteile jedoch etwas anders. Deshalb werden die Gestaltungsfragen hier auch im einzelnen erörtert und mit Musterbeispielen illustriert. Selbstverständlich sind diese Gestaltungstips auch für die passive Bewerbung – das Reagieren auf ein Stellenangebot – geeignet; damit hebt man sich aus der Masse der Bewerber hervor.

Die optimale Bewerbungsmappe

Zweck der Bewerbungsmappe ist es, dem interessierten Unternehmen so viel Informationen über einen Bewerber zur Verfügung zu stellen, daß es sich ein ausreichend kompetentes Urteil über seine Fähigkeiten machen kann. Das Unternehmen muß dann entscheiden, ob es diesem Bewerber ein Angebot zur Mitarbeit unterbreiten will. Bei einer aktiven Bewerbungsstrategie macht es daher Sinn, wenn man seine Fähigkeiten so darstellt, daß die branchen- oder unternehmensspezifische Problemlösungskapazität erkennbar wird.

Über den Inhalt einer Bewerbungsmappe gibt es recht unterschiedliche Auffassungen. Nach unserer Meinung gehören in eine Bewerbungsmappe auf jeden Fall folgende Unterlagen:

- Anschreiben;
- Lebenslauf;
- Liste der Berufserfahrungen;
- Zeugnisse;
- Weiterbildungsnachweise;
- Veröffentlichungen/Patente/sonstige Nachweise.

Grundsätzlich sollte folgendes Prinzip gelten:

> Die Bewerbungsmappe sollte so aussagefähig wie möglich, aber nur so dick wie nötig sein.

Wer sich bei der Darstellung seiner Person und seiner Fähigkeiten nicht auf das Wesentliche beschränken kann, von dem kann man auch nicht den Eindruck gewinnen, daß er sich im Tagesgeschäft auf das Wesentliche konzentrieren kann. Wir haben schon 90seitige Dokumentationen als Bewerbungsunterlagen erhalten. *Die schaut sich niemand an!* Eine andere Unsitte ist es, sämtliche Einzelblätter in Klarsichthüllen einzulegen und dann in einen Ringbuchordner zu heften. Man stelle sich einen Personalleiter vor, der auf eine Anzeige 80 Bewerbungen erhält – alle in Ordnern. Waschkörbeweise würde er mit dicken Bewerbungsmappen eingedeckt werden. Aus Rücksicht auf die Zielgruppe ist daher die Bewerbungsmappe dünn, aber aussagefähig zu gestalten. Es genügt völlig, einen Klarsichthefter zu verwenden, in dem sämtliche Unterlagen außer dem Anschreiben abgelocht sind.

Es ist eigentlich selbstverständlich, dennoch halten sich nicht viele daran: Die Bewerbungsunterlagen müssen vollständig sein, so daß ein lückenloses Bild des Bewerbers entsteht, das Nachfragen unnötig macht.

Deutlich wird die Gestaltung der Bewerbungsmappe, wenn wir die einzelnen Unterlagen im Detail besprechen.

Bewerbungsschreiben

Das Bewerbungsschreiben ist die Visitenkarte des Bewerbers und der zunächst wichtigste Bestandteil der Bewerbungsmappe. Durch das Schreiben nimmt man Kontakt mit dem Gesprächspartner auf, und der erste Eindruck verstärkt oder vermindert das Interesse an der Bewerbung.

Personalleiter oder Personalberater gehen häufig nach der sogenannten „Häufchen-Methode" vor: Eingehende Bewerbungen werden nach drei Kriterien sortiert und auf Häufchen gelegt.

Häufchen 1: interessant, genau prüfen und mit anderen vergleichen;

Häufchen 2: interessant, aber mit deutlichen Abstrichen zu Häufchen 1, vielleicht später darauf zurückkommen;

Häufchen 3: völlig uninteressant.

Ziel eines jeden Bewerbers muß es sein, sofort dem Häufchen 1 zugeordnet zu werden. Wenn hierfür keine Chance besteht oder die Chance gering ist, sollte man keine Bewerbungsunterlagen versenden. Um zu den Besten zu gehören, muß man inhaltlich dokumentieren, daß man zu der Aufgabe das nötige Know-how mitbringt und sich als guter und geeigneter Bewerber aus dem Durchschnitt heraushebt.

Bewerbungsschreiben umfassen oft zwei, manchmal sogar drei Seiten Text, worin alle möglichen Gründe für frühere Stellenwechsel wiedergegeben sind. Ganz am Ende des Briefes wird dann um ein Vorstellungsgespräch gebeten. Mit solchen Bewerbungsschreiben gehört man meist zu Häufchen 2 oder 3.

Empfehlenswert ist ein kurzes Anschreiben. Darin bekundet man sein Interesse an der Aufgabe, nimmt zu den eventuell in einer Anzeige geäußerten Fragen nach Eintrittstermin und Gehaltswünschen Stellung und bittet, wenn nötig, um Vertraulichkeit der Bewerbung. Das nebenstehend abgedruckte Muster 12 zeigt ein Bewerbungsschreiben, das Firmen anspricht, die auf eine Kurzbewerbung (über Treuhänder) reagiert haben; Muster 13 (siehe S. 166) ist ein Bewerbungsschreiben auf ein Stellenangebot.

Das Bewerbungsschreiben sollte wirklich ein Anschreiben sein und kein Rechenschaftsbericht. Sollte es im beruflichen Werdegang tatsächlich Erläuterungsbedürftiges geben, so ist dies im Rahmen der Berufserfahrungen auf einem gesonderten Blatt unterzubringen. Das Anschreiben soll auf keinen Fall die Beschäftigung mit der Bewerbungsmappe ersetzen.

Da viele Menschen nicht gelernt haben, mit der Schreibmaschine oder einem Textverarbeitungsprogramm umzugehen und ein Anschreiben textlich und graphisch optimal zu gestalten, sollten sie es schon aus diesen Gründen möglichst kurz halten. Wer das beherzigt, zwingt den Beurteiler, sich in die Bewerbungsunterlagen einzuarbeiten und nicht bereits nach der ersten Durchsicht des Anschreibens ein „Urteil" zu fällen. Dies ändert aber nichts an der Notwendigkeit, daß das Anschreiben ordentlich, d.h. fehlerfrei und orthographisch richtig geschrieben sein muß, daß die Raumaufteilung ansprechend sein soll und daß es selbstverständlich nicht handschriftlich verfaßt, sondern mit der Schreibmaschine geschrieben sein muß. Wenn man diese Form-„Vorschriften" einhält, hat man eine reelle Chance, daß man zu Häufchen 1 gelegt wird.

Ein schwieriger Punkt ist die Antwort auf die Frage nach den Gehaltsvorstellungen. Gibt man zuwenig an, dann entsteht der Eindruck, daß man den eigenen Wert nicht kenne. Gibt man zuviel an, gilt die Forderung als überzogen. Es gibt jedoch einige

Fritz Meyer

Albstraße 5
7123 Albstadt 2
Telefon (0711) 12345

den 1.3.1986

MÜLLER GmbH & Co.
z.H. Herrn Schmitz
Rheinstraße 11

6504 Oppenheim 1

Bewerbung Kennwort "Marketing", Ihr Schreiben vom 28.2.86

Sehr geehrter Herr S c h m i t z ,

vielen Dank für Ihr Interesse an meiner Bewerbung, die ich Ihnen über Herrn Bürkle, Nierstein, zuleiten ließ.

Anbei sende ich Ihnen meine ausführlichen Bewerbungsunterlagen zu.

Bitte prüfen Sie, ob mein Eignungsprofil für die von Ihnen angesprochene Vakanz in Ihrem Hause passend sein könnte. Über einen Terminvorschlag für ein Vorstellungsgespräch würde ich mich sehr freuen.

Für weitere Informationen über Ihr Unternehmen und die in Betracht kommende Aufgabe wäre ich Ihnen dankbar.

Mit freundlichen Grüßen

F. Meyer

Anlage: Bewerbungsmappe

Muster 12

Möglichkeiten, die Frage zu beantworten und sich dennoch genügend Spielraum für die Verhandlungen zu lassen. So kann man beispielsweise ein „Jahresgrundgehalt" angeben, damit der Empfänger ungefähr weiß, in welchen Größenordnungen sich die

[redacted]

[redacted]
Telefon [redacted]
den 7. Oktober 1984

SCHOTT GLASWERKE
Personalabteilung [redacted]
z. Hd. Herrn [redacted]
Hattenbergstraße 10

6500 M a i n z 1

Bewerbung
Leiter Grundsatzfragen Personal

Sehr geehrter Herr [redacted]

als Diplom-Volkswirt mit langjähriger Erfahrung im Personalwesen bewerbe ich mich um die von Ihnen ausgeschriebene Position "Leiter Grundsatzfragen Personal".

Während meiner Tätigkeit in den verschiedenen Branchen und Unternehmen verschiedener Größen habe ich ein breites Spektrum betrieblicher Personalarbeit vom Tagesgeschäft bis hin zu konzeptionellen Aufgaben anzuwenden und durchzusetzen gelernt.

Die Einzelheiten meines beruflichen Werdeganges können Sie meinen beigefügten Unterlagen entnehmen. Bitte prüfen Sie, ob das vorausgesetzte Anforderungsprofil mit meiner Ausbildung und Berufserfahrung übereinstimmt - ich hoffe dies sehr, da die beschriebene Aufgabe für mich eine interessante Herausforderung darstellt. Über Details können wir uns gerne in einem persönlichen Gespräch unterhalten.

Meine Kündigungsfrist beträgt sechs Monate zum Monatsende, meine Einkommensvorstellung liegt bei [redacted]000 DM/anno.

Mit freundlichen Grüßen

[redacted]

P.S.: Absolute Vertraulichkeit meiner Bewerbung setze ich voraus.

Muster 13

Verhandlungen bewegen werden; beim Jahresgrundgehalt bleibt nämlich offen, wie hoch das endgültige Gehalt sein wird, denn Prämien, Boni, Dienstfahrzeug usw. sind dann noch Verhandlungssache. Wenn man sein jetziges Gehalt nennt, begibt man sich in eine schwächere Position, weil man jeden Verhandlungsspielraum dann bereits verschenkt hat. Ein Wechsel sollte – außer dem beruflichen Weiterkommen – zwischen 15 und 30 Prozent mehr Gehalt bringen.

Die Weitergabe der Bewerbungsmappe ist in gewissem Sinn eine Vertrauenssache. Im allgemeinen kann man dieses Vertrauen ohne Bedenken haben. Manchmal ist jedoch eine Tarnung wichtig (siehe „Fall Dr. Schuster"). Auch hier bietet sich die Zwischenschaltung eines Treuhänders an, der die Bewerbungsinformationen versendet, ohne zunächst den Namen zu nennen. In der Regel wird dies von Personalleitern oder Personalberatern akzeptiert. Wer diesen Weg nicht gehen möchte, kann im Anschreiben um Vertraulichkeit bitten. Dies nützt allerdings wenig, denn wer nicht vertrauenswürdig ist, wird es auch durch einen solchen Zusatz nicht werden. Wer auf die Vertraulichkeit dennoch besonders hinweisen möchte, kann sein Anschreiben mit folgender Formel als Postskriptum versehen:

P.S.: Strenge Vertraulichkeit meiner Bewerbung setze ich voraus – ich stehe in ungekündigtem Arbeitsverhältnis.

Lebenslauf

Der Lebenslauf ist ein Kernstück der Bewerbungsmappe; er zeigt die Art und Weise, wie sich der einzelne mit seinem Schicksal auseinandersetzt. Dies darzustellen ist nicht einfach. Für den Aufbau des Lebenslaufes gibt es verschiedene Möglichkeiten. So unterscheidet man zwischen

- biographischem Lebenslauf,
- funktionsorientiertem Lebenslauf,
- erfolgsorientiertem Lebenslauf,
- gezieltem Lebenslauf,
- retrogradem Lebenslauf[32].

Wie auch immer man den einzelnen Lebenslauf nennen mag; eines sollte klar sein: Ein Lebenslauf ist die lückenlose Darstellung der wichtigsten Stationen, Ereignisse und Daten im Leben eines Menschen. Dies kann nicht bedeuten, daß ein Lebenslauf immer unter dem Primat der Zeit gestaltet wird. Die Auflistung der beruflichen Stationen nach Zeitabschnitten kann den Blick für das Wesentliche gelegentlich verstellen. Besser ist es, die beruflichen Stationen in den Vordergrund des Lebenslaufes zu rücken. Ein solcher Lebenslauf könnte dann z. B. folgendermaßen aussehen:

Lebenslauf/Werdegang

Zur Person		Foto
Name	[redacted]	
Anschrift	[redacted]traße 10 [redacted] Telefon [redacted]3) 3[redacted]	
geboren am	25. Mai 1[redacted] in Berlin	
Familienstand	verheiratet, 3 Kinder	
Schulen		
Volksschule	1943 - 1948 in Berlin und Bielefeld	
Gymnasium	1948 - 1955 in Bielefeld und München	
Praktika		
München-[redacted]fabriken, Werk [redacted], [redacted]che Papierfabriken, [redacted] Zellstoffabrik [redacted] Werk [redacted] Druckerei [redacted] München	1955 - 1961 Praktikant in der Papiererzeugung, im Zellstofflabor und in der Regeltechnik Mitwirkung bei einer Forschungsarbeit auf dem Gebiet der Holzstofferzeugung des Instituts für Papierfabrikation [redacted] Nach dem Studium Praktikum im Buch- und Offsetdruck	
Studium		
O. von Miller Polytechnikum, München	1958 -1961 Ingenieurstudium, Fachrichtung Papiererzeugung, Diplom-Ingenieur (FH)	
Beruf		
[redacted]sche PAPIERFABRIKEN, [redacted]	1962 Produktionsassistent	
[redacted]- Deutsche Gesellschaft für Forschung im grafischen Gewerbe - [redacted]	1962 - 1963 Gutachter (freier Mitarbeiter) auf dem Gebiet Papier-Druckeignungsuntersuchungen/neutrale Prüfstelle für Reklamationsfälle	
[redacted]HEMIE GmbH Ludwigshafen	1963 Außendienst-Ingenieur	
[redacted]PAPIERCHEMIE GmbH, [redacted]Dachau (Tochtergesellschaft des US-Konzerns [redacted] Inc. in Wilmington/Delaware)	1963 - 1971 Verkaufsleiter und Leiter der anwendungstechnischen Abteilung	
[redacted] Vertriebs-GmbH [redacted] ([redacted]Mitarbeiter im Inland, weltweit [redacted] MA)	1971 - heute Verkaufsleiter, ppa. weltweiter Verkauf von Bespannungen für Papiermaschinen	

Muster 14

Der entscheidende Vorteil liegt im sofortigen Überblick über die beruflichen Stationen des Bewerbers. Man findet schnell, woran man interessiert ist: Ob der Bewerber von einer beruflichen Tätigkeit zur anderen gesprungen ist, sich branchenmäßig mehrfach verändert hat oder einen klaren Berufsweg aufweist.

In der Rubrik „Zur Person" ist neben der Anschrift und der Fernsprechnummer genügend Platz für ein Bewerberfoto zu lassen. Dem Bewerberfoto kommt eine erhebliche Bedeutung zu (auch wenn man dies nicht wahrhaben möchte oder nicht so wichtig findet). Durch das Bild des Bewerbers nimmt man zum erstenmal „persönlichen Kontakt" auf. Bisher hat man ja nur schriftlich kommuniziert, nun sieht der Personalleiter oder Geschäftsführer zum erstenmal den Bewerber. Automatenbilder oder Paßbilder sind für eine Bewerbung nicht geeignet; mit den Fotos sollte man sich Mühe geben. Es müssen keine Farbfotos sein, denn diese lassen sich nicht nur schlecht reproduzieren, sondern sind manchmal auch blau- oder rotstichig. Die Größe des Fotos darf weder einer Briefmarke noch einer Postkarte entsprechen, es soll weder ein Brustbild noch ein Ganzfoto sein. Man sollte darauf auch nicht zu sehr nach „Urlaub" aussehen. Das ideale Bewerberfoto ist ein aussagefähiges Portraitfoto mit einem freundlich lächelnden Bewerber. Die folgenden Beispiele verdeutlichen den Unterschied zwischen einem guten und einem schlechten Bewerberfoto derselben Person.

Der Lebenslauf wird sorgfältig mit Schreibmaschine geschrieben. Die tabellarische Form bietet dem Leser optisch die beste Hilfe, sich sofort zurechtzufinden. Der Stil sollte kurz und knapp, jedoch kein Telegrammstil sein. Eine Unterschrift ist nicht notwendig.

Der Lebenslauf muß vollständig und lückenlos den Werdegang des Bewerbers aufzeigen. Denn Lücken kann man nicht weglügen; das merkt jeder Personalfachmann. Jedoch hat es manchmal zunächst Vorteile, den Lebenslauf etwas zu „schönen“. So sollte man eine halbjährige Arbeitslosigkeit nicht extra herausstellen. Man läßt diesen Zeitraum einfach weg; zum Beispiel so:

Müller & Co., Pforzheim	1975 – 1979 Kaufmännischer Leiter in Spedition
Meier GmbH, Karlsruhe	1979 – 1986 Kaufmännischer Leiter in internationaler Spedition

Bei Müller hat der Bewerber Ende März aufgehört, bei Meier aber erst im Oktober angefangen. Diese Lücke wird zunächst dadurch kaschiert, daß man nicht die exakten Daten, sondern nur die Jahreszahlen angibt. Weitere Möglichkeiten, einen Lebenslauf zu „schönen“, müssen dem Einzelfall vorbehalten bleiben.

Hat ein Bewerber garnicht oder nur selten gewechselt, reicht für den Lebenslauf eine Seite aus. Benötigt man zwei Seiten, dann achte man darauf, daß der Text gut verteilt ist; eine eng beschriebene und eine halb beschriebene Seite sehen nicht so gut aus wie zwei locker beschriebene, aber volle Seiten.

In Deutschland ist es nicht üblich, private Dinge im Lebenslauf zu erwähnen. Sieht man einmal von den persönlichen Daten wie Familienstand und Anzahl der Kinder ab, werden keine weiteren Angaben gemacht. In anderen Ländern, z. B. Nordamerika, wird dies ganz anders gehandhabt. Dort erwähnt man nicht nur, daß man auf der Position des Quarterback in der Football-Mannschaft seiner High School gespielt hat, sondern auch, welchen Verbänden und privaten Vereinigungen man angehört (z. B. Rotary Club, Vereinigung der Vietnam-Veteranen usw.). Eine weitere Besonderheit ist, daß in Nordamerika der Lebenslauf retrograd dargestellt wird. Das folgende Muster 15 zeigt einen retrograden

Lebenslauf für die Bewerbung bei einer amerikanischen Firma. Wer sich bei Firmen im Ausland bewirbt, sollte solche Gepflogenheiten berücksichtigen.

QUALIFIKATIONSPROFIL KURZFASSUNG

Hans M u e l l e r
9 Munro Street
Palgrave, Ontario
LON 1 PO
CANADA

Telefon 001-416-880-513

	<u>In Kanada</u>
4 Jahre (1982 bis heute)	"INTERNATIONAL MARKETING MANAGEMENT" für die kanadische Niederlassung einer großen internationalen Firma mit Sitz in Westdeutschland. Als "Sales & Marketing-Manager" dem Geschäftsführer der Gesamtniederlassung direkt unterstellt und voll verantwortlich für die Abteilung "Sicherheitsschloß" mit eigenem Profit Center. Maßgebend bei der ursprünglichen Marktforschung, der darauf folgenden Marketing Strategie, dem Aufbau einer Verkaufsorganisation sowie intensive Liaison mit dem Mutterwerk. Aufbau des erfolgreichen Vertriebsnetzes von 50 "Sales & Service Centers" durch ganz Kanada und die nordöstliche USA
6 Jahre (1976 - 1982)	DIREKTVERKAUF von kanadischen Immobilien mit überdurchschnittlichem Erfolg einschließlich Mitglied des "Million Dollar Sales Club" sowie Mitglied der "Top 10 Group" von 180 Verkäufern
6 Jahre (1970 - 1976)	TECHNISCHER VERKAUF europäischer Werkzeugmaschinen und Elektro-Handwerkzeuge für einen kanadischen Großhändler als "Sales Co-ordinator" und "Sales Engineer"
1 Jahr (1968 - 1969)	MECHANISCHE WERKSTATT als "Machinist" (Dreher, Fräser, usw.)
	<u>In Westdeutschland</u>
3 Jahre (1964 - 1967)	MASCHINENBAU von Kartonagenmaschinen einschließlich einer 2-jährigen Industriekaufmannslehre
5 Jahre (1959 - 1964)	WERKZEUGBAU für Aluminium-Spritzgußteile als Werkzeugmacher einschließlich einer 3 1/2-jährigen Werkzeugmacherlehre

<u>Sprachen</u>

Umgang in der Technik, dem Verkauf und Marketing in den folgenden wichtigen Geschäftssprachen

- Deutsch (fließend)
- Englisch (fließend)
- Französisch (gute Kenntnisse)

Muster 15

Bei der Gestaltung eines Lebenslaufes ist auch die Branche, in der man sich bewirbt, zu beachten. Der Büroleiter in einer Rechtsanwalts- und Notariatskanzlei sollte seinem Lebenslauf ein seriöses und konservatives Aussehen verleihen. Der Verkaufsleiter von Baumaschinen versucht, mit seiner Bewerbung eine gewisse „Handfestigkeit“ zu vermitteln. Künstler, Architekten, Grafiker und andere Personen des „gestaltenden Gewerbes“ müssen optisch wesentlich mehr bieten als andere, sei es, daß sie farbiges Papier, besondere Schriftarten oder grafische Darstellungen verwenden. Der folgende Lebenslauf eines ehemaligen Grafikers zeigt beispielhaft auf, wie man seine beruflichen Lebensstationen auch auf andere Art und Weise präsentieren kann (Muster 16).

Es ist nicht erforderlich, daß man den Lebenslauf im Original der Bewerbungsmappe beifügt; eine gute Kopie genügt. Es kann allerdings nicht schaden, wenn man seine Daten in einem PC bzw. Textverarbeitungssystem abspeichert und sie ständig auf den neuesten Stand bringt und sich so bei Bedarf Originalschriftstücke ausdrucken lassen kann. Im Normalfall ist ein solcher Aufwand nicht notwendig. Je höher allerdings die Position ist, für die man sich bewirbt, desto besser und professioneller müssen die Bewerbungsunterlagen sein. Dies fängt damit an, daß man nur Originalschriftstücke (außer den Zeugniskopien) verwendet, und hört damit auf, daß man hochwertiges Papier mit Wasserzeichen benutzt.

Berufserfahrungen

Manche Bewerber versuchen, schon im Anschreiben ihr gesamtes berufliches Know-how unterzubringen. Es gibt verschiedene Gründe, weshalb dies nicht empfehlenswert ist. Das Anschreiben sollte den Ansprechpartner neugierig machen, damit er sich die gesamten Unterlagen ansieht. Er soll sich nicht fragen müssen, wie umfangreich die Bewerbungsmappe erst sein wird, wenn schon das Anschreiben mehrere Seiten umfaßt. Ein weiterer Grund: Es klingt nach Aufschneiderei, wenn man bereits im Anschreiben seine beruflichen Erfolge darstellt.

– Beruflicher Werdegang:

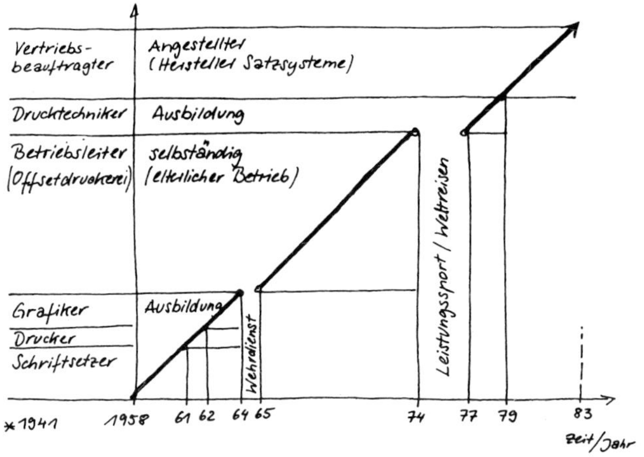

Mein berufliches Hauptinteresse gilt der Umsetzung von EDV-Druckerdaten unter Einsatz aller Satz- und Bildverarbeitungsmöglichkeiten. Ich suche auf diesem Spezialgebiet eine vertriebliche Kooperation oder freiberufliche Mitarbeit. Schwerpunkt: organisatorische und gestalterische Durchführung.

Mit freundlichem Gruß

[redacted]

Muster 16

Auch der Lebenslauf wäre überfrachtet, wollte man dort alle wesentlichen Eckdaten seines beruflichen Lebens aufführen. Solche Lebensläufe werden leicht bis zu fünf Seiten lang, weil man im Lebenslauf ja tunlichst nichts auslassen sollte. Es kommt aber nicht so sehr darauf an, alles und jedes Detail seiner beruflichen Karriere darzustellen, sondern das Wesentliche hervorzuheben.

Was sollte also in der Liste der Berufserfahrungen enthalten sein? Dieser Bestandteil der Bewerbungsmappe dient dazu, sich deutlich zu profilieren und von eventuellen Mitbewerbern zu differenzieren. Es geht also darum, diejenigen bisher gelösten Aufgaben und Erfolge besonders zu betonen und sachlich darzustellen, die für die angepeilte neue Position von wesentlicher Bedeutung sind oder sein können. In seinen Berufserfahrungen sollte man die Aufgaben und Lösungen nennen, bei denen man bessere Ergebnisse erreicht hat, als dies üblicherweise erwartet werden kann. Dabei müssen die Erfolge konkret genug beschrieben werden. Also nicht nur: „...Rationalisierung in der Fertigung durchgesetzt!“, sondern: „...Rationalisierung in der Fertigung durchgesetzt mit dem Ergebnis, daß bei gleichbleibender Auslastung die Kosten um 13 Prozent gesenkt wurden.“

Um seine eigenen Erfolge zu beschreiben, muß mancher gewisse Hemmschwellen überschreiten. Hier sollte man allerdings keine Scheu haben, denn erstens tun dies andere auch, und zweitens muß man demjenigen, der die Personalauswahl trifft, genügend Informationen an die Hand geben. Wer sich nicht selbst profiliert und differenziert, braucht sich nicht wundern, wenn schlechtere Mitbewerber vorgezogen werden.

Bei der Aufstellung der Berufserfahrungen lohnt sich große Mühe, denn man sollte das Wesentliche auf einer Seite darstellen. Die folgenden beiden Muster 17 und 18 können als Beispiele dienen.

Früher machte man sich die Mühe, seinen „Werdegang“ zu verfassen. Für jede Anstellung beschrieb man seine Aufgabenstellung und Leistungen. Es ist auch heute zu empfehlen, festzuhalten, wo, wann und mit welchem Erfolg man welche Aufgaben praktisch gelöst hat. Den „Werdegang“ sollte man immer auf dem neuesten Stand halten, denn nach zwei, drei oder noch mehr Jahren erinnert man sich kaum mehr an die Besonderheiten; die Erinnerung ist von der Tagesarbeit verdrängt worden. Diese Aufzeichnungen sammelt man in einem privaten Karriereordner;

Günter [redacted]

Erfahrungsprofil

AUFGABE	ERFOLG
Aufbau und Leitung eines modernen Rechnungswesens. Einführung der Deckungsbeitragsrechnung, der Budgetierung, der strategischen Unternehmensplanung, der DV-Organisation. Umstellung der Bereiche auf DV-Unterstützung mit Bildschirmorganisation und On-line-Verarbeitung. Gesellschafts- und steuerrechtliche Problemstellungen.	Ausrichtung aller Aktivitäten der Unternehmung auf ihre langfristigen lebenswichtigen Ziele hin, die im Rahmen der Zielplanung definiert sind als Entwicklungs-, Wachstums- und Gewinnziele. Schließen der Planungslücken durch Erarbeitung geeigneter Strategien und deren praktische Umsetzung wie z.B. Verlagerung von Teilen der Produktion, Kostensenkung, Personaleinsparungen, Neuorientierung der Produktentwicklung und der Marketingkonzeption, Diversifikation, Joint-Ventures, exakte Kontrolle des Finanzgebarens, Finanzierungsmodelle.
Entwicklung und Einführung einer DV-gestützen Forschungs- und Entwicklungsplanung.	Rationelle Mittelverwendung, Kosten- und Zeittransparenz bei den Forschungsprojekten, Beschleunigung der Entscheidungsprozesse, Vermeidung von "stop and go", permanente Kosten-Nutzen-Analyse.
Reorganisation der Produktion und Einführung der Betriebsplanung und -steuerung sowie DV-gestützter Planungs- und Kontrollverfahren.	Effiziente Führungsorganisation, Personaleinsparungen bis zu 20%, Kostenreduzierung, höhere Maschinenauslastung, rationelle Arbeitsabläufe, Bestandsreduzierung bei gleicher Lieferbereitschaft, Erhöhung der Flexibilität durch reibungsloses Ineinandergreifen von Absatz-, Produktions- und Forschungsplanung, Beschleunigung innovativer Prozesse, wirtschaftliche Umsetzung gesetzlicher Auflagen in konkrete bauliche, organisatorische und personelle Maßnahmen.
Aufbau und Betreuung einer Arbeitssicherheitsorganisation.	Weit unterdurchschnittliche Unfallquote.
Planung, Aufbau und verantwortliche Betreuung einer ausländischen Produktionsgesellschaft, deren Erweiterung mit Forschungs- und Vertriebsaktivitäten.	Erhöhung des Gewinns nach Steuern bei der Muttergesellschaft.
Unternehmenskauf, Unternehmensbewertung.	Reibungslose Integration in übernehmendes Unternehmen in organisatorischer und personeller Sicht, konsensuelle Konfliktlösungen.
Führungserfahrung:	240 Mitarbeiter Inland, 100 MA Ausland.
Auslandserfahrung:	Spanien, Italien, Schweiz, Luxemburg, Belgien, Norwegen, Finnland, Frankreich, Irland, USA.

Muster 17

es kann sich durchaus um handschriftlich Verfaßtes handeln. Mit Hilfe dieses Ordners kann man sich bei Bedarf jeweils diejenigen

Ulrich [redacted]

<u>Spezielle Berufserfahrungen</u>

VERTRIEBSAUFBAU nach Anwendergruppen

Aufbau und Leitung eines Vertriebs im Bereich Elektronik/Elektromechanik, dessen Zielsetzung und Gliederung den Aufgabenstellungen aus den Bereichen Nachrichtentechnik, Informationselektronik, Wehrtechnik sowie Meß-, Regel- und Steuerungstechnik entspricht. Hiermit wurden die Schwächen eines produktorientierten Vertriebs ausgeglichen und dieser z.T. ersetzt.

PROJEKTE und NEUE PRODUKTE

Die anwenderorientierte Vertriebsform wurde speziell dazu benutzt, mit den Kunden gemeinsam technische Projekte und neue Produkte aufzugreifen, zu entwickeln und im Markt einzuführen. Diese Produkte ließ ich z.T. in der Produktlinienorganisation unter Aufsicht des Projektmanagements verwirklichen. Für Projekte, die nicht in die Linie paßten, bildete ich besondere Ingenieurteams, um die Entwicklung durchzuführen, die Fertigung zu organisieren, und baute Vertriebsteams zur Markteinführung auf. Von 35 aufgegriffenen Projekten sind 12 abgeschlossen, 7 laufen noch.

GROSSKUNDENBETREUUNG

Akquisition, Aufbau und Nutzung persönlicher Kontakte zu Großkunden, Verhandlungen mit Groß- und Zielkunden, Behörden, Generalunternehmern auf Geschäftsleitungsebene.

STRATEGIE-ENTWICKLUNG

Strategische Zielsetzung/Neuorientierung des Absatzes bzw. der Zielgruppenstruktur von Konsumelektrik erzeugenden OEM zu Investitionsgüter erzeugenden OEM. Durchführung der Strategie gemeinsam mit 6 Produktlinienmanagements. Von 1[redacted]bis 1[redacted] Verhältnisänderung von 66:34 auf 45:55 zugunsten der Investitionsgüter.

KOORDINATION INVESTITIONS- und PRODUKTSTRATEGIE

Planung und Überwachung von Investitionen, Neuprodukten, Absatzstrategie eines Unternehmens mit 6 Produktlinien und 800 Mio. DM Umsatz im Bereich Elektronik, Elektromechanik, Optronik und Antriebstechnik. Überwachung 2-Jahres-Bereich, Planung 5-Jahres-Bereich. Präsentation vor der Konzernspitze.

TECHNOLOGISCHE ZUKUNFT

Mitarbeit im Forschungsbeirat des Unternehmens mit dem Ziel, neue Technologien und ihre Nutzbarkeit rechtzeitig zu erkennen und zur Marktreife zu bringen (z.B. Glasfaseroptronik, Piezo-Sensoren).

MARKTFORSCHUNG

Ausbau einer mehrstufigen Marktforschung im technisch-kommerziellen Bereich sowohl für OEM-Produkte wie deren Gerätetechniken und Endkundenmärkte. Ermittlung qualitativer und quantitativer Werte, Abschätzung von Zukunftsentwicklungen.

MOTIVATIONSVERBESSERUNG

Durchführung eines firmeninternen Motivationsprogramms zur Erhöhung von Qualität, Zuverlässigkeit und Umsatz sowie Verminderung von Außenständen und Lagerwerten. 600 Beteiligte, 80 Gewinner, nachhaltige positive Effekte.

FÜHRUNGSSTIL

Klare, erreichbare Ziele setzen, Mitarbeiter unterstützen, Eigeninitiative stärken, mit Maß kontrollieren, mit persönlichem Beispiel vorangehen, Denken in strategischen Dimensionen nach "oben" und "unten" vorleben.

FACHVERBÄNDE

Fachverband Bauelemente im ZVEI: Marketingkommission, DIN-Fachnormenausschuß für Informationsverarbeitung FNI.

Muster 18

gelösten Aufgaben und Erfolge ins Gedächtnis zurückrufen, mit denen man sich für die angestrebte Stelle profilieren kann. Manchmal fällt es einem schwer, seine Leistungen sowohl zu skizzieren als auch in ihrer Wirkung zu beschreiben. Bei längerem

Nachdenken gelingt dies jedoch immer. So hatte z. B. ein Personalleiter mit der Quantifizierung seiner Leistungen Probleme. Wie sollte er die Verbesserung des Betriebsklimas beschreiben? Auch hier war die Quantifizierung möglich. Er konnte nachweisen, daß seine Maßnahmen zur Verbesserung des Betriebsklimas unter anderem dazu geführt hatten, daß sich der Krankenstand auf die Hälfte reduziert und sich die Fluktuationsrate ebenfalls um etliche Prozentpunkte gesenkt hatte.

Sachverhalte, die nicht jeder vorweisen kann, sollte man ebenfalls erwähnen. Zu denken ist dabei z. B. an geschäftliche Auslandsaufenthalte, Mitgliedschaften in Verbänden und Vereinigungen, Vortragstätigkeit usw. Damit dokumentiert man, daß man in der Lage ist, über den „Tellerrand" hinauszuschauen.

Ziel der Darstellung seiner beruflichen Erfahrungen ist, daß man seine Attraktivität erhöht; man muß aus der Sicht der Unternehmen erfolgversprechend sein. Einen notorischen Versager stellt niemand ein. Daher gilt:

> Unter „Berufserfahrungen" sollen die beruflichen Leistungen und Erfolge konkret, konsequent, sachlich und in Richtung auf die angepeilte Position dargestellt werden. Man sollte jedoch sparsam mit Superlativen umgehen und sich auf das Wesentliche beschränken.

Weiterbildung

Wer fünf oder mehr Jahre Berufserfahrung hat, muß es sich in Bewerbungsgesprächen gefallen lassen, daß er nach der Teilnahme an Seminaren zur beruflichen Fort- und Weiterbildung gefragt wird. Solche Maßnahmen sind für Führungskräfte selbstverständlich. Daher sollte man sie schriftlich dokumentieren. Eine weitverbreitete Unsitte ist es, die Weiterbildungsurkunden stoßweise den Bewerbungsunterlagen beizulegen; die Bewerbungsmappe wird dicker, ohne daß der Informationsgehalt steigt. Es genügt eine Auflistung dieser Maßnahmen. Wenn jemand die Urkunden sehen möchte, so kann man sie jederzeit nachreichen.

[redacted]

Seminare und Fortbildungsveranstaltungen

Seminar:	Veranstalter/Leiter/Ort:	Datum:
Verschiedene firmeninterne Marketing- und Vertriebsseminare	[redacted]ppe, Schulungsheim Bad Wimpfen	1964 - 1969
New Product Planning and Development	Management Centre Europe, Genf	5/1970
Fundamentals of Finance for Non-Financial Executives	Management Centre Europe, München	5/1971
Research and Marketing Course	[redacted]N Ltd., Biggin Hill	2/1973
Management Course	[redacted]N Ltd., Lane Edd	9/1973
Kommunikationstraining	Dr. Schömbs, Bad Harzburg	9/1977
Kennzeichnungs-Richtlinien bei Nahrungsmitteln	Dr. Arndt, Hannover	2/1982
MARGA 83, Deutsches Unternehmens-Planspiel	Universitätsseminar der Wirtschaft,	3/1983
EDV für Kaufleute	DHV Südbaden, Freiburg	11/84 - 2/85
Selbstmanagement und Problemlösungstechniken	Haufe Verlag, Augsburg	11/1985
Deutscher Marketing Tag	Deutscher Marketing Club, Seminare jeweils in: Hamburg, Berlin, Düsseldorf usw.	seit 1976 jährlich bis heute
Marketing-Club	Besuch der monatlichen Veranstaltungen	regelmäßig

Muster 19

Zu den Weiterbildungsmaßnahmen gehört jede Schulung, die die beruflichen Fähigkeiten steigert. Dies kann ein Fachvortrag oder eine Fachtagung sein, ein Intensivkurs in Commercial English, ein Seminar für Führungstechniken, ein Training in Verkaufstechniken, regelmäßige Teilnahme an Lehrgängen (ob mit oder ohne staatlich anerkannten Abschluß) usw. Im weitesten Sinne gehört zu den Weiterbildungsmaßnahmen auch die regelmäßige Lektüre von Fachzeitschriften und Fachbüchern.

Man sollte bei der Auflistung der Weiterbildungsmaßnahmen allerdings beachten, daß sie in ihrer Anzahl und Tiefe die Berufserfahrungen nicht überflügeln. Es könnte der Eindruck entstehen, daß der Bewerber einen Großteil seiner Zeit auf Weiterbildungsveranstaltungen zugebracht hat. Daher sollten nur die Maßnahmen aufgelistet werden, die einen wirklich weitergebracht haben – sei es durch den Wissens- oder durch den Bewußtseinszuwachs – oder solche, die Prestigecharakter haben (z. B. die Teilnahme an Hochschulveranstaltungen, der Harvard Business School oder ähnlichen Institutionen.)

Veröffentlichungen / Patente / sonstige Nachweise

In der Regel rechnet man es zu den Aufgaben eines Hochschullehrers, Fachartikel, Bücher und Rezensionen zu veröffentlichen, Vorträge zu halten, an Fachdiskussionen teilzunehmen usw. und die Ergebnisse seiner Forschung der Fachöffentlichkeit vorzustellen. Daß Praktiker gelegentlich Fachartikel schreiben, wird zumeist noch als außergewöhnlich betrachtet. Genau hierin liegt aber eine Chance. Auch Führungskräfte sollten einmal Beiträge zu Themen aus ihrem Fachgebiet bzw. ihrer praktischen Tätigkeit veröffentlichen oder an wissenschaftlichen Veranstaltungen als Podiumsmitglied teilnehmen, um sich mit ihrem Know-how der kritischen Fachwelt zu stellen.

Veröffentlichungen sollten daher in der Bewerbungsmappe Erwähnung finden. Man stellt sie in einer Liste zusammen und gibt die genauen bibliographischen Daten wieder. Kopien oder Sonderdrucke sollte man nicht beifügen, denn sie blähen die Bewerbungsmappe unnötig auf; man kann getrost davon ausgehen, daß die Artikel im Rahmen einer Bewerbung nicht gelesen, aber wohlwollend zur Kenntnis genommen werden. Das auf der folgenden Seite wiedergegebene Muster 20 zeigt eine solche Veröffentlichungs- und Vortragsliste.

Teilnahme an Veranstaltungen

1974	Niederlande - Doppelsiebformer
1974	Moskau - Synthetiksiebe Fertigung und Anwendung
1976	Moskau - Das moderne Synthetiksieb
1978	Granada - Doppelsiebformer
1978	Buenos Aires - Doppelsiebformer, Congreso Tecnico Sobre Celulosa Y Papel
1979	Helsinki - Verbesserungen der Formation mit Hilfe eines Spezialstroboskopes
1981	Mexico City - Stroboskopische Untersuchungen in der Blattbildungszone, Asociacion Mexicana de Tecnicos de las Industrias de la Celulosa y del Papel
1981	Bled (Jugosl.) - Das doppellagige Sieb von heute und seine Möglichkeiten
1982	Iroquois Falls (Ont./Canada) - Double-layer Forming Fabrics
1983	Iroquois Falls (Ont./Canada) - Improved Formation with the XY-Stroboscope

Vorträge und Veröffentlichungen

- Zellstoffherstellung - Beantwortung von Fragen "Aus der Praxis für die Praxis", Der Papiermacher 13/1960 (ich erhielt den 2. Preis)
- Papierbahnfeuchte - Beantwortung von Fragen "Aus der Praxis für die Praxis", Der Papiermacher 1/1962 (ich erhielt den 1. Preis)
- Verstärkte Harzleime - Wochenblatt für Papierfabrikation 18/1964
- Die Leimung des Papiers - Vortrag für das Abschluß-Semester der Fachhochschule April 1970
- Die Entwicklung der europäischen Tissue-Industrie auf Grundlage der Einfilz-Tissuemaschine F. E. Weisshuhn, ich als Mitautor, Das Papier 8/73
- Systematische Problemlösung beim Einsatz von Synthetiksieben, Referat auf der Zellcheming-Tagung 9/75 in Reutlingen, Das Papier 4/76
- Reparatur von Synthetiksieben durch Ultraschallschweißung, Der Papiermacher 3/77
- Stroboskopische Untersuchungen der Blattbildungszone, Referat FH München, Wochenblatt für Papierfabrikation 11/12-1981
- Switching From Acid to Neutral Sizing, Paper Age 1/1981
- Verbesserung der Faserstoff-Retention durch Einsatz doppellagiger Siebe, Referat Zellcheming-Tagung 4/82, Das Papier 11/1982
- Die Reinigung des Synthetiksiebes von Hochleistungspapiermaschinen, Referat Zellcheming-Tagung 4/83 in Heidenheim
- Reinigungsverfahren doppellagiger Synthetiksiebe, Referat Zellcheming-Ausschuß 6/83, Mitteilungen der Fachausschüsse des Zellcheming 12/83
- Das Metallsieb gestern und heute - was ist morgen? Referat Vereinigter Papierfachverband München e.V. in Bremen 1983, Wochenblatt für Papierfabrikation 22/1983.

Muster 20

Es gibt berufsspezifische Nachweise, die hier im einzelnen nicht aufgeführt werden können, jedoch eine Conditio sine qua non sind! So *muß* ein Architekt seiner Bewerbungsmappe einen von ihm entworfenen Plan beifügen, und zwar möglichst einen, mit dem er an einem Wettbewerb teilgenommen hat. Ein Grafiker *muß* einen Entwurf, eine Werbetexterin einen von ihr getexteten Prospekt beilegen, ein Geschäftsführer oder Vorstand einen Geschäftsbericht (sofern dies rechtlich möglich ist wie bei einer AG). Der Filialleiter einer Bank kann Veröffentlichungen über sich beifügen. Man sollte allerdings darauf achten, daß diese Leistungsnachweise beruflich relevant sind, d.h., einer Bewerbung als Projektleiter im Großanlagenbau kann man keinen Band seiner gesammelten Gedichte beifügen. Anders ist dies natürlich, wenn man sich als Feuilletonredakteur bewirbt.

Bei technischen Berufen ist es üblich, daß der Bewerber eigene Patente oder Gebrauchsmuster auch dann angibt, wenn sie mit der beruflichen Tätigkeit nichts zu tun haben. Wer solche Patente besitzt, zeigt, daß er auch über Anwendungsfragen außerhalb seines engen beruflichen Feldes nachdenkt und Erfolge erzielt. Auch dies ist auf jeden Fall ein Pluspunkt in einer Bewerbung.

Zeugnisse

Häufig sind Bewerber erstaunt, wenn wir ihnen empfehlen[33], ihr Zeugnis selbst zu entwerfen. Die Entgegnung, daß dies Aufgabe des Vorgesetzten sei, zieht nicht (auch wenn sie richtig ist). Der Vorgesetzte hat kein Interesse an diesem Zeugnis; deswegen sollte der Bewerber dem Vorgesetzten einen gut formulierten Zeugnistext als Vorschlag vorlegen. Ein Zeugnis fordert man in folgenden Fällen an:

- nach Abschluß einer beruflichen Periode als *Zwischenzeugnis;*
- wenn man einen neuen Vorgesetzten bekommt als *Zwischenzeugnis;*
- nach einer Kündigung und nach Abschluß einer zeitlich vorher begrenzten beruflichen Tätigkeit als *Schlußzeugnis.*

Jeder Arbeitnehmer hat bei Beendigung des Arbeitsverhältnisses Anspruch auf ein Zeugnis. Da es die Erlangung einer neuen Stelle erleichtern soll, hat man diesen Anspruch bereits nach der Kündigung. Endet das Arbeitsverhältnis einfach durch den Ablauf eines Zeitvertrages, ist das Zeugnis eine angemessene Zeit zuvor auszustellen.

In allen Fällen ist die Formulierung des Zeugnisses für den Vorgesetzten arbeitsaufwendig und eine Belastung. Beim Zwischenzeugnis kann er oft nicht recht erkennen, weshalb der Mitarbeiter gerade jetzt ein Zeugnis wünscht; und beim Schlußzeugnis sieht er keinen besonderen Grund, sich anzustrengen, da er keinen Nutzen mehr davon hat. Deshalb sollte der Bewerber sich selbst um sein Zeugnis kümmern. Wer sich nicht selbst um Inhalt und Form des Zeugnisses bemüht, schadet seiner Karriere auf Dauer: Ein schlecht formuliertes Zeugnis wertet jede Bewerbung ab!

Das Zeugnis wird letztlich vom Vorgesetzten verfaßt und unterschrieben. Je höher der Unterzeichnende in der Unternehmenshierarchie angesiedelt ist, desto besser für künftige Bewerbungen. Die äußere Form des Zeugnisses soll der Bedeutung für den weiteren beruflichen Werdegang des Arbeitnehmers entsprechen. Ein handschriftliches oder unsauber geschriebenes Zeugnis kann man zurückweisen. Geheime Zeichen auf dem Zeugnis sind unzulässig. Man achte auch auf korrekte Daten: Manchmal werden Zeiten oder Umsatzdaten falsch abgeschrieben (statt für 10 Millionen DM Umsatz wäre man plötzlich nur mehr für 1 Million DM verantwortlich gewesen).

Das *einfache Zeugnis* enthält Angaben über die Person des Arbeitnehmers sowie über Art und Dauer der Beschäftigung. Die Art der Beschäftigung muß so beschrieben sein, daß sich Außenstehende eindeutig über die bisherige Tätigkeit unterrichten und danach beurteilen können, ob der Bewerber für die neue Aufgabe geeignet ist.

Das *qualifizierte Zeugnis* wird (nur) auf Verlangen des Arbeitnehmers ausgestellt und enthält über die Aussagen des einfachen Zeugnisses hinaus auch Angaben über seine Führung und seine Leistungen. Ein nicht gefordertes qualifiziertes Zeugnis kann man ablehnen, jedoch kann man ein angefordertes qualifiziertes Zeugnis nicht in ein einfaches Zeugnis „umtauschen", wenn es einem nicht gefällt. Ein qualifiziertes Zeugnis für Angehörige des mittleren und des Topmanagements sollte mehr als eine Seite umfassen. Bei Führungskräften wird heute nahezu immer ein qualifiziertes Zeugnis ausgestellt.

Der *Zeugnisinhalt* ergibt sich beim qualifizierten Zeugnis daraus, daß es zwei verschiedenen Aufgaben dienen soll: Es soll einerseits dem Arbeitnehmer als Unterlage für eine neue Bewerbung dienen. Seine Belange sind gefährdet, wenn er falsch bewertet wird. Deshalb soll das Zeugnis von verständigem Wohlwollen des Arbeitgebers getragen sein und das weitere Fortkommen des Arbeitnehmers nicht unnötig erschweren. Andererseits soll das Zeugnis der Unterrichtung Dritter dienen, die eine Einstellung des Zeugnisinhabers erwägen. Beiden sich widersprechenden Interessen ist gerecht zu werden – durch den Grundsatz: *Das Zeugnis muß wahr sein!*

Bei der Bewertung von Arbeitsleistungen im Zeugnis werden häufig schwammige Formulierungen verwendet. Man spricht auch von einer „Geheimsprache“. Das Geheimnis wollen wir hier – wenigstens zum Teil – lüften:

Sehr gute Leistungen: „. . .hat die ihm übertragenen Arbeiten ständig zu unserer voll(st)en Zufriedenheit erledigt.“

Gute Leistungen: „. . .hat sie stets zu unserer vollen Zufriedenheit erledigt.“

Befriedigende Leistungen: „. . .hat sie zu unserer vollen Zufriedenheit erledigt.“

Ausreichende Leistungen: „. . .hat sie zu unserer Zufriedenheit erledigt.“

Mangelhafte Leistungen: „. . .hat sie im großen und ganzen zu unserer Zufriedenheit erledigt.“

Schlechte Leistungen: „. . .hat sich bemüht, die Aufgaben zu unserer Zufriedenheit zu erledigen“ oder: „. . .hat versucht, die ihm gestellten Aufgaben zu lösen.“

Jeder Arbeitnehmer sollte selbst auf bestmögliche Formulierungen achten. Sie können im Einzelfall auch anders lauten, sind in der Bewertung jedoch genau so strukturiert wie die aufgeführten Beispiele. Wichtiger als solche Bewertungen allerdings sind Erfolgsnachweise, Fakten, Anerkennungen im Zeugnis und ergänzende Unterlagen in der Bewerbungsmappe.

Selbstverständlich müssen die Aussagen in einem Zeugnis immer auf die konkreten Leistungen bezogen sein. Lediglich die Leistung als solche zu bewerten, läßt kein differenziertes Bild entstehen. Deshalb beachte man, daß das Zeugnis z. B. folgende Formulierung enthält: „...bei der Führung der ihm unterstellten Mitarbeiter erreichte er nicht nur eine außerordentlich hohe Identifikation der Mitarbeiter mit ihrer Aufgabe, sondern auch hervorragende Effektivität in der Leistungserfüllung. Konflikte löste er stets so, daß keiner der Beteiligten einen nur zu seinen Lasten gehenden Kompromiß darin erblicken konnte..." Der konkrete Bezug einer Bewertung auf eine Leistung ist also unbedingt erforderlich.

Da durch unglückliche Formulierungen im Zeugnis Nachteile entstehen können, sollte sich derjenige, der das Zeugnis ausstellt, große Mühe bei der Wortwahl geben. Zudem ist ein Zeugnis eine Visitenkarte des Unternehmens und damit imagewirksam.

Zwischenzeugnisse ohne Grund zu verlangen, erweckt Mißtrauen. Günstige Gelegenheiten bieten sich dafür, wenn der Vorgesetzte geht, nach einer Beförderung, nach Abschluß eines Projektes oder nach einer speziellen Weiterbildungsmaßnahme. Man sollte Zwischenzeugnisse jedoch nicht in kurzen Abständen anfordern.

Ein Zwischenzeugnis wegen Kündigung kann in einer Bewerbungsmappe von Nachteil sein – es sei denn, es ist wirklich sehr gut. Wer allerdings nach acht Jahren das Unternehmen wechselt und keinerlei Zwischenzeugnis oder sonstigen Nachweis hat, sollte sich – wenn ihm gekündigt wurde – schnell eines ausstellen lassen.

Will eine Führungskraft selbst kündigen und auf Stellensuche gehen, hat jedoch für die letzten Jahre keinerlei Nachweis über ihre erfolgreiche Tätigkeit, empfehlen wir, eine Liste „Berufserfahrungen" zu erstellen, in der alle Funktionen, gelöste Aufgaben, Ergebnisse und Projekte so dargestellt sind, daß ein Interessent erkennt, zu welchen Leistungen sie fähig ist. Solch eine Liste stellt in diesem Sinne nicht nur einen Zeugnisersatz dar, sondern ist gleichzeitig ein Leitfaden für Vorstellungsgespräche. Die Bewerbungsmappe wird dadurch aussagefähiger, die fachlichen Schwerpunkte sind erkennbar, und sie enthält damit konkrete Ansatzpunkte für ein Fachgespräch.

Ein gutes Zeugnis bringt zunächst Vorteile bei einer Bewerbung. Die Erwartungen, die es hervorruft, muß man dann auch im Vorstellungsgespräch bestätigen können.

Bis jetzt haben wir lediglich Form und Inhalt von Praxiszeugnissen diskutiert. Dies hat seine Berechtigung, denn

- Schulzeugnisse
- Lehrzeugnisse
- Diplome (z. B. von Fachhochschulen, Universitäten)
- Zeugnisse über Zusatzausbildungen (z. B. Management-Schule, Promotion)
- Zeugnisse über Weiterbildungsmaßnahmen und
- Zeugnisse über Praktika

sind insofern unproblematisch, als hier lediglich entweder die Teilnahme bestätigt wird oder die erreichten Bewertungen (Noten) aufgelistet sind. Diese Dokumente fügt man seiner Bewerbungsmappe als Fotokopien bei. Ein wirklich wichtiges Kriterium bei der Bewerberauswahl stellt jedoch meist nur das Praxiszeugnis dar.

Der Wert der Praxiszeugnisse ist dennoch umstritten. Dies liegt daran, daß sich der Aussteller der Zeugnisse oft wenig Mühe gibt und meist auf vorformulierte Musterzeugnisse zurückgreift. Dies sollte man aber tunlichst vermeiden. Aus diesem Grund haben wir hier auch kein Muster abgedruckt. Wer sich ständig mit Zeugnissen beschäftigt, der begegnet ihnen mit erheblichem Mißtrauen. So gibt es „Jubelzeugnisse", mit denen man einen Mitarbeiter „weglobt"; vordergründig schön formulierte Zeugnisse, die aber weder über die Leistungen etwas aussagen noch die Person des Bewerbers charakterisieren; Zeugnisse, in denen sich die Firma oder der Vorgesetzte selbst beste Urteile geben, die jedoch nicht gefragt sind; und schließlich solche, die eine Ansammlung von Floskeln darstellen. Wirklich hervorragend formulierte Zeugnisse, die sich mit den Aufgaben und den Leistung des Bewerbers auseinandersetzen und ihm eine fachlich fundierte Bewertung ausstellen, gibt es leider viel zu selten.

So liegt es im aktiven Engagement jedes einzelnen, sich substantielle und gut formulierte Zeugnisse geben zu lassen, die den oben genannten Ansprüchen genügen. Hierzu gibt es eine Reihe von guten Büchern, die sich ausschließlich mit diesem Thema beschäftigen. Der folgende Kasten informiert zusammenfassend über die wesentlichen Punkte eines qualifizierten Zeugnisses.

Ein qualifiziertes Zeugnis enthält im wesentlichen folgende Punkte:

- Persönliche Daten wie Vorname, Familienname, gegebenenfalls Geburtsname, Geburtsort, Wohnort, akademische und sonstige Grade oder Titel
- Dauer des Beschäftigungsverhältnisses
- Angaben über alle (wichtigen) Aufgaben und Arbeitsplätze, Veränderung des Arbeitsplatzes, Auslandsaufenthalte usw.
- Darstellung der persönlichen Entwicklung oder Laufbahn, durchlaufene hierarchische Positionen
- Beschreibung der derzeitigen Aufgaben
- Beschreibung von Sonderaufgaben, auch aus früherer Zeit, konkrete Erfolge
- besondere Kenntnisse, die über das eigentliche Arbeitsgebiet hinausgehen
- Beurteilung der Leistungen aus quantitativer und qualitativer Sicht
- Beurteilung des persönlichen Einsatzes und der Weiterbildungsinitiativen
- Beurteilung der Vertrauenswürdigkeit und der Loyalität
- Führungsfähigkeit
- Der Grund für die Beendigung des Arbeitsverhältnisses
- Bedauern des Ausscheidens
- Dank für geleistete Arbeit
- Gute Wünsche für die Zukunft

Referenzen

Um Referenzen sollte man sich erst dann kümmern, wenn man danach gefragt wird. Listen von Personen, gleichgültig wie honorig diese auch sein mögen, gehören nicht in die Bewerbungsmappe. Zwei Gründe sprechen dagegen: Erstens ist es unfair gegenüber den Benannten, in Listen „gehandelt" zu werden, zweitens kann der – manchmal nicht ganz unberechtigte – Eindruck entstehen, daß man diese Unterstützung nötig hat (oder zu haben glaubt), daß zuwenig für einen selbst spricht und daß man deshalb andere für sich sprechen lassen will. Es ist zudem nur bei Bewerbungen für hochkarätige Aufgaben üblich, Referenzen zu nennen.

Andererseits ist es von Vorteil, wenn man Referenzen bereits vorbereitet hat. Die Referenzgeber sollten über die Leistungen des Bewerbers auch wirklich etwas aussagen können. Referenzen aus dem Tennisverein oder dem Golfklub sind im allgemeinen nicht zu gebrauchen; auch wenn der Vorstand der XY AG persönlich eine Referenz anbietet, sagen sie meist über die beruflichen Leistungen nichts aus.

Grundsätzlich benennt man Referenzadressen nur nach Absprache mit dem Referenzgeber, wenn man also weiß, ob dieser positiv, negativ oder nichtssagend urteilt. Selbstverständlich nennt man nur positive Referenzgeber. Frühere Vorgesetzte, die bereits im Ruhestand sind, eignen sich besonders gut als Referenzadressen, denn bei ihnen kann man ein eigenes Interesse nicht mehr voraussetzen und daher ein abgewogenes Urteil erwarten.

Hat man eine neue Aufgabe gefunden, ist es angebracht, den Referenzgeber zu informieren, und zwar wenn seine Referenz nicht eingeholt wird, wie auch wenn er um eine Beurteilung gebeten wurde. Ein an sich selbstverständlicher Dank für die erhaltene Unterstützung kann Verbindungen vertiefen, die ein ganzes Berufsleben halten.

> Referenzadressen gehören im allgemeinen nicht in die Bewerbungsmappe. Referenzen sind nur dann zu benennen, wenn danach gefragt wird, und dann sollten sie in einem positiven Sinne abgesprochen sein.

Die abschließende Checkliste einer optimalen Bewerbungsmappe soll die Zusammenstellung erleichtern. Die Blätter werden zusammen in einen Klarsicht-Schnellhefter gelegt. Das Versenden in einem festen Umschlag garantiert, daß die Bewerbungsunterlagen in einem guten Zustand ankommen.

Checkliste Bewerbungsmappe

1. Anschreiben (lose in die Mappe gelegt)
2. Deckblatt der Bewerbungsmappe mit Anschrift des Bewerbers und Gliederung der Mappe (wird nur bei umfangreichem Inhalt benötigt)
3. Lebenslauf mit Foto
4. Handschriftprobe, falls gewünscht
5. Liste der Berufserfahrungen
6. Praxiszeugnisse, das neueste obenauf (eventuell Zwischenzeugnis beilegen)
7. Ausbildungszeugnisse (nur die letzten, wie Examen, Promotion)
8. Patente
9. Veröffentlichungen (aktiv und passiv), Vorträge
10. Weiterbildung
11. Auslandsaufenthalte, Sprachen
12. Arbeitsproben/Muster
13. Sonstige Nachweise, Belobigungen

Vorbereitung des Bewerbungsgesprächs

Nachdem die Bewerbungsunterlagen versandt sind, warten die meisten Bewerber passiv darauf, daß sich möglichst schnell etwas tut, daß man von dem angeschriebenen Unternehmen etwas hört usw. Man sollte jedoch diese Zeit aktiv nutzen. So kann man in der Zwischenzeit z. B. alle möglichen Informationen über das angeschriebene Unternehmen oder – bei einer Aktivbewerbung – über die Branche sammeln und sich so auf ein mögliches Vorstellungsgespräch vorbereiten.

Manche Bewerber werden bereits nach 14 Tagen unruhig und fragen, was man tun könne, um den Fortgang der Bewerbung zu beschleunigen. Dazu sollte man wissen, daß es von der Versendung der Bewerbungsunterlagen bis zu einer Einladung zu einem ersten Gespräch häufig drei bis fünf Wochen dauern kann. Meist bestätigen die Personalabteilungen bzw. Personalberater den Eingang der Unterlagen sofort. Bei Stellenanzeigen, auf die nicht selten bis zu 200 Bewerbungen eingehen, sind die Unternehmen jedoch gelegentlich überfordert. Hat man nach drei Wochen noch gar nichts von dem angeschriebenen Unternehmen gehört, kann man anrufen und nachfragen, ob die Bewerbung überhaupt eingegangen ist oder ob noch weitere Informationen gewünscht werden, bis wann eventuell mit einem Gespräch zu rechnen ist, da eine Auslandsreise bevorstehe, oder ähnliches. Bei Bewerbungen auf Führungspositionen darf man allerdings nicht ungeduldig werden, auch wenn es noch länger dauert. Bis eine solche Bewerbung einen positiven Abschluß findet, vergehen oft sechs bis zwölf Monate. Da die Besetzung von Führungspositionen über die weitere Zukunft eines Unternehmensbereiches, einer Abteilung oder einer ganzen Firma entscheidet, muß hier das Unternehmen seine Entscheidung besonders intensiv vorbereiten.

Wie kann sich nun der Bewerber auf ein Vorstellungsgespräch vorbereiten? Er versorgt sich mit Informationen über das Unternehmen, die im allgemeinen durch einen Anruf bei der Abteilung Öffentlichkeitsarbeit, beim Vertrieb oder beim Sekretariat zu erhalten sind, und studiert sie sehr intensiv. Wenn die Bewerbung über einen Personalberater läuft, kann man diese Informationen natürlich nicht vor dem ersten Gespräch erhalten, da man erst dann erfährt, wer der Auftraggeber ist. Hat man sich bei einem Großunternehmen beworben, kann man sich einen Geschäftsbericht von seiner Bank besorgen lassen. Solche Informations-, Image- und Produktbroschüren enthalten zumeist Angaben über Größe, Geschäftsfeld und Struktur des Unternehmens; diese Informationen garantieren einen entscheidenden Vorsprung beim ersten Gespräch.

Jeder Bewerber sollte sich eine Liste anfertigen, wem er wann seine Bewerbungsunterlagen zugesandt hat, ob der Eingang bestätigt wurde, wann ein Telefonanruf oder die erste Kontaktaufnahme erfolgte, wann Vorstellungsgespräche stattgefunden haben, ob Absagen gekommen sind usw. So behält er den Überblick über den Fortgang seiner Bewerbungsaktion. Dies dient zugleich als Gedächtnisstütze bei der für die Steuererklärung notwendigen Zusammenstellung der steuerlich abzugsfähigen Werbungskosten.

Der persönliche Karriereordner

Bei der Zusammenstellung seiner Bewerbungsmappe ist man auf Informationen angewiesen, die man normalerweise an den verschiedensten Orten nach den unterschiedlichsten Kriterien geordnet und bei seinen privaten Unterlagen abgelegt hat. Das Zusammensuchen kostet viel Zeit; Zeit, die man bei einer Bewerbungsaktion sinnvoller einsetzen kann. Wir empfehlen deshalb, einen persönlichen Karriereordner anzuschaffen, in dem nicht nur die Originale der Zeugnisse, sondern alle Urkunden und Unterlagen, Notizen und Informationen gesammelt werden, die für die berufliche Karriere von Nutzen sein können. Mit diesem Ordner fällt es einem relativ leicht, die Unterlagen für die Bewerbungsmappe zügig zusammenzustellen.

Bewährt hat sich der persönliche Karriereordner mit folgendem Register:

Inhalt eines Karriereordners

LEISTUNGSNACHWEISE

- Schul- und Ausbildungszeugnisse
- Fachhochschul-/Hochschulzeugnisse
- Firmenzeugnisse
- Praktika, sonstige Zeugnisse, Urkunden
- eigene Patente, Rechte, Lizenzen
- aktive Veröffentlichungen (Bücher, Aufsätze, Leserbriefe etc.)

→

- passive Veröffentlichungen (wo wurde über mich geschrieben?)
- besuchte Referate, Vorträge, Seminare (Fort- und Weiterbildung)
- selbst gehaltene Referate, Vorträge, Seminare
- Referenzen, Dankesschreiben, Anerkennungen

PERSÖNLICHE STÄRKEN
(sollten einmal im Jahr nachgearbeitet werden)

- Stärkenanalyse
- Differenzeignung
- psychologische, graphologische Gutachten
- besondere Fähigkeiten, Kenntnisse
- welche besonderen Probleme habe ich schon gelöst bzw. wo habe ich zu ihrer Lösung beigetragen?
- Steckenpferde, Sport, Neigungen
- persönliche, private Ziele

BERUFLICHE STÄRKEN
(Beruflicher Werdegang)

- 1. Firma: Positionsbeschreibung, Aufgaben, Erfolge
- 2. Firma: dito
- 3. Firma: dito

ZIELGRUPPENERFAHRUNGEN
(Zielgruppen, Branchen, Kreise, mit denen ich vertraut bin)

- z. B. Lebensmittelgroßhandel
- Importeure/Exporteure

JETZIGE BRANCHE/ZIELGRUPPE

- Daten: ...
- Adressen: ...

→

PERSÖNLICHE ZIELFINDUNG – AKTUELL

- meine Hauptaufgabe zur Zeit: ...
- meine Stärke liegt in: ...
- besonders akzeptiert bin ich von: ...
- gefördert werde ich von: ...
- wer mich noch fördern könnte: ...
- wie kann ich letztere motivieren: ...

AKTUELLE STRATEGIE

- in meinem Umfeld spezialisiere ich mich auf die Zielgruppe: ...
- die Problematik meiner Zielgruppe: ...
- mein aktuelles, zielgruppenbezogenes Ziel: ...
- meine langfristige Spezialisierung/Grundaufgabe: ...

Das aktive Vorstellungsgespräch

Der Kontakt mit dem Unternehmen ist hergestellt, ein Termin für das Vorstellungsgespräch vereinbart. Wie kann man nun mehr über das Unternehmen und die in Betracht kommende Aufgabe erfahren, um auf das Vorstellungsgespräch gut vorbereitet zu sein? Wie kann man das Vorstellungsgepräch so führen, daß man jederzeit Herr der Lage ist? Was soll man vereinbaren, auf was muß man bei einem Vertragsabschluß unbedingt achten?

In Stellenanzeigen bieten die Unternehmen selten ein ausführliches Firmenporträt. Oft stehen nichtssagende Floskeln darin wie „...Ihr Arbeitsplatz ist in reizvoller Landschaft gelegen“ oder „...wir sind eines der führenden Unternehmen unserer Branche“ usw. Diese Informationen genügen nicht. Der Bewerber versendet seine kompletten Bewerbungsunterlagen und gibt damit einen beträchtlichen Teil seiner Persönlichkeit preis. So wäre es eigentlich jedem Unternehmen zuzumuten, daß es bei der positiven Beantwortung eines Bewerbungsschreibens ein Firmenportrait oder einige Firmenprospekte mitsendet – bei Führungspositionen sogar einen Geschäftsbericht. Leider geschieht dies nur ganz selten. Dem kann man aber etwas nachhelfen, indem man im Bewerbungsschreiben um Zusendung von Informationen über das Unternehmen bittet. Aufgeschlossene Unternehmen versenden häufig sehr ausführliches Material, das manchmal sogar eine Anfahrtskizze enthält.

Weitere Möglichkeiten, ein Unternehmen besser kennzulernen, bieten persönliche Gespräche mit Bekannten, die mehr über das Unternehmen wissen. Viele Unternehmen veranstalten regelmäßig Betriebsführungen, die einen Einblick in die Angebotspalette geben. Unternehmen der Konsumgüterindustrie informieren häufig durch den sogenannten Hausverkauf über ihre Produkte.

Erhält man nicht direkt Informationen über das Unternehmen, kann man Nachschlagewerke konsultieren. Im „Handbuch der Großunternehmen" (Verlag Hoppenstedt) beispielsweise sind fast alle mittleren und großen Unternehmen der Bundesrepublik detailliert beschrieben. In der „Roten Liste" findet man Beschreibungen aller Unternehmen der pharmazeutischen Industrie. Weiteres Material, wie z. B. Geschäftsberichte, können von Banken und Verbänden besorgt werden. Jubiläumsschriften geben ebenfalls Aufschluß. Die Industrie- und Handelskammern besitzen beste Informationen über in ihrem Bereich ansässige Unternehmen – auch dort lohnt es sich nachzufragen.

Sollten diese Hinweise nicht weiterhelfen, bleibt noch der Weg zu den nationalen und internationalen Auskunfteien. Eine Firmenauskunft kostet 100 bis 200 DM, ist aber schnell zu erhalten. Einige Adressen bekannter Auskunfteien sind im Anhang aufgeführt.

Über wichtige Unternehmen kann man sich auch aus der Tages- oder Branchenpresse informieren. Publikationen über und aus einem Unternehmen geben ebenfalls Einblicke in den Stil des Hauses. Diese Veröffentlichungen sind in den Landesbibliotheken erhältlich. Die Bibliothekare geben Ihnen Auskunft, wie Sie das Gesuchte schnell finden.

Mit seiner fachlichen Qualifikation und diesen Informationen ist man gut gerüstet, um das Vorstellungsgespräch erfolgreich zu führen. Im Vorstellungsgespräch sollte der Bewerber ruhig weitere Fragen stellen, um sein Bild über das Unternehmen, dessen Umfeld und den Arbeitsplatz abzurunden[34].

Fragen stellen

Bewerbungsgespräche laufen meist so ab, daß der Gesprächspartner von der Unternehmensseite zunächst kurz das Unternehmen skizziert und dann die zu besetzende Position im Gefüge der Gesamtunternehmung vorstellt. Danach stellt er Fragen, um den Bewerber besser kennenzulernen. Dann kommt meist die obligatorische Aufforderung: „Haben Sie jetzt noch etwas, was Sie wissen möchten?"

Wer sich in seinem Vorstellungsgespräch nicht in diese passive Rolle drängen lassen möchte, der sollte zwar nicht die Gesprächsführung an sich reißen, aber genau wissen, was er von diesem Gespräch erwartet. Er muß ein Fragengerüst vorbereitet haben, womit er das Vorstellungsgespräch zu einem Fachgespräch machen kann, in dem sich zwei gleichberechtigte Partner gegenübersitzen. Die folgenden 30 Fragen können Anhaltspunkte dafür geben, was man über eine Firma wissen sollte.

Bewerberfragen an das Unternehmen

1. Welche Gesellschaftsform, AG, GmbH, KG, oHG usw?
2. Welche Beteiligungen, von wem beherrscht (Konzern?), wer sind die Eigner?
3. Wer sind die Mitglieder der Geschäftsleitung? – Hierarchie: Wo wäre ich hierarchisch angesiedelt, wem wäre ich zugordnet?
4. Organigramm des Unternehmens?
5. Welche Abteilungen gibt es überhaupt?
6. Seit wann besteht das Unternehmen?
7. Bestehen Tochtergesellschaften, Beteiligungen?
8. Umsatzentwicklung der letzten Jahre? →

9. Gewinnentwicklung der letzten Jahre?
10. Wie viele Mitarbeiter im Innendienst/Außendienst, freie Mitarbeiter, Handelsvertreter, Makler?
11. Mitarbeiterentwicklung, Fluktuation?
12. Welchen Status haben die Geschäftspartner (Filialsystem, Franchising)?
13. Beschaffungskonzept, Verwaltungskonzept, Marketingkonzept, Vertriebskonzept?
14. Wie sieht die Zielgruppe der Unternehmen aus, wer sind die Neukunden?
15. Durchschnittliche Auftragshöhe?
16. Wie sieht das Berichtswesen aus?
17. Wie ist die Marktstellung (Marktanteil, Mitbewerber)?
18. Auf welchem Niveau liegen die Produkte oder Dienstleistungen im Vergleich zu den Konkurrenten?
19. Ist Diversifikation geplant, horizontal, vertikal usw.?
20. Wer bestimmt die Produktpolitik?
21. Differenzeignung – wo ist dieses Unternehmen besser als die Konkurrenz?
22. Welche Probleme löst man beim Kunden, am Markt?
23. Was ist die entscheidende, tragende Unternehmensidee?
24. Firmenleitbild, Strategie?
25. Betriebsklima?
26. Welcher Führungsstil wird praktiziert?
27. Form und Dauer der Einarbeitung, wer ist der Mentor?
28. Einkommensregelung generell und detailliert?
29. Umzugsvergütung, Firmenwagen usw.?
30. Warum geht der jetzige Stelleninhaber? Wird die Position für mich neu geschaffen? usw.

Dieser Fragenkatalog ist selbstverständlich keineswegs vollständig; er kann beliebig erweitert werden. Und nicht alle hier aufgeführten Fragen kann man bei jedem Vorstellungsgespräch stellen. Letztlich muß jeder Bewerber aus der Gesprächssituation heraus entscheiden, welche Fragen wirklich wichtig und welche Antworten für seine Entscheidung, die neue Position anzunehmen oder abzulehnen, unerläßlich sind.

Fragen beantworten

Selbstverständlich hat man auch auf der Unternehmensseite ein Interesse daran, zu erfahren, wer der Bewerber ist, was er kann, ob er in das Unternehmen paßt. Diese vergleichsweise einfachen Fragen ziehen aber ein ganzes Fragenbündel nach sich. Letztlich geht es dabei um die Einstellungen zu bestimmten berufsbezogenen Dingen, um persönliche Zielsetzungen und natürlich um die ganze Persönlichkeit des Bewerbers.

Fragen nach dem Können, dem Gehalt, dem Eintrittstermin usw. lassen sich konkret beantworten. An die atmosphärischen Bedingungen eines erfolgreichen Engagements müssen sich beide Partner herantasten. Die Fragen, die hierzu gestellt werden, gehen manchmal in sehr persönliche Bereiche; man sollte sie trotzdem zulassen. Je besser jemand auch darauf vorbereitet ist, desto eher wird es ihm gelingen, einen souveränen Eindruck zu hinterlassen[35]. Gerade für die Besetzung von Führungspositionen ist dies eine unabdingbare Voraussetzung. Die im folgenden Katalog aufgelisteten Fragen werden regelmäßig gestellt. Wenn man sich diese Fragen bei der Vorbereitung selbst beantwortet, merkt man am besten, bei welchen man nicht sattelfest ist, welche verwirrend sind, worauf man am liebsten gar nicht antworten möchte usw. Wirklich wichtig ist dabei, daß man diese Situation nicht nur am Schreibtisch durchdenkt, sondern mit einem Partner oder Freund simuliert, die Antworten tatsächlich formuliert; es ist etwas völlig anderes, sich eine Antwort auszudenken, als eine Antwort tatsächlich zu geben.

Fragen an den Bewerber

1. Was wissen Sie über unser Unternehmen?
2. Erzählen Sie etwas über sich selbst!
3. Warum möchten Sie für uns arbeiten?
4. Was können Sie für unser Unternehmen tun, das andere nicht so gut können?
5. Was erscheint Ihnen an der angebotenen Aufgabe attraktiv, was weniger?

→

6. Warum sollten wir Sie einstellen?
7. Worauf legen Sie im Beruf wert?
8. Wie lange würden Sie brauchen, bis Sie die Aufgabe im Griff haben?
9. Wie lange wollen Sie bei uns bleiben?
10. Sind Sie nicht etwas überqualifiziert für die Aufgabe?
11. Welchen Führungsstil bevorzugen Sie?
12. Sind Sie ein guter Manager? (Beispiele/Erfolge)
13. Wie selektieren Sie einen Bewerber, welche Maßstäbe legen Sie an?
14. Haben Sie schon Mitarbeiter entlassen müssen? Wie haben Sie dies abgewickelt?
15. Was ist Ihres Erachtens die schwierigste Aufgabe eines Managers?
16. Welche Tendenzen könnten für unser Unternehmen künftig maßgebend sein?
17. Warum wollen Sie die bisherige Position aufgeben?
18. Sind Sie sich der Risiken eines Wechsels bewußt?
19. Was beurteilen Sie an der letzten Position als positiv, was als negativ?
20. Wie denken Sie über Ihren letzten Chef?
21. Was sind Ihre Gehaltsvorstellungen?
22. Warum verdienen Sie nicht mehr in Ihrem Alter?
23. Was haben Sie persönlich für Ziele, mittel- und langfristig?
24. Wie erfolgreich waren Sie bisher – nach eigenen Maßstäben?
25. Wo hatten Sie außerhalb des Berufs durchschlagende Erfolge?

So vorbereitet, kann ein Bewerbungsgespräch nur von Erfolg begleitet sein. Jetzt kommt es noch darauf an, daß man sein Verhalten im Gespräch selbst steuert.

Ein Gespräch entwickeln

Vorstellungsgespräche sind für jeden Bewerber sozusagen Verkaufsgespräche, in denen er seine Leistungen anbietet. Man sollte dieses Vorstellungsgespräch deshalb auch wie ein Verkaufsgespräch führen, in dem zwei mögliche Partner sorgfältig prüfen, ob Leistungsangebot und Leistungsnachfrage deckungsgleich sind. Bewerber sollten sich daher auch nicht in eine passive Rolle manövrieren lassen; sie haben schließlich etwas anzubieten. Gerade Aktivbewerber befinden sich in einer sehr guten Situation, da sie nicht mit vielen anderen Bewerbern um eine Stelle konkurrieren müssen.

Ziel des ersten Vorstellungsgesprächs sollte es ein, beim Unternehmen einen hervorragenden Eindruck zu hinterlassen, damit möglichst schnell ein zweites Gespräch zustande kommt. Dies erreicht man dadurch, daß man dem Unternehmen seine Stärken präsentiert und eine sachlich kompetente sowie persönlich gefestigte und integere Position bezieht. Opportunismus und Liebedienerei sind Eigenschaften, die innerhalb einer aktiven Karrierestrategie keinen Platz haben.

Ein Bewerber sollte in einem Gespräch nicht wie ein Wasserfall sprudeln und alles mögliche erzählen wollen. Er muß versuchen, die Probleme des Gesprächspartners zu erfassen und überzeugend darlegen, weshalb er sie lösen kann. Dabei sollte er seinem Gegenüber aufmerksam zuhören. So findet man oft heraus, welche Probleme wirklich vorhanden sind und wie man sich ihre Lösung vorstellt. Man erhält also bereits in der Frage eine Antwortalternative. Gibt man diese in eigenen Worten wieder, so hat das den Effekt, daß sich der Vertreter des Unternehmens in seiner Meinung bestätigt fühlt und dem Bewerber hohe Kompetenz zuweist. Dies ist meist schon der Schlüssel zum zweiten Gespräch, in dem es fachlich „zur Sache" geht.

Im ersten Gepräch „klopft man ab", ob man grundsätzlich zusammenpassen könnte. Meist läuft das erste Vorstellungsgespräch nach folgendem Schema ab:

1. Phase: Auflockerung
Fragen zur Anreise, zum Wetter; Anbieten von Kaffee oder Tee; Abbau von Hemmungen und Ängsten; erste Vorstellung des Unternehmens, seiner Marktstellung, Größe ...

2. Phase: Prüfen der Adaptionsfähigkeit
Paßt der Bewerber zum Unternehmen, zum Team, zur Aufgabe; Fragen zur Person, sozialen Herkunft, Freizeitgestaltung ...

3. Phase: Erkundung des Eignungsprofils
Fragen nach der beruflichen Entwicklung, nach beruflichen Zielsetzungen, nach der Lernbereitschaft ...

4. Phase: Information des Bewerbers
Welche Fähigkeiten erfordert die Aufgabe, wie ist die Stelle im organisatorischen Gefüge positioniert, welche Entwicklungsmöglichkeiten bietet die Stelle ...

5. Phase: Vertragliche Basis klären
Grundlagen eines möglichen Arbeitsvertrages klären (keine Details), liegt Wettbewerbsklausel vor, sind Nebentätigkeiten gestattet, ist Mobilität gegeben ...

6. Phase: Weiteres Prozedere
Klärung der weiteren Schritte, wer ruft wen wann an ...

Meist dauert ein solches Gespräch eine Stunde, gelegentlich auch länger, jedoch nie kürzer (es sei denn, man ist sich sofort einig, daß man nicht zueinander paßt). Man beantwortet die gestellten Fragen sachlich, auch wenn es sich um Fragen z. B. nach dem Verhältnis zum augenblicklichen Vorgesetzten handelt, dessentwegen man sich um eine neue Stelle bewirbt. Auch auf Fragen nach den Gründen früherer Positionswechsel gibt es positive Antworten. Man muß dabei nicht schönfärben, aber es lassen sich den meisten Situationen positive Seiten abgewinnen.

Es schadet nichts, wenn man sich bei einem Vorstellungsgespräch Notizen macht; man sollte allerdings vorab fragen, ob etwas dagegen spricht. Auch die eigene Fragenliste sollte man nicht vergessen. Man kann sie getrost auf den Tisch legen. Offenheit ist ein positives Zeichen und wird von Führungskräften erwartet. Professionelle Personalfachleute bemerken durch gezielte Fragen übrigens recht schnell, wenn man als Bewerber nur die halbe Wahrheit sagt.

Im ersten Vorstellungsgespräch wird nichts weiter vereinbart als das weitere Prozedere. Fragen nach dem Gehalt kommen häufig erst im zweiten Gespräch zur Verhandlung. Selbst sollte man nie zuerst danach fragen. Man verbessert seine Verhandlungsposition damit, daß man nach den zu übernehmenden Aufgaben fragt und nicht nach dem Gehalt.

Nach (oder in) diesem ersten Gespräch fertigt man ein Gesprächsprotokoll an, in dem man den Gesprächsablauf, aber auch persönliche Eindrücke, festhält.

Wenige Tage nach dem Gespräch sollte man dem Gesprächspartner kurz schreiben und sich für das Gespräch bedanken. Es ist nun genügend Zeit verstrichen, um den Ablauf des Vorstellungsgesprächs noch einmal zu rekapitulieren und zu bewerten. Ist man der Meinung, daß man in diesem Unternehmen nicht am richtigen Platze ist, sollte man absagen, und zwar so rechtzeitig, daß keine zusätzlichen Kosten entstehen. Dies verlangt sowohl die Fairness als auch die Tatsache, daß man vielleicht später wieder einmal ins Gespräch kommen möchte. Ansonsten sollte man den vereinbarten Termin für ein zweites Gespräch noch einmal bestätigen.

Das Fachgespräch

Es wurde bereits angedeutet, daß im zweiten Gespräch sehr viel mehr Fachliches besprochen wird. Darauf kann man sich vorbereiten. Man hat im ersten Gespräch genügend Informationen zur Aufgabenstellung erhalten, so daß man daraus – mit Hilfe des Gesprächsprotokolls – ein Leistungsprofil entwickeln und bewerten kann. Daraus lassen sich dann wiederum die Probleme besser erkennen, die sich dem Unternehmen stellen und die man lösen muß.

Für Albert Lehmann, einen Verkaufsingenieur im Bereich der Elektronik/High-Tech-Branche beispielsweise, der den französischen Markt erschließen soll, ergab sich das nebenstehend dargestellte Leistungsprofil (vgl. Seite 201).

Aufbauend auf diesem Leistungsprofil entwickelte Lehmann ein Arbeitskonzept, das ihm die optimale Vorbereitung auf sein zweites Vorstellungsgespräch garantierte. Die Aufgabe war ihm klar geworden; jetzt ging es um die Verknüpfung seiner Fähigkei-

Welche Fähigkeiten, Kenntnisse und Mittel sind für die Aufgabe erforderlich?	In welchem Maße sind sie, gemessen am Durchschnitt, bei mir vorhanden?				
	+2	+1	0	−1	−2
Marketingstrategie		×			
Markterschließung Produkt A		×			
Technische Problemlösungsfähigkeit	×				
Vertriebsleitung/Ausbau		×			
Internationale Kommunikation F/D		×			
Sprache/Kultur F/D		×			
Verkaufserfahrung D/F			×		
Teammotivation, stetige Entwicklung		×			

+2 = sehr gut, +1 = gut, 0 = durchschnittlich, −1 = mäßig, −2 = schlecht

ten mit der Aufgabenlösung. Dies bewältigte er, indem er sich Schritt für Schritt näher an die Zielgruppe herandachte und ein Konzept zur Kunden- und Markterschließung entwickelte. Dieses

Konzept kann in den Einzelfragen durchaus Fehler enthalten. Durch die intensive Beschäftigung mit der neuen Position hatte Lehmann jedoch – für seine Gesprächspartner sichtbar – konkrete Ideen in einer Phase entwickelt, in der andere noch um das Gehalt feilschen. Er mußte nicht feilschen, sondern konnte eine Gehaltssteigerung um 30 Prozent durchsetzen. Sein Arbeitskonzept, dem gemäß er den französischen Markt erschließen wollte, ist in Abbildung 19 dargestellt.

Ein solches Arbeitskonzept läßt sich für jede neue Position entwickeln. Dieser Mühe sollte man sich unterziehen, weil man dann in der Lage ist, seinem Verhandlungspartner einen konkreten Nutzen zu bieten. Zudem stellt man sich geistig verstärkt auf die neue Aufgabe ein und kann sich im Gespräch besser profilieren.

Im zweiten oder dritten Vorstellungsgespräch, dem Fachgespräch, geht es um die Konditionen des möglichen Kontrakts. Bei dieser Verhandlung sollte man nicht nur an die monatlichen oder jährlichen Bezüge denken. Ein Anstellungs- und noch mehr ein Direktionsvertrag enthält viele wesentliche Einzelbestandteile[36]. Die wichtigsten davon sind:

- Tätigkeit, hierarchische Stellung und Aufgabengebiet;
- Eintrittstermin;
- Probezeit, Kündigungsfristen;
- Bezüge;
- Nebenleistungen (Umzugskosten, Dienstfahrzeug, Prämien, Boni, Tantiemen usw.);
- Nebentätigkeiten;
- Wettbewerbsvereinbarungen;
- Urlaub;
- Sondervereinbarungen (z. B. bei Auslandseinsatz; Hinweise zu Auslandsverträgen können Sie beim Verfasser anfordern).

Jeder dieser Punkte ist Gegenstand der Verhandlung. Meist macht der neue Arbeitgeber – nachdem der Rahmen des Jahresgrundgehaltes geklärt ist – von sich aus Vorschläge zu den anderen Punkten des Arbeitsvertrages.

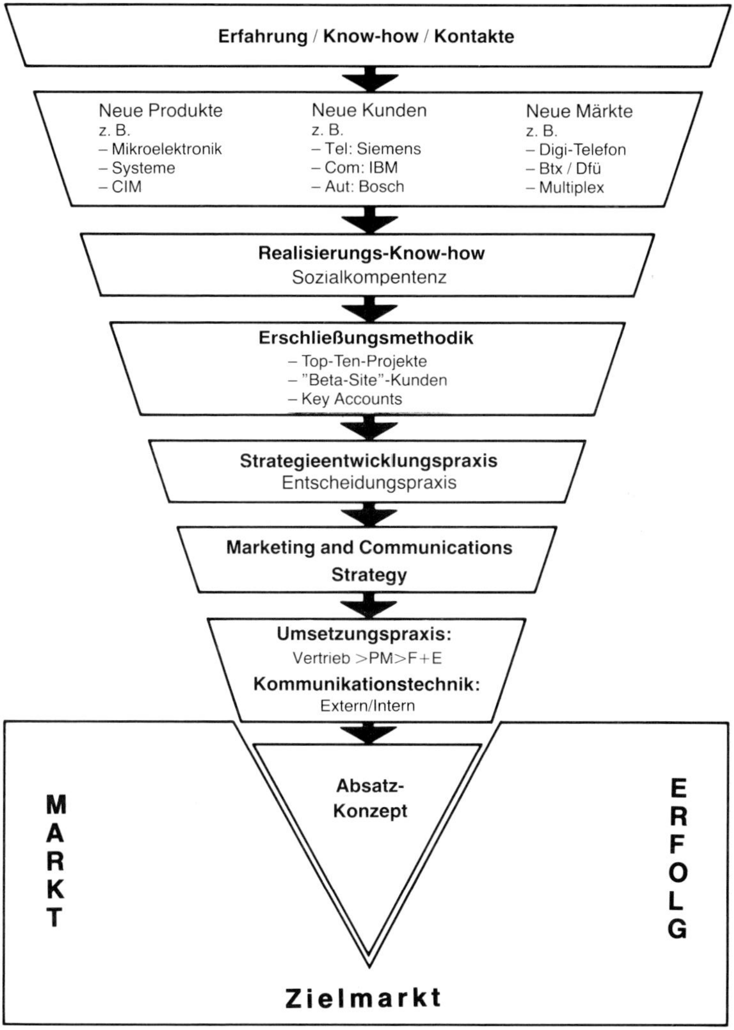

Abb. 19: Arbeitskonzept zur Kunden- und Markterschließung High-Tech

Mit diesem Arbeitskonzept überzeugt man seine Verhandlungspartner in jedem Bewerbungsgespräch.

In dieser Phase der Verhandlungen konkurrieren um eine ausgeschriebene Stelle lediglich noch zwei oder drei Kandidaten. Bei einer Aktivbewerbung hat man ohnehin keine direkte Konkurrenz. Für das Unternehmen beginnt jetzt die letzte Phase der Entscheidung für oder gegen den Kandidaten; die Verhandlungsergebnisse müssen von der Unternehmensleitung genehmigt werden; dann entwirft man einen Vertrag. Zwischen dem zweiten Gespräch und der Ankunft eines Vertragsentwurfs sollte nicht mehr als eine Woche verstreichen, falls nichts anderes vereinbart ist.

Der Bewerber muß den Vertragsentwurf sorgfältig prüfen, und zwar bis in die Details der Formulierung. Gibt es hier Fragen oder gewisse Unsicherheiten, sollte er einen Fachanwalt für Arbeitsrecht, einen Fachmann der ULA-Verbände (Union der Leitenden Angestellten) oder einen Karriere- oder Personalberater konsultieren.

Hier ein Beispiel für mögliche Mißverständnisse:

„... *Die Ihnen übertragenen Aufgaben werden Sie gewissenhaft und nach besten Kräften erfüllen und dabei nach den Weisungen der Geschäftsleitung und der von ihr bestellten Vorgesetzten/Beauftragten handeln.*“

Der Bewerber sollte – wie besprochen – direkt der Geschäftsleitung unterstellt werden. Nach dem letzten Teil des Satzes besteht aber die Möglichkeit, daß irgendwann zwischen dem Bewerber und der Geschäftsleitung eine weitere hierarchische Ebene eingerichtet wird, was für ihn dann ein Abstieg bedeuten würde. So sollte der Bewerber vor Unterzeichnung darauf drängen, daß die Worte „und der von ihr bestellten Vorgesetzten/Beauftragten“ gestrichen werden. Ist der Vertragsentwurf unterschriftsreif, das Angebot sorgfältig geprüft, das fachliche und atmosphärische Profil der Aufgabenstellung mit dem Eignungs- und Neigungsprofil vereinbar, steht einer Unterzeichnung des Anstellungsvertrages nichts mehr im Wege. Eventuelle kleinere Unstimmigkeiten können telefonisch geklärt und handschriftlich (mit Datum und Handzeichen) korrigiert werden. Nach der Unterzeichnung sollten Sie eine Flasche Champagner öffnen!

Tests

Viele Unternehmen führen im Rahmen von Bewerbungsverfahren eine Reihe von Tests durch, um einen noch umfassenderen Eindruck von den Bewerbern zu erhalten. Dabei reichen die Möglichkeiten von einer ganzen Testreihe innerhalb eines zweitägigen Assessment Centers bis zu dilettantischen Intelligenztests. Jeder Art von Testverfahren muß der Bewerber zuerst zustimmen. Seine Zustimmung sollte man nur dann geben, wenn man sicher sein kann, daß erfahrene Profis (z. B. Psychologen) den Test auswerten. Hat man den Eindruck, daß Laien- oder Hobbypsychologen zugange sind, sollte man den Test ablehnen. Man muß allerdings davon ausgehen, daß man dann als Bewerber nicht mehr in Frage kommt.

Auf eine ganze Reihe bekannter Tests kann man sich jedoch hervorragend vorbereiten. Erfahrene Testpsychologen wird man damit zwar nicht aus der Ruhe bringen, hier kann man aber ohnehin auf eine sachgerechte Durchführung vertrauen.

Nicht selten bittet man den Bewerber um eine Handschriftprobe. Das bedeutet, daß eine graphologische Analyse durchgeführt wird. Für eine Handschriftprobe genügt es, 20 Zeilen aus der Tageszeitung mit einem Füllhalter abzuschreiben. Man datiert und unterschreibt die Handschriftprobe und macht sie durch einen Stempel oder die Angabe des vollständigen Namens unverwechselbar.

Grundsätzlich sollte man psychologischen oder graphologischen Tests positiv gegenüberstehen. Aus der Wahl und der Durchführungsweise solcher Ausleseverfahren kann man Rückschlüsse auf den „Geist“ des Unternehmens ziehen. Wer z. B. ein zweitägiges „knallhartes“ Assessment Center durchführt, zeigt damit gleichzeitig an, welches Klima im Unternehmen herrscht. Dies ist für Bewerber eine Information, die es zu bewerten gilt. Ebenso sollte man es als Zusatzinformation werten, wenn ein Unternehmen völlig unprofessionell mit psychologischen Tests umgeht; es stellt sich dann die Frage, wie professionell man in dieser Firma sonst die Geschäfte betreibt.

Bei der Auswahl von Führungskräften wird häufig auch die familiäre Situation des Bewerbers berücksichtigt. So ist es gar nicht selten, daß man den Bewerber zum dritten Gespräch mit der Ehefrau einlädt. Da Führungskräfte meist keinen Achtstundentag haben, wird die Bereitschaft der Ehefrau getestet, die Entscheidung ihres Mannes und die sich daraus ergebenden Änderungen für das Familienleben mitzutragen. Es ist auch deshalb gerechtfertigt, die Familie in eine solche Entscheidung mit einzubeziehen, weil sie davon betroffen ist, ohne selbst eingreifen zu können. Hat die Führungskraft nicht die notwendige familiäre Unterstützung, wird sie über kurz oder lang im privaten Umfeld in Konflikte gestürzt, die der Einsatzbereitschaft abträglich sind.

Man sollte sich jedenfalls bemühen, das Positive aus allen diesen Tests und Begutachtungen zu erkennen. Vielleicht erfährt man mehr über sich selbst, und dies allein reicht manchmal als Ergebnis schon aus.

Der erste Tag

Es kostet viel Geld und Mühe, den richtigen Mitarbeiter zu finden. Dafür, daß der Neue den Erwartungen auch entsprechen kann, ist der erste Tag und die entsprechende Unterstützung entscheidend – an diesem Tag entscheidet sich so manche Karriere – im positiven wie im negativen Sinn. Für die Mitarbeitereinführung die nötige Zeit und Sorgfalt aufzuwenden fällt um so leichter, wenn man bedenkt, daß es bei einer Maschine ja auch nicht mit dem Kauf getan ist. Man muß sie installieren, die Bedienung instruieren und auch organisatorisch einiges vorbereiten[37], damit sie so läuft, daß sie den erwarteten Nutzen bringt. Für neue Mitarbeiter kann der Aufwand für die Einführung nicht minder hoch sein.

Ein angespanntes Betriebsklima, häufiger Personalwechsel, mangelhafte Mitarbeit, fehlendes Mitdenken, innere Kündigung – die unvermutete Ursache ist oft in einer schlechten Einführung zu suchen. Was hier versäumt wird, ist kaum wiedergutzumachen.

Eine Mitarbeitereinführung ist nur dann nicht nötig, wenn ein leitender Angestellter als Trouble-Shooter eingestellt wird: Hat er entsprechende Erfahrung, kann er sich selbst einführen. In der Regel ist jedoch die Gestaltung des ersten Arbeitstages sehr wichtig: Er prägt die ganze Einstellung der Führungskraft zum Unternehmen und zu ihrer Aufgabe, er fördert die Identifikation und die Motivation. Da Führungskräfte selbst auch Mitarbeiter einstellen, sollten sie wissen, was man bei einer Mitarbeitereinführung alles beachten muß[38]:

- im Terminkalender vormerken, daß der Chef bzw. der zuständige Vorgesetzte anwesend ist;
- Telefondienst und Empfang informieren, daß ein neuer Mitarbeiter erwartet wird, wer er ist und zu wem er geführt werden soll;
- den Arbeitsplatz mit allen erforderlichen Arbeitsmitteln vorbereiten und freundlich herrichten (Blumenstrauß);
- Informationen für die Führungskraft vorbereiten, falls noch nicht abgegeben: Geschäftsbericht, Broschüren über das Unternehmen, Produkt-/Dienstleistungsbeschreibungen, Imagebroschüre, Namensverzeichnis/Telefonverzeichnis der Geschäftsführung, der Kollegen auf gleicher Ebene und der direkten Mitarbeiter, Stellenbeschreibung mit klaren Vollmachten, eventuell Begrüßungsschreiben;
- einen Mentor bestimmen, der sich des neuen Mitarbeiters annimmt, der ihm alles erklärt und an den er sich mit Fragen wenden kann;
- das Arbeitsprogramm für die Dauer der Probezeit besprechen;
- die Vorstellung im Betrieb organisieren; in kleineren Firmen macht dies der Chef, z. B. indem er alle Mitarbeiter zusammenruft, ansonsten führt der Mentor den Neuen durch den Betrieb und macht ihn mit Kollegen bekannt;
- sich rechtzeitig informieren, wo und wie der Neuling untergebracht ist und wieweit man ihm dabei helfen kann (Personalabteilung);
- über Firmenstrategie, Geschäftsgrundsätze (Leitbild) und Gepflogenheiten des Hauses informieren;
- Termine für Zwischengespräche mit dem direkten Vorgesetzten festlegen;
- ein Gespräch vor Ablauf der Probezeit festlegen und ggf. den Schriftsatz für eine Vertragsverlängerung vorbereiten.

Mit der Einführung in die neue Position ist die Bewerbung sozusagen abgeschlossen. Jetzt beginnt der Berufsalltag, in dem man sich täglich von neuem in seiner Aufgabe profilieren muß (siehe hierzu das 5. Kapitel).

10. Kapitel

Besondere Karrierefälle

Eigentlich ist jeder ein Sonderfall, jeder bringt unterschiedliche Voraussetzungen mit, hat andere Startbedingungen, verschiedene Stärken, kaum zu vergleichende Ideen usw. Dennoch lassen sich für 90 Prozent aller Karrierefälle typische Merkmale und Muster feststellen. Die restlichen 10 Prozent weisen Besonderheiten auf, die in irgendeiner Weise ungewöhnlich sind: Sie sind aus dem typischen Karrierealter heraus, haben ihre beste Karrierezeit bei der Bundeswehr zugebracht, gehen das Risiko einer Auslandsbeschäftigung ein, schaffen sich ihren Arbeitsplatz selbst, ohne an eine Existenzgründung zu denken. Die jeweilige Methodik, die hinter diesen besonderen Fällen steht, ist es, die unser Interesse findet.

Die folgenden Fälle passen nicht in die normalen Karrieremuster. Sie sind Beispiele dafür, wie man seine Situation verbessern kann, obwohl sie zunächst aussichtslos scheint; wie man wieder Anschluß findet, obwohl man zunächst draußen stand; wie man durch außergewöhnliches Handeln eine Marktlücke schafft, wo zuvor niemand eine vermutete.

Fall Dr. Schuster – das Karrierefrühwarnsystem

Karl-Peter Schuster, 1930 in Berlin geboren, besuchte dort das Gymnasium und machte das Abitur. Nach dem Studium der Wirtschaftswissenschaften an der Freien Universität Berlin assistierte er sechs Jahre lang am Lehrstuhl für betriebliche Fertigungswirtschaft an der Technischen Universität Berlin. 1961 promovierte er zum Dr. rer. pol.

Anschließend war er zwei Jahre lang Assistent der Geschäftsleitung in einem Unternehmen, das elektronische Regler verkaufte, danach bei der Stahl AG Produktmanager für Kaffeemaschinen. In diesem Unternehmen bewährte er sich und wurde 1972 Leiter der Marketingplanung für den Gesamtbereich Haustechnik. Dann bat man ihn, die Aufgabe des Finanzkoordinators EWG im Rahmen des Geschäftsbereiches International zu übernehmen. Bei dieser Aufgabe hatte er ausreichende Gelegenheit, seine Sprachkenntnisse (Englisch, Französisch und Italienisch) zu perfektionieren.

1976 wurde er von der PAW-Gruppe abgeworben und leitete dort zunächst als Produktmanager einen Durchfahrbetrieb mit technisch anspruchsvollem Rohstoffprogramm für die Chemie- und Hygieneindustrie. Nach wenigen Jahren wurde er zum Alleinvorstand und nach Umwandlung des Unternehmens in eine GmbH zum Alleingeschäftsführer bestellt. Er hatte bei 350 Mitarbeitern einen Umsatz von 90 Millionen DM zu verantworten (in den letzten Jahren konnte er jeweils ein Umsatzplus von etwa 20 Prozent verbuchen).

1982 gab es bei der Muttergesellschaft PAW Probleme, die auch zu Spannungen mit Dr. Schuster führten. Obwohl er sein Unternehmen überdurchschnittlich gut führte, wollte man die Position einem anderen Geschäftsführer des Konzerns übergeben und kündigte ihm. Mit Hilfe einer Zielgruppen-Kurzbewerbung (ZKB) konnte er Ende 1982 reibungslos eine neue leitende Aufgabe finden. Wir waren allerdings mit der Auswahl des Unternehmens nicht ganz zufrieden, da er wiederum die Branche wechselte.

Die neue Firmengruppe machte etwa 500 Millionen DM Umsatz in der Baubranche. Dr. Schuster war mittlerweile 52 Jahre alt. Ihm wurde die Geschäftsführung eines von mehreren Werken einschließlich einer Direktvertriebsorganisation und der Betreuung eines ausländischen Tochterunternehmens übertragen. Man erwartete von ihm, das Werk (etwa 60 Millionen DM Umsatz) kurzfristig zu höherem Ertrag und in die schwarzen Zahlen zu führen. Er war sich bewußt, daß er sich in einer fremden Branche bewähren mußte (ihm kam seine Erfahrung als Werksleiter zugute). Außerdem wollte er sehr genau auf seine Position innerhalb der Firmengruppe achten, denn noch einmal wollte er nicht gekündigt werden.

Im Rahmen seiner aktiven Karrierestrategie stellten sich für Dr. Schuster also folgende drei Aufgaben:

1. Sanierung und Konsolidierung des Werks;
2. Aufbau eines Karrierefrühwarnsystems;
3. Bei den geringsten Anzeichen von Spannungen: Aufbau von Alternativkontakten unter höchster Geheimhaltungsstufe (dieser Punkt ist beim Positionswechsel von Topmanagern von größter Bedeutung).

Dr. Schuster analysierte zunächst das Unternehmen bezüglich seiner Stärken und Schwächen. Im Gegensatz zur Tätigkeit vieler Beratungsunternehmen, die in der Hauptsache nur eine Schwachstellenuntersuchung durchführen, konzentrierte sich Dr. Schuster auf die Stärken und insbesondere auf die wenigen Punkte, in denen Produktion und Dienstleistung des Werks sogar besser als wesentlichen Konkurrenten waren. Seine Strategie war, die Stärken des Unternehmens zu verstärken und erst in zweiter Linie Schwächen abzubauen. Der Erfolg gab ihm recht.

Nach einer Analyse und der Beseitigung direkt erkennbarer interner Engpässe galt es den „externen Engpaß" zu analysieren. Der externe Engpaß ist das zentrale Problem bei den wichtigsten Kunden. Wenn er mit seinem Unternehmen in der Lage sein würde, speziell die drängendsten Probleme der wichtigen Kunden kurzfristig zu lösen, könnte er auch kurzfristig einen deutlichen Umsatzzuwachs realisieren. Dies gelang ihm, indem er im Sinne der engpaßkonzentrierten Strategie (EKS)[39] die Aktivitäten des gesamten Unternehmens auf diese Lücke konzentrierte und alle anderen Aktivitäten einfror. Den Wettbewerbern war er damit um mehr als eine Nasenlänge voraus. Die erste Aufgabe war damit im wesentlichen gelöst.

Die Euphorie über diesen schnellen Erfolg und die Einbindung in den engeren Führungskreis der Firmengruppe ließen Dr. Schuster nun glauben, für den Rest seines Arbeitslebens fest im Sattel zu sitzen; schließlich war er nicht mehr der jüngste. Er zog mit seiner Familie in Firmennähe und baute ein schönes Haus.

Der Baubranche ging es jedoch immer schlechter. Die Geschäftsführer der anderen Werke innerhalb der Firmengruppe klagten über große Probleme. Auch wenn er selbst mit seinem Werk noch im Aufwind war, konnte er sich an fünf Fingern abzählen, daß die Flaute auch ihn erreichen würde. Dr. Schuster baute sein Frühwarnsystem auf.

An dieser Stelle ist eine Vorbemerkung nötig: Der Aufbau eines Frühwarnsystems oder sogar von Kontakten ist kein Ausdruck von Illoyalität gegenüber dem Arbeitgeber. Damit dieser Eindruck nicht aufkommt und dem Unternehmen kein Schaden entsteht, ist es allerdings unbedingt erforderlich, solche Aktivitäten unter strengster Geheimhaltung, gegebenenfalls unter Einschaltung eines Treuhänders, zu entwickeln. Ein offenes Visier schadet dabei allen Beteiligten.

Das Frühwarnsystem von Dr. Schuster war äußerst einfach und umfaßte lediglich sechs Mappen, worin er Meldungen, Notizen und Zeitungsausschnitte sammelte. Sie betrafen Fakten über die

Baubranche, die Gesamtwirtschaft, über Verbände, Behörden, Auskunfteien, Personalberater, Headhunter, Karriereberater, Unternehmensberatungen usw. – kurz: über alles, was unter dem Gesichtspunkt seiner Karriere wichtig war. Damit konnte er diese Informationen gleichzeitig als Chancenfrüherkennungssystem nutzen.

Folgender Grundgedanke bestimmte den Aufbau dieses Karrierefrühwarnsystems: Wenn in seiner Branche bedeutende Veränderungen anstanden, so waren davon unterschiedlich nahe liegende Segmente seiner Umwelt betroffen. Er entwarf also ein Modell der „Ringe abnehmender direkt karrierewirksamer Intensität". Die Basis dieses Modells war die Meinung, daß bestimmte Umweltsegmente „schwache Signale" aussenden würden, wenn Veränderungen ins Haus standen. Mit seinem Frühaufklärungssystem würde er diese schwachen Signale aufnehmen und so verstärken, daß er sie besser interpretieren könnte. Sein System sollte also folgendes leisten können:

- Veränderungen in der Umwelt bereits zum Zeitpunkt ihres Entstehens erfassen;
- ihre Ursachen und Zusammenhänge offenlegen;
- ihre Relevanz beurteilen;
- Entwicklungen in einen Bezug zu den Erwartungen setzen;
- signifikante Abweichungen melden.

Die Auswahl des relevanten Zielgruppenausschnittes bestimmte dann den Aufbau der Sammelmappen (siehe Abbildung 20). In den Sammelmappen heftete Dr. Schuster alle erreichbaren Informationen, Notizen, Protokolle, subjektiven Beurteilungen über Veränderungen usw. ab, die über die oder von der jeweilige(n) Zielgruppe zu erhalten waren. Regelmäßige Auswertungen ergaben zahlreiche Daten, die einen hervorragenden Überblick über und Detailinformationen aus der Branche garantierten. So systematisierte er sein Wissen nicht nur über die Entwicklungen und Veränderungen in seiner Firma, sondern auch über die Wettbewerber, die Kundenbedürfnisse, über relevante politische Tendenzen, über Technologien und ihre Weiterentwicklungen usw. und wurde dadurch für schwache Signale sensitiver.

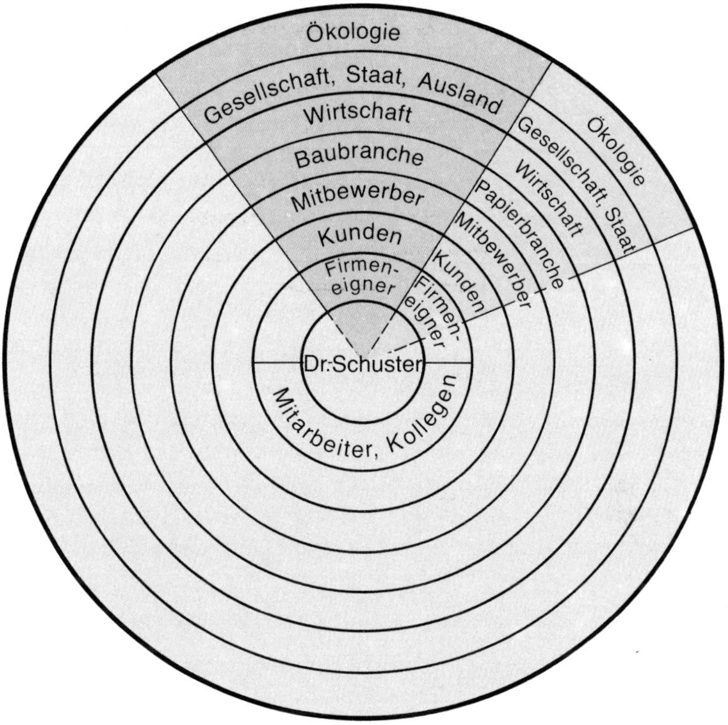

Abb. 20: Karrierefrühwarnsystem

Dieses Instrument liefert „schwache Signale" über wichtige Veränderungen bei der Zielgruppe früher und stärker und gibt mehr Zeit, sich darauf einzustellen.

Gleichzeitig baute Dr. Schuster innerhalb seines Frühwarnsystems eine Informationsmappe über die mögliche zukünftige Zielgruppe auf. Wenn es zum Bruch kommen sollte, dann wollte er aus der Baubranche aus- und wieder in die Bereiche einsteigen, in denen er bereits Managementerfahrung gesammelt hatte, nämlich die Papier-, Haushaltsgeräte- oder technische Gebrauchsgüterbranche. In seiner Informationssammlung konzentrierte er sich auf Firmen, die zwischen 60 und 150 Millionen DM Umsatz erwirtschaften; von diesen Firmen sammelte er die Namen der Geschäftsführer, der Vorstände, der Aufsichts- und Beiräte, der

Inhaber, Generalbevollmächtigten, der Personalleiter. Branchenspezialisten oder renommierte Personalberater vervollständigten seine Informationssammlung.

Die Anzeichen dafür, daß die Konjunkturflaute der Baubranche auch das Werk von Dr. Schuster erreichen würden, verdichteten sich. Aus der Tatsache, daß die Leitung der Firmengruppe bisher in jedem Fall von sinkenden Renditen den entsprechenden Werksleiter vor die Alternative gestellt hatte, entweder innerhalb eines bestimmten Zeitrahmens selbst zu kündigen oder gekündigt zu werden, leitete er die Gefährdung seiner Position ab. Folglich begann Dr. Schuster damit, sich unter höchster Geheimhaltung neue berufliche Kontakte aufzubauen.

Auf die Bedeutung höchster Geheimhaltung wurde bereits oben hingewiesen. Ein folgenschweres Beispiel hatte Dr. Schuster in diesem Zusammenhang vor Augen: Als ein ehemaliger Kollege eine neue Position suchte, sein Arbeitgeber jedoch schon vor der Kündigung von diesem Vorhaben erfuhr, gab es größte Probleme. Der Kollege, nennen wir ihn Rolf Meyer, war Marketingleiter in einem Unternehmen der Nahrungsmittelbranche. Meyer unterlag einer Wettbewerbsklausel. Er bewarb sich auf ein Stellenangebot bei einem Unternehmen in derselben Branche. Durch einen Juristen hatte er vorher prüfen lassen, inwieweit sein Wettbewerbsverbot zutreffen würde; da sowohl das Sortiment als auch die Kundenstruktur in dem anderen Unternehmen unterschiedlich waren, konnte er die Bewerbung weiterverfolgen. Er wußte genau, daß eine Kündigung beim jetzigen Unternehmen nicht nur das freundschaftliche Verhältnis zur Familie des Inhabers stark belasten würde, sondern daß die soeben neu entwickelte Marketingstrategie fast nur mit seiner Hilfe zu realisieren war. Er bewarb sich trotz guten Gehalts, weil er in diesem Unternehmen keinerlei Aufstiegsmöglichkeiten mehr hatte.

Meyer beabsichtigte, sehr frühzeitig vor einem Kündigungstermin den Unternehmer zu informieren, damit jener einen neuen Marketingleiter suchen könnte; er wollte ja fair bleiben.

Das andere Unternehmen sandte Meyer einen Arbeitsvertrag zu. Er mußte sich entscheiden. Da er sich nicht ganz sicher war, ob er das Risiko des Positionswechsels auf sich nehmen sollte, fragte er einige frühere Studienkollegen um Rat, wobei er sich in jedem Fall strengste Diskretion zusichern ließ. Dennoch kam das Gerücht, Rolf Meyer sei gekündigt und hätte schon eine neue Position, schnell über Mitarbeiter zum Personalchef und dann zu seinem Chef. Dieser war äußerst überrascht, konnte das Gerücht nicht glauben und rief Rolf Meyer an, der ihm über seine Aktivitäten und Beweggründe reinen Wein einschenkte. Meyer wurde zuerst fristlos, dann nach einer arbeitsgerichtlichen Auseinandersetzung fristgerecht gekündigt, das Wettbewerbsverbot hob man auf.

Dieser Fall war Dr. Schuster ein warnendes Beispiel. Er schaltete einen Karriereberater ein. Zudem beherzigte er folgende Tips:

- keine Bewerbungsunterlagen von der eigenen Sekretärin schreiben lassen, sondern z. B. von einem Schreibbüro in einem anderen Ort oder selbst tippen,
- Ratschläge bei Karriere- oder Bewerbungsproblemen nur von „sicheren“ Personen einholen bzw. von Karriere- oder Personalberatern,
- das Thema nicht am Stammtisch oder im Club anschneiden,
- auch dem Ehepartner klarmachen, daß er strengstes Stillschweigen bewahren muß,
- in Bewerbungsunterlagen niemals den jetzigen Arbeitgeber nennen,
- bei Zwischenzeugnissen, Beförderungsschreiben usw. den Firmennamen in den Kopien für die Bewerbungsmappe abdecken,
- Tarnung: bei eigenen Stellengesuchen in der Zeitung eventuell das Alter oder andere Daten verändert angeben, damit man nicht gleich auf die Person schließen kann,
- bei Kurzbewerbungen an mehrere Firmen als Versandadresse einen Treuhänder angeben.

Die relevanten Unternehmen seiner Zielgruppe arbeitete Dr. Schuster anhand seiner Sammelliste und entsprechender Nachschlagewerke heraus. Die Recherchen ergaben 236 Firmen, bei denen er sich gezielt bewerben könnte. Zusätzlich wurden einige ausländische Unternehmen seiner Zielgruppe zugeordnet. Von den ausgesuchten Unternehmen wurden nun die erfolgversprechendsten herausgefiltert. *Ergebnis:* Für eine aktive Bewerbung hatten wir 86 Adressen von Firmen, für die das Know-how von Dr. Schuster nützlich sein könnte.

Persönliche Kontakte zu Headhuntern und Personalberatern hatte Dr. Schuster noch aus der Vergangenheit, da er ja selbst Mitarbeiter auf diesem Weg gesucht hatte. Dr. Schuster schrieb jedoch nicht einfach irgendwelche Personalberater an, sondern bemühte sich, persönliche Kontakte zu führenden Personalberatern und ihm bekannten Topmanagern wieder aufleben zu lassen.

Dr. Schuster ging mit seinen Bewerbungsaktivitäten also gleichzeitig drei Wege:

1. Direktes Anschreiben der 86 Unternehmen mit einer Zielgruppen-Kurzbewerbung über unsere Treuhandadresse.
2. Direktes Anschreiben ihm persönlich bekannter Topmanager und Berater mit getarnten Bewerbungsunterlagen (siehe Muster 21).
3. Reagieren auf Stellenangebote in der Frankfurter Allgemeinen Zeitung und anderen Tageszeitungen mit getarnten Bewerbungsunterlagen über unsere Treuhandadresse.

Das Bewerberprofil (Muster 22) lag dem Kurzbewerbungsschreiben bei. Ergebnis: 56 Unternehmen antworteten insgesamt, davon zwölf mit der Bitte um offene Kontaktaufnahme durch den Bewerber. Bislang war also sein Name nicht bekanntgeworden. Herr Dr. Schuster prüfte nun, mit welchen der interessierten Firmen er wirklich offenen Kontakt aufnehmen wollte. Bei zwei Firmen beispielsweise erkannte Dr. Schuster auf den Briefbögen Bekannte, die auch seinen jetzigen Chef kennen. Diesen Unternehmen haben wir als Treuhänder mit der Erklärung abgesagt, der Bewerber habe mittlerweile schon eine neue Position gefunden. Bei den zehn anderen Unternehmen rief Dr. Schuster den jeweiligen Unterzeichner des Rücklaufbriefes an und bat um einen persönlichen Termin, zu dem er die Bewerbungsmappe mitbringen wolle. Weitere Kontakte konnte er über die Bewerbungsaktivitäten 2 und 3 aufbauen.

Dr. Schuster reservierte sich einige Tage Urlaub, um Vorstellungsgespräche führen zu können (letztere unter der Zusicherung strengster Verschwiegenheit). Vier von 16 Kontakten wurden

Personalberatung E. KEMPER GmbH
Herrn Ehrfried Kemper
- persönlich -
Moerser Straße 37

4150 Krefeld

16.2.1985

Sehr geehrter Herr Kemper,

unter Bezugnahme auf unsere positiven Kontakte in vergangener Zeit bitte ich Sie dieses Mal um Interesse in eigener Sache.

Zwischenzeitlich bin ich seit 3 Jahren Werks-Geschäftsführer einer bekannten mittelständischen Unternehmensgruppe und kann bereits deutliche Erfolge aufweisen. Mein Einstieg in eine neue Branche und Firmengruppe ist gemeistert, und mein Arbeitsverhältnis ist ungekündigt. Im Gegenteil - das von mir geführte Werk erhält jetzt neuerdings innerhalb der Unternehmensgruppe die besten Noten.

Trotzdem denke ich aufgrund bestimmter externer und interner Faktoren an eine Veränderung. Näheres hierzu in Kürze per Telefon oder hoffentlich bald persönlich. Zu Ihrer erneuten Orientierung und evtl. gezielten Weiterverwendung habe ich ein Bewerberprofil (etwas verfremdet) beigefügt.

In der Hoffnung auf Ihre positive Reaktion verbleibe ich

mit freundlichen Grüßen

Schuster

Dr. Schuster

Muster 21

interessant, und es standen Vertragsangebote ins Haus; unter anderem für eine Position als Vorsitzender der Geschäftsführung in einem größeren Unternehmen der Papierbranche. Dr. Schuster griff nach intensiver Prüfung der Voraussetzungen zu. Vorab ließ

Bewerberprofil	Geschäftsführer Industrie
Zur Person	Promovierter Dipl.-Kfm., 48 Jahre, verheiratet, 2 Kinder.
Berufsweg	Verkauf an der Front; Verkaufsleitung für technisch anspruchsvolle Produkte. In internationalem, marketingorientiertem Großunternehmen (Markenartikel) 5 Jahre: Produktmanagement (Aufbau eines neuen Produktprogramms bis zur Marktführerschaft), zentraler Marketingstab, Controlling von Auslandstöchtern. Nach Firmen- und Branchenwechsel 8 Jahre Produktbereichsleiter/Alleingeschäftsführer einer Konzerntochter: Gesamtverantwortung für einen kapitalintensiven Durchfahrbetrieb mit stark technisch geprägtem Spezialistenteam. Überführung des vorher unselbständigen Werkes zur selbständig operierenden Unternehmenseinheit mit eigener Entwicklung, eigenem Verkauf, Einkauf etc. Begründung eines neuen tragfähigen Produktprogramms von anwenderorientierten Grundstoff-Spezialitäten, insbesondere für die europäische Chemie. Umsatzentwicklung auf über 50 Mio. DM bei 300 Mitarbeitern. Realisierung eines technologischen Großprojekts Umweltschutz. Seit ca. 3 Jahren Geschäftsführer innerhalb einer Unternehmensgruppe im Bereich hochwertiger Gebrauchsgüter im Direktvertrieb mit größerer Außendienstorganisation sowie Export, 70 Mio. DM Umsatz, 350 Mitarbeiter. Deutliche Verbesserungen (Produktdifferenzierung, Verkaufsex- und -intensivierung etc.) sowie Stabilisierung bis hin zu schwarzen Zahlen für das geführte Hauptunternehmen sowie für die unterstellte Auslandstochter. Mein Produktvorschlag ist Hauptumsatzträger der Gesamtgruppe.
Problemlösungspotential	Summe an Erfahrungen in Unternehmensführung vom Markte her. Marketing-Erfolgsstrategie und Führungsqualifikation durch 1. Gesamtanalyse der Stärken und Schwächen gegenüber Anwender und Markt. 2. Konzeption des Marketingmix mit Engpaß- und Nischenbezug. Insbesondere zu Produkt/Technologie, Service, Verkauf, Organisation. 3. Engagierte Durchsetzung mit ergebnisorientiertem, kooperativem Management und Controlling. Motivierungs- und Integrationskraft.

Muster 22

er sich über diverse Stellen (Auskunfteien, Banken usw.) Auskünfte über das Unternehmen und die Eigner geben.

Mittlerweile war Dr. Schuster 56 Jahre alt geworden. Nachdem er sich vergewissert hatte, daß das neue Unternehmen seinem Eignungsprofil entsprach, und angesichts der Tatsache, daß er wieder in seiner früheren, ihm vertrauten Branche tätig sein konnte, kann Dr. Schuster heute davon ausgehen, daß er bis zum Ruhestand nicht mehr wechseln muß. Dennoch – sein Frühwarnsystem wird er weiterhin pflegen.

Fall Neumann – wie man sich bei seiner Zielgruppe aus dem Ausland profiliert

Ulrich Neumann hatte in Hamburg Maschinenbau studiert, ein Praktikum bei GHB gemacht und war bis 1976 Mitarbeiter am Institut für Raumfahrttechnik in München. Dann bewarb er sich bei OTA in Augsburg und wurde als Vertriebsingenieur eingestellt.

Während des Studiums hatte er als Fachschaftssprecher viel mit Ausländern zu tun, vor allem mit Arabern. Schon damals hatte er die Neigung, ins Ausland zu gehen.

In seiner Verkaufs- und Beratungstätigkeit bei OTA verhandelte er viel mit ausländischen Unternehmen in Deutschland. Er polierte seine Englischkenntnisse durch Übung und abendliche Kurse auf. 1980 bat man Neumann als Branch Manager der Muttergesellschaft nach Riad in Saudi-Arabien zu gehen. Die Familie sollte er mitnehmen. Er war gerade 32 Jahre alt, und er nahm das Angebot einschließlich einer Gehaltsverbesserung an. Seine Aufgaben waren die Akquisition und Vertragsabwicklung von Stromerzeugungsprojekten mit Auftragsvolumen von 10 bis 40 Millionen DM sowie die Beteiligung an internationalen Ausschreibungen für Meerwasserentsalzungsanlagen (Volumen 500 Millionen DM), die Akquisition von Pumpsystemen, Hafenanlagen usw.

Aufgrund seiner früheren Kontakte zu Arabern gelang es ihm schnell, gute Beziehungen zu Staats- und Industrievertretern Saudi-Arabiens aufzubauen. Neumann konnte seinem Konzern dadurch auch die Klassifikation als auftragsausführendes Unternehmen verschaffen (die Klassifikation der Unternehmen, die in

Saudi-Arabien an staatlichen Projekten teilnehmen wollen, ist aufgrund eines königlichen Erlasses von 1983 unerläßlich).

Neumann lernte Arabisch, was andere deutsche Manager gar nicht erst versuchten. Dadurch erwuchsen ihm Vorteile bei Verhandlungen. Die arabischen Führungskräfte und Scheichs gehen nämlich normalerweise davon aus, daß ein ausländischer Manager nur Englisch beherrscht und sprechen dann Arabisch, wenn sie Absprachen treffen, die der Verhandlungspartner nicht verstehen soll. Bei Neumann verfing diese Taktik nun nicht mehr.

Er konzentrierte sich immer stärker darauf, das Image seines Konzerns bei den entscheidenden Leuten und Behörden in Saudi-Arabien zu verbessern, da er langfristige Geschäfte aufbauen wollte. Die Konkurrenz im Lande wurde immer härter, vor allem aus Korea, Taiwan und der Türkei. Die Zeit der großen und schnellen Geschäfte war vorbei. Dennoch wollte seine Mutterfirma zu jedem Jahresschluß entsprechende Erfolgsmeldungen aus Saudi-Arabien hören. Neumann hatte einige Großprojekte vorbereitet, die jedoch kurzfristig nicht zum Abschluß kamen. Man braucht dort eben viel Zeit für Verhandlungen. Daher konnte er die Augsburger Zielvorgaben nicht voll erfüllen. Natürlich hatte Neumann regelmäßig über die Fortschritte seiner Akquisitionsbemühungen nach Deutschland berichtet, dennoch war seinen Vorgesetzten ein kleinerer, aber vertragsreifer Auftrag lieber als die großen Millionenaufträge, die Neumann erst kommen sah.

1983 hatten viele deutsche Anlagenbauer einen Umsatzeinbruch von 50 Prozent im arabischen Raum zu verzeichnen. „Neumann lohnt sich nicht mehr", meinte man dann im Konzern, statt längerfristig zu denken. 1984 legte man ihm nahe, selbst zu kündigen.

Neumann konnte sich fair von OTA trennen. Er hatte in Riad ein Haus, die beiden Kinder gingen in die deutsche Schule. Er dachte sogar daran, sich für längere Zeit in Saudi-Arabien niederzulassen. Sein Problem war allerdings, daß er nicht in Deutschland präsent war und so nur schwierig Bewerberkontakte zur Zielgruppe aufnehmen konnte. Er löste dieses Problem, indem er einen Treuhänder einschaltete, der alle Telefonate und den gesamten Schriftwechsel einschließlich des Telexverkehrs für ihn abwikkelte – eine Lösung, die übrigens auch einfacher und kostengünstiger war.

Der Treuhänder informiert seinen Mandanten über jede Kontaktaufnahme. Er koordiniert die Bewerbungstermine so, daß der Mandant bei seinem „Heimaturlaub“ in kurzer Zeit alle Gespräche führen kann. Dies geschah auch bei Neumann, als er 1984 nach neuen Berufschancen Ausschau hielt. Zudem empfahlen wir ihm, seine Saudi-Arabien-Erfahrungen schriftlich niederzulegen und einen Fachartikel zu schreiben, um bei Maschinen- und Anlagenbauern als Arabienfachmann bekanntzuwerden. Das Schreiben machte ihm zunächst viel Mühe. Schließlich hatte er jedoch einen interessanten Fachartikel zum Thema „Geschäfte in Saudi-Arabien – für deutsche Unternehmen noch lohnend?“ zu Papier gebracht, den wir unter seiner arabischen Adresse an alle in Frage kommenden Zeitschriften und für ihn interessanten Unternehmen sandten. Ergebnis: Das Manuskript wurde von einer Fachzeitschrift angenommen und veröffentlicht. Zudem wurde es offenbar in den angeschriebenen Firmen und den Industrie- und Handelskammern mehrfach kopiert und verbreitet, so daß sich bei Neumann bald jede Woche ihm unbekannte Personen meldeten, die ihn nach Tips für gute Geschäfte fragten. Er war durch seine Veröffentlichung in der Branche schnell positiv bekannt geworden.

Der reibungslose Übergang in eine neue Stellung bei einem anderen deutschen Maschinenbauunternehmen kam durch eine Zielgruppen-Kurzbewerbung zustande. Neumann bot sich an, den saudi-arabischen Raum für andere Firmen zu erschließen. Seine Stärke waren seine guten Kontakte, die er auch anderen Firmen nutzbringend zur Verfügung stellen konnte. Der Fachartikel sorgte dafür, daß ihm dies auch jeder zutraute.

Mittlerweile konnte er für sein neues Unternehmen Umsatzsteigerungen in Saudi-Arabien verbuchen. Heute wird er von deutschen und arabischen Unternehmen gleichermaßen geschätzt und bekommt früher als andere die richtigen Informationen. Dies nützt seinem Unternehmen und stärkt seine eigene Position im

Lande. Inzwischen wird er sogar von anderen Unternehmen und von drei international tätigen Großbanken umworben. Aufgrund der Flexibilität seines deutschen Unternehmens sieht er jedoch keinen Grund zum Wechsel.

Neumann hat im Ausland aus folgenden Gründen Erfolg:

- weil er sich nicht nur in seinem Unternehmen profiliert hat; er hat sein Akquisitionswissen in einem Fachartikel untergebracht und wurde somit Anlaufstelle für viele Kontakte, die er sonst nicht bekommen hätte;
- weil er sich mit der Zielgruppe und dem Land identifizieren kann;
- weil ihm die Profilierung – ergänzend zur Zielgruppen-Kurzbewerbung – geholfen hat, eine neue, adäquate Position zu bekommen;
- weil er sich in seinem Fachartikel nicht zu Lasten seines bisherigen Unternehmens profilierte; er veröffentlichte keine Firmengeheimnisse, sondern nur „Geheimnisse des Wüstenlandes";
- weil er ständig Kontakt zu Informationslieferanten und -abnehmern in Deutschland und in Saudi-Arabien hält und somit zum Informationsmakler (Machtposition) geworden ist;
- weil er durch Kenntnis der Landessprache und Sitten schnell arabische Freunde und Kontakte zu Scheichs gewinnen konnte.

Neumann wird von seinem deutschen Unternehmen immer unabhängiger, da er neue Geschäfte frühzeitig „riecht" und jederzeit Aufträge an andere deutsche Unternehmen vermitteln kann.

Daher sollte man sich in einem vergleichbaren Fall nicht nur im Ausland profilieren, sondern grundsätzlich auch seinen (positiven) Bekanntheitsgrad in der Branche erhöhen. Dies kann beispielsweise dadurch geschehen, daß man Vorträge auf Messen und bei Vereinigungen hält, Fachartikel veröffentlicht, Seminare besucht und hält usw. So schafft man sich – obwohl im Inland nicht präsent – aus dem Ausland ein Profil und gleichzeitig ein Forum, um sich positiv in Szene zu setzen.

Zeitoffizier – und was dann?

Jährlich werden rund 900 Zeitoffiziere aus der Bundeswehr entlassen, die sich normalerweise bereits bei Beginn ihrer Wehrdienstzeit auf die Dauer von zwölf Jahren der Bundeswehr verpflichtet haben. Zum Zeitpunkt ihrer Entlassung sind sie daher ungefähr 30 oder 31 Jahre alt und damit einige Jahre älter als Absolventen, die direkt von den Universitäten kommen. Sie verlassen die Bundeswehr mit dem Dienstgrad des Hauptmannes und einigen Erwartungen, die sich für viele bereits bei der Suche nach einer geeigneten Position nicht erfüllen. Immer mehr Zeitoffiziere haben große Schwierigkeiten, einen geeigneten Arbeitsplatz zu finden.

Offizier auf Zeit kann für manchen Abiturienten ein attraktiver Beruf sein. Neben der Truppenpraxis gibt es die Möglichkeit, an einer der Bundeswehrhochschulen (München oder Hamburg) Ingenieurwissenschaften, Pädagogik oder Wirtschafts- und Organisationswissenschaften zu studieren – und das bei voller Besoldung (etwa 3200 DM pro Monat).

Nach ihrer Dienstzeit verlassen diese Offiziere die Bundeswehr – und was dann? Allen, die auf Zeit bei der Bundeswehr sind, steht in Fragen des zivilen Berufseinstiegs jederzeit der Berufsförderungsdienst zur Seite. Er hilft schon während der Dienstzeit, Verbindung zur zivilen Wirtschaft aufzubauen und zu halten. Er informiert über die Berufsförderung in der Bundeswehr und hilft bei der Realisierung einer Fachausbildung nach der Wehrdienstzeit. Auch kann man sich als Zeitsoldat jederzeit an die Bundesanstalt für Arbeit wenden, die mit den Berufsförderungsdiensten zusammenarbeitet. Die Berufsförderungsdienste bieten umfangreiche Hilfen materieller und immaterieller Art an; sie kooperieren mit externen Seminarveranstaltern, die Bewerbungsseminare durchführen, mit Handwerkskammern, Industrie- und Handelskammern usw.

Die Angebote der Seminarveranstalter sollte man allerdings genau prüfen, denn häufig werden Bewerbungsseminare durchgeführt, die inhaltlich wesentlich weniger gut sind als zahlreiche

Bewerbungsratgeber. Zum Teil sehr unerfahrene Veranstalter haben nur deshalb ihr Angebot um Bewerbungsseminare erweitert, weil die Berufsförderungsdienste der Bundeswehr diese sehr gut bezahlen.

Jeder Offizier auf Zeit mit Hochschulabschluß hat im Rahmen seiner zwölf Dienstjahre einen Anspruch auf 24 Monate Fachausbildung. Diese Zeit muß er unbedingt nutzen, um sich auf einen zivilen Berufseinstieg gründlich vorzubereiten. Zur Vorbereitung gehört auch, daß man nicht bis zum Dienstzeitende wartet, um erste Kontakte zu knüpfen. Die Erfahrung zeigt, daß es von der Kontaktsuche bis zur Vertragsunterzeichnung oft ein Jahr und länger dauern kann.

Dies wird leider nicht allzu häufig beherzigt. Viele Zeitoffiziere haben während ihrer Dienstzeit ein Anspruchsdenken entwickelt, das sie glauben läßt, die private Wirtschaft warte nur auf sie. Dem ist nicht so! Daher sollte sich jeder frühzeitig um seine zivile Zukunft kümmern. Wer es schafft, sich positiv zu profilieren, dem stehen zahlreiche Chancen offen. Denn Zeitoffiziere haben etwas zu bieten, was andere nicht haben: Praxis. Welche Stärken und Vorteile sich gegenüber anderen daraus ableiten lassen, muß man allerdings erst herausarbeiten.

Eine ganz anderes Problem ist, daß sich viele Zeitoffiziere unter Wert verkaufen: „Hauptsache erst mal einen Job, der Rest wird sich finden!" Diese Einstellung ist oft der Anfang vom Ende einer befriedigenden beruflichen Entwicklung. Bereits nach kurzer Zeit ist man mit der Aufgabe oder dem Gehalt nicht mehr zufrieden und wechselt, meist mit der gleichen Ziellosigkeit, zum nächsten „Job". Auch hier wird es nach kurzer Zeit nicht viel anders aussehen als beim letztenmal. Nach wenigen Jahren hat man dann in seinem Lebenslauf so viele Arbeitgeber beisammen wie andere ein ganzes Arbeitsleben nicht. Viele dieser „Karrieren" sind natürlich eine direkte Folge der nahezu grenzenlosen Sicherheit, die die Bundeswehr zwölf Jahre lang garantiert hat und die der ehemalige Offizier nun auch von der freien Wirtschaft erwartet. Hier gilt es, seine Einstellungen und Erwartungen zu ändern und konsequent herauszuarbeiten, welches Berufsziel man anstrebt und welche Stärken man mitbringt.

Viele Zeitoffiziere wissen nicht, wie sie ihre eigene Marktlücke finden sollen. Es sei gestattet, auf das 3. Kapitel zu verweisen, denn dort ist die Methode beschrieben, wie man sein Berufsziel findet und mit der Zielgruppe Kontakt aufnimmt. Dies braucht hier nicht wiederholt zu werden.

Wichtig ist für Zeitoffiziere aber folgendes: Jede Führungskraft bei der Bundeswehr hat im Rahmen ihres Dienstes eine Reihe von Aufgaben zu erfüllen, die sie in Verbindung mit den eigenen Stärken und Neigungen auch in der privaten Wirtschaft zu bestimmten Führungsaufgaben befähigt. Da bei der Bundeswehr immer noch das Prinzip von Befehl und Gehorsam gilt, sind dort zwar andere Grundvoraussetzungen als in der privaten Wirtschaft gegeben; dennoch kann man einen Einstieg in eine adäquate Position finden. Auch bei Offizieren geht der Weg über eine „Fähigkeitsbilanz“: Man schreibt auf, welche Aufgaben und Probleme man im Laufe der Dienstzeit oder bereits vorher gelöst hat, wo man erwähnenswerte Erfolge vorweisen kann. Diese Bilanz kann auch Aktivitäten im Sportverein, in einer Partei, im Bundeswehrverband usw. umfassen. Es erfordert viel Zeit, eine solche Bilanz aufzustellen, doch der Aufwand lohnt sich.

Noch mehr Zeit kostet es, die Ergebnisse dieser Bilanz nun zu einem Eignungsprofil zu verdichten. Dabei darf man nicht nur seine besonderen Fähigkeiten auflisten, sondern muß vor allem herausarbeiten, auf welchen Gebieten man sich von anderen Bewerbern ohne Bundeswehrerfahrung unterscheidet (Differenzeignung). Da ein Zeitoffizier normalerweise keinen besonders guten Einblick in die Anforderungen hat, die an Führungskräfte in der privaten Wirtschaft gestellt werden, empfiehlt es sich dringend, das Gespräch und den Kontakt mit „gestandenen Praktikern“ zu suchen. Dies kann man sich erleichtern, wenn man bereits während der Dienstzeit regelmäßig diverse Unternehmen besucht, Kontakte mit ehemaligen Kollegen aufrechterhält oder während des Studiums aufgebaute Beziehungen wieder auffrischt.

Ein Gespräch kann die Differenzeignung deutlicher machen. Ein Offizier hat beispielsweise Erfahrung in Großorganisationen, in Spezialgebieten wie dem Transportwesen, der Instandsetzung, war als Seminarleiter für die Ausbildung von Offiziersanwärtern zuständig, hat technische Spezialkenntnisse auf dem Gebiet des Studienabschlusses usw. Es zeigt sich also, daß sich Zeitoffizieren nach ihrem Ausscheiden aus der Bundeswehr ein breites Spektrum an Chancen und Möglichkeiten bietet.

Da man von einem Offizier sowohl Engagement als auch korrektes Auftreten erwarten kann, ist für ihn die aktive Bewerbungsstrategie eine adäquate Methode.[40] Natürlich müssen die Bewerbungsunterlagen den Erwartungen an Korrektheit und fachlichen Fähigkeiten des Bewerbers entsprechen. Dann stehen Zeitoffizieren alle Türen offen.

Selbst ist der Mann / die Frau

In manchen Branchen ist hinsichtlich bestimmter technischer Anforderungsprofile oder des Personalbedarfs der „Garten betoniert". Selbst Stellen, die durch altersbedingtes Ausscheiden oder Positionswechsel vakant werden, besetzt man nicht mehr neu. In diesen Branchen hilft häufig sogar eine Zielgruppen-Kurzbewerbung allein nicht immer. Ist man allerdings mit seinem Berufswissen auf diese Branche oder einen Monopolanbieter angewiesen, dann muß man sich etwas Besonderes einfallen lassen, um in seinem Beruf weiterhin tätig sein zu können. Man muß sich als Manager in eigener Sache betätigen, in gewissem Sinne Schumpeterscher Unternehmer, Entrepreneur, Pionier sein, der die Lücke sucht und findet. In den folgenden beiden Fällen führte diese Strategie zum Erfolg.

Nach dem Konkurs seines Arbeitgebers bekam der Feinwerktechniker Franz Kleinmann keine neue Arbeitsstelle. In Fortbildungskursen hatte er sich Elektronikkenntnisse angeeignet, da die Feinwerktechnik quer durch alle Branchen hin zur elektronischen Steuerung tendiert. Dabei kommen auch Computer (teils schon Personal-Computer) zum Einsatz. Nachdem Kleinmann erkannt hatte, daß hier seine Zukunftschance liegt, mußte er herausfinden, in welcher Branche die Entwicklung von mechanischen zu elektronischen Bauelementen entweder bereits im Gange war oder gerade bevorstand. Nach längeren Recherchen und Gesprächen mit verschiedenen Verbänden sah er die größten Chancen bei Herstellern von Holzbearbeitungsmaschinen. Die Abläufe auf und in diesen Maschinen werden bisher meist noch mechanisch gesteuert. Er erkannte die Möglichkeit, hier elektronische Steuerungen einzusetzen.

Kleinmann sprach mit einigen Unternehmern dieser Branche und fand seine Marktlücke: Die Hersteller vergaben zur Zeit fast alle Entwicklungsarbeiten für elektronische Steuerungen an externe Ingenieurbüros; er jedoch könnte als Angestellter bei einer solchen Firma die Entwicklung selbst durchführen.

Aufgrund seiner Recherchen konnte er 140 Firmen anschreiben. 18 Unternehmen waren an einem Gespräch interessiert, und fünf machten ihm das gewünschte Angebot, eine eigene Abteilung „Elektronische Steuerungen" aufzubauen.

Damit hatte er sich durch Kreativität, Nachdenken und Voraussicht seinen Arbeitsplatz selbst geschaffen, den es in dieser Form bisher bei keiner der Firmen gab.

Der zweite Fall, bei dem die Kreativität zum Erfolg geführt hat, ist dadurch geprägt, daß es auf dem Arbeitsmarkt Monopolanbieter gibt. Der Markt für Lehrer aller Schulrichtungen beispielsweise wird von den Kultusbehörden der Länder beherrscht. Diese legen die Qualifikationen, die Zulassungszahlen und nicht zuletzt die Zugangsbedingungen fest. Wer in der zweiten Dienstprüfung keinen Notenschnitt von z. B. 1,05 erreicht oder zu den 50 Jahrgangsbesten je Bundesland gehört, kann sein Berufsziel „Lehrer" für alle Zeiten vergessen. Mit dieser Aussicht wollte sich Susanne Eggert nicht abfinden.

Susanne Eggert war auf dem flachen Land aufgewachsen und kannte daher die strukturellen Benachteiligungen, die Landkinder gegenüber Stadtkindern haben. Durch die im Zuge der Schulreform geschaffenen Mittelpunktschulen haben die Dorfkinder weite Wege in die nächste Kreisstadt und kommen spät nach Hause; darüber hinaus müssen sie zum Teil in der Landwirtschaft mithelfen. Darüber kommen ihre Studien oft zu kurz, und Hilfe bei den Schularbeiten gibt es kaum. Nachhilfelehrer ziehen nicht aufs Land, da der Markt in der Stadt größer ist. Diese Kinder haben aber im Hinblick auf spätere Berufsmöglichkeiten Hilfe nötig.

Frau Eggert erkannte die Marktlücke: Mit ihrem Lernmobil[41] schuf sie sich ihre Arbeitsstelle selbst. Sie nahm einen Kredit auf, wovon sie sich ein Wohnmobil kaufte, das sie zum Arbeitsbüro umbaute. Schreibmaschine, Diktiergerät, Bücher usw. sind das Inventar. Mit ihrem Lernmobil fuhr sie durch die Dörfer und machte Werbung per Handzettel. Zunächst war die Resonanz gleich Null. Erst Kleinanzeigen in den Lokalzeitungen brachten den gewünschten Erfolg.

Seither hat sie in verschiedenen Dörfern feste Termine und erteilt als geprüfte Realschullehrerin Nachhilfeunterricht, teilweise auch in Kleingruppen. Die Eltern der Kinder sind froh, daß sie ihre Sprößlinge nicht für diese Zwecke in die Stadt fahren müssen. Nach einigen Monaten verdiente Susanne Eggert zwischen 4000 und 6000 DM im Monat. Heute ist sie dabei, das Konzept zu verbessern, um es in anderen Gebieten gegen Lizenzgebühr zu verkaufen. Sie schafft somit weitere, bislang nicht vorhandene Arbeitsplätze für Kollegen und wächst in eine Führungsaufgabe hinein.

„Innovationen“ heißt das Stichwort, um sich dort bezahlte Arbeit zu beschaffen, wo bislang keine in Sicht war. Leider gibt es noch zu viele „Führungskräfte“, die auf Arbeit warten, statt sich – im wahrsten Sinne des Wortes – welche zu machen. Man muß sich auch hier strategisch richtig verhalten, sich nämlich auf Engpässe in seinem Umfeld konzentrieren und die entsprechenden Lösungen entwickeln. Jedes Problem stellt eine Chance zur Lösung und damit zur Arbeit dar. Arbeitslosigkeit ist daher nichts Unabänderliches. Oft ist sie durch Einfallslosigkeit, Trägheit und eine falsche Orientierung an quantitativen Zielen „hausgemacht“. Solange es Probleme gibt, so lange gibt es genügend Arbeit; sie fällt einem allerdings nicht in den Schoß. Wer arbeitslos ist, muß Management in eigener Sache betreiben.

11. Kapitel

Existenzgründung: Selbständig werden – aber wie?

Täglich sind die Wirtschaftsnachrichten voll mit Meldungen von Insolvenzen. Die andere Seite, die Existenzgründungen, wird selten so ausführlich beleuchtet. Dabei sind es eigentlich gerade diejenigen, die den Schritt zum freien Unternehmer wagen, die mehr Beachtung finden sollten. Was ist so interessant daran, sein eigener Chef zu sein? Bringt dies nicht nur Probleme, Sorgen und Mehrarbeit? Vielleicht. Aber es beinhaltet vor allem eine Chance: die Chance, seine Ideen zu verwirklichen und dafür belohnt zu werden, wenn sich herausstellt, daß diese Ideen ein Bedürfnis befriedigen.

Viele Führungskräfte haben im Berufsalltag immer wieder Entscheidungen von oft größter Tragweite zu treffen. Sie tun dies unter großer Verantwortung, denn schließlich sind Kapital und Arbeitsplätze anderer Personen gefährdet, wenn falsch entschieden wird. Daher werden solche Entscheidungen sorgfältig geprüft und abgewogen unter der Maßgabe, was dem Unternehmen und dem damit verbundenen Personenkreis am meisten nützt. Im wirklich entscheidenden Fall, bei der Entscheidung, ob man sich selbständig machen soll, tun sich die meisten recht schwer: Kalkül und Mut zum Weg in die Selbständigkeit reichen oft nicht aus. Dabei ist es heute leichter denn je. Häufig werden die Schwierigkeiten, die bei einer Unternehmensgründung möglicherweise auftauchen, überbewertet, und man empfindet den Schritt zum freien Unternehmer als zu gewagt.

Dabei liegt hinter dem Ziel der Selbständigkeit nichts anderes als das Ziel, die bisherige Tätigkeit in einem anderen, freien und selbstverantwortlichen Rahmen fortzusetzen. Der Wechsel vom Angestellten zum Unternehmer kann sich immer dann lohnen, wenn man am Ende der Karriereleiter angelangt ist. Statt im Unternehmen in Routine „alt“ zu werden, kann man sich neuen Herausforderungen stellen.

Insbesondere älteren Führungskräften fällt es schwer, sich mit dem Gedanken an die Selbständigkeit anzufreunden. Man muß zwar akzeptieren, daß ein Unternehmen mit seinen Verbund- und Synergieeffekten mehr erreichen kann als ein „Einzelkämpfer“; diese Einsicht nützt jedoch nichts, wenn man im Unternehmen nicht mehr weiterkommen kann, dies aber möchte. Man scheut sich, mit geringen Mitteln völlig neu anzufangen oder empfindet dies als sozialen Abstieg. Lieber bei einer inneren Kündigung „versauern“ als sich freischwimmen, scheint das Motto zu sein.

Der Grund ist nur zu häufig eine materialistische Denkhaltung: Man ist an das regelmäßig fließende hohe Einkommen gewöhnt; ein bescheideneres Leben mit etwas anderen Wertigkeiten kann man sich nicht vorstellen. Viele leben auch über ihre Verhältnisse und haben nichts „auf der hohen Kante“. Mit der materiellen Abhängigkeit legt man sich geistige Fesseln an.

Die meisten Leute, die sich selbständig gemacht haben, geben als Beweggrund die größere Freiheit an – sie wollen ihr eigener Chef sein und Ideen verwirklichen, die in der alten Firma nicht realisierbar waren. Der Unabhängigkeitswille und eine unternehmerische Idee sind also die Voraussetzungen für viele Existenzgründungen.

Die unternehmerische Idee

Der Freiheitswille ist zwar eine notwendige, nicht aber eine hinreichende Bedingung, damit eine Existenzgründung tatsächlich gelingen kann. Das wichtigste ist die Entwicklung einer unternehmerischen Idee. Diese Leitidee ist der strategische Schlüssel, der ins Schloß der Selbständigkeit paßt und ungeahnte Möglichkeiten der Selbstverwirklichung eröffnet.

Eine Leitidee muß ein Nutzenangebot für eine bestimmte Zielgruppe enthalten. Die Idee, möglichst schnell viel Geld zu verdienen, ist keine Leitidee, sondern Ausdruck einer unausgereiften, materialistischen Denkhaltung. Die Kapitalrendite, der Gewinn oder eine sonstige Größe ist nicht Selbstzweck einer Existenzgründung und kann dies auch niemals sein. Diese Größen drücken lediglich aus, wie die erbrachte Leistung von der Zielgruppe angenommen und honoriert wird. Die Idee einer dezentralen Marktversorgung, das heißt, seiner Zielgruppe zu nutzen, ist ein ganz wesentlicher marktwirtschaftlicher Gedanke. Die Praxis zeigt, daß dies im wesentlichen ganz gut funktioniert.

Nur wer ein konkretes Nutzenangebot für eine bestimmte Zielgruppe im Auge hat, kann überhaupt erst ein strategisches Konzept entwickeln. Ein solches Konzept kann man am besten dann entwerfen, wenn man nicht unter existenziellem Druck steht. Es empfiehlt sich daher, die Selbständigkeit mittelfristig und aus einem gesicherten Arbeitsverhältnis heraus vorzubereiten. So kann man prüfen, ob die unternehmerische Idee tragfähig genug für eine neue Existenz ist, das heißt, ob tatsächlich eine Marktlücke vorhanden ist, wie sich die Zielgruppe demographisch entwickeln wird, wie man der Zielgruppe ein Angebot machen kann, wie die Umsetzung der Idee in die Wirklichkeit finanziert

werden kann, wer dabei helfen kann, ob man nicht besser mit einem Partner zusammenarbeiten sollte usw.
Aber auch wer keine eigene unternehmerische Idee hat, kann sich selbständig machen mit den besten Erfolgschancen. Man kann die Leitidee anderer kaufen (Franchising), kooperieren oder sich beteiligen. Auch hier gilt es natürlich, genau zu prüfen, ob man die Idee tatsächlich für tragfähig hält oder nicht, ob eine Marktlücke vorhanden ist, ob man schließlich die Leistung wirklich besser als andere erbringen kann.

Grundsätzlich ist also in jedem Fall zu empfehlen, das Konzept einer Existenzgründung langfristig vorzudenken und zu erarbeiten. Trotzdem wird ein reibungsloser Übergang nicht immer gelingen. Man wird in der Anlaufphase manche Durststrecke zu überwinden haben, denn der Erfolg kann sich logischerweise erst dann einstellen, wenn die Zielgruppe das Nutzenangebot erkannt und angenommen hat. Auch deshalb empfiehlt es sich, die Existenzgründung langfristig vorzubereiten. So ist man in der Lage, vom normalen Einkommen Rücklagen für Engpässe zu bilden, damit die finanzielle „Decke“ nicht zu kurz wird. Nicht zuletzt kann der arbeitslose zukünftige Unternehmer ein Jahr lang Arbeitslosengeld (immerhin 2000 DM pro Monat) nutzen; so ist zum Beispiel jedem, der als Berater arbeiten will, zu empfehlen, in der ersten Zeit Pilotprojekte honorarfrei anzubieten, um Referenzen und Erfahrungen zu sammeln. Hat man sie – und dadurch zusätzlichen Mut und Vertrauen in die eigenen Fähigkeiten – gewonnen, dann kann man die Existenz aus einer gefestigteren Position heraus aufbauen. Bei diesen Pilotprojekten kann man auch testen, ob das strategische Konzept tragfähig ist oder noch gewisse Korrekturen benötigt.

Wichtige persönliche Voraussetzungen, um sich selbständig zu machen, sind der Wille und die Fähigkeit, Verantwortung zu übernehmen. Bei denen, die aus leitenden Positionen heraus eine neue Existenz gründen, kann man dies wohl unterstellen. Alle anderen aber sollten sich auch hinsichtlich dieser Fähigkeit genau prüfen. Das Scheitern einer Existenzgründung sieht nicht nur im Lebenslauf nicht besonders gut aus; es führt sogar gelegentlich zu Depressionen.

Existenzgründungshilfen

Viele Verbände, Kammern, private und öffentliche Organisationen bieten Seminare zur Existenzgründung an. Manche sind gut, gelegentlich sogar hervorragend; viele sind jedoch sehr schlecht. Die Qualität eines Seminars kann man erkennen, indem man das Programm gründlich studiert. Schlechte Seminare bieten zum Beispiel nahezu ausschließlich Informationen zu Finanzierungsfragen an. So trug der Leiter einer Industrie- und Handelskammer gründungswilligen Zuhörern allen Ernstes vor, daß das Hauptziel einer Existenzgründung eine gute Kapitalrentabilität sei. Genau das ist es natürlich nicht. Diese vulgärökonomische Sicht dokumentiert allerdings plastisch, welche falschen Vorstellungen über die Rolle des Unternehmers in unserer Wirtschaftsgesellschaft existieren.

Zu welchen gelegentlich verantwortungslosen Handlungen die Verinnerlichung einer solchen Position führen kann, braucht nicht weiter erläutert zu werden. Grundsätzlich ist es jedoch zu empfehlen, die Seminarangebote der Industrie- und Handelskammern, der Handwerkskammern, der Wirtschaftsministerien und sonstiger Bildungswerke zu prüfen und gegebenenfalls wahrzunehmen. Je mehr man über Existenzgründungen weiß, desto eher kann man die Idee in die Wirklichkeit umsetzen.

Hervorragende Informationen gegen geringes Entgelt bieten auch die Volksbanken mit ihrem Computerservice. Hier erhält man Daten über alle möglichen Geschäftsarten, vom Anlageberater bis zum Zwischenmakler, über deren Marktentwicklung, durchschnittliche Umsätze, Verdienstspannen usw. Gerade auch ein ausführliches Gespräch mit der Hausbank kann sich lohnen, denn Banken und Sparkassen bieten nicht nur Know-how bei Finanzierungsproblemen, sondern aus der Kenntnis vieler Geschäfte auch Hinweise auf weitere Informationsquellen über spezielle Märkte.

Das Rationalisierungskuratorium der deutschen Wirtschaft e.V. (RKW) in Eschborn bietet im Rahmen seines RKW-Service eine Kooperationsbörse, in der Industriekontakte, Lizenzen, Patentverwertungen usw. angeboten werden. Einen „Heiratsmarkt für

Unternehmer“ bietet der Deutsche Industrie- und Handelstag (DIHT), Bonn, über die Industrie- und Handelskammern an, nämlich eine Existenzgründungsbörse, bei der Firmen geeigneten und willigen Existenzgründern die Übernahme oder Nachfolge anbieten – ein Markt der tausend Möglichkeiten.

Selbstverständlich gibt es auch eine Vielzahl von Literatur zum Thema Existenzgründung. Auf die Arbeit eines Verlages, der mit der Idee der Informationsvermittlung für Existenzgründer angetreten ist, sei hingewiesen. Vom Rentrop-Verlag in Bonn erhält man manchen guten Tip, der den Weg in die Selbständigkeit erleichtern kann.

Spielarten

Der Wunsch nach Selbständigkeit kann in vielen Spielarten verwirklicht werden. Man kann Patente verwerten, Lizenzen kaufen und verwerten, man kann ein Joint Venture mit einem Partner eingehen, man kann sich als „Einzelkämpfer“ versuchen, eine bestehende Firma kaufen usw. Grundsätzlich muß aber ein Unternehmensleitbild bestehen, sonst ist das Risiko zu groß, daß die Firma zwar heute floriert, morgen jedoch vor dem Nichts steht, weil sie nicht mehr für einen konkreten Markt (Zielgruppe) produziert.

Eine weitere Spielart, sich selbständig zu machen, ist der Einstieg in ein Franchisekonzept. Der Begriff Franchise (französisch) bedeutet ein Lehen, sozusagen eine Existenzberechtigung. Neudeutsch sagt man Franchising (englisch). Das Franchising ist eine Lizenzierungsform, durch die der Eigner einer Dienstleistung oder einer Methode (der Franchisegeber) sich den Vertrieb an den Endverbraucher mit Hilfe angeschlossener Händler (der Franchisenehmer) sichert. Dem Empfänger eines solchen Rechts wird oft die geographische Exklusivität (Gebietsschutz) garantiert. Das Produkt, das Verfahren oder die Dienstleistung, die man verkauft, wird durch ein Markenzeichen identifiziert; der Franchisegeber behält die Kontrolle über die Vertriebsmethoden[42]. Der Franchisevertrag bietet die Chance, einem größeren Unternehmen anzugehören, als der Vertragspartner es selbst als Einzelkämpfer je aufbauen könnte, und dennoch selbständig zu bleiben.

Nehmen wir zum Beispiel die Diplom-Volkswirtin Gudrun Eiermann, die sich in der Textilbranche mit einem Einzelhandel für Umstandsmoden selbständig machen will. Normalerweise müßte sie sämtliche Entscheidungen (Standort, Verkaufsfläche, Innenarchitektur, Ladeneinrichtung, Schaufenstergestaltung, Einkauf, Kalkulation usw.) alleine treffen. Ist sie jedoch bereit, in das Franchisekonzept BALLOON (aus Frankreich) einzusteigen, dann bekommt sie das gesamte Existenzgründungs-Know-how von der Pariser Zentrale geliefert. Als Franchisenehmerin vermittelt man ihr auch das Verkaufskonzept. Sie ist innerhalb eines bestimmten Rahmens an den Lizenzgeber gebunden (hier wäre es die Einhaltung des Verkaufskonzeptes), bleibt jedoch ansonsten selbständige Unternehmerin.

Ganz so einfach, daß man jetzt nur noch gut verkaufen müßte, sind Franchisekonzepte natürlich nicht. Schließlich muß man auch hier besser sein als andere, denn man hat zu den üblicherweise anfallenden Kosten auch noch die Franchisegebühr zu bezahlen. Bevor man sich in ein solches Konzept einkauft, muß man – wie immer – prüfen, ob eine tragfähige unternehmerische Idee zugrunde liegt, ob eine gute Strategie entwickelt ist, ob man in eine Lücke stößt, welcher Nutzen für die Beteiligten (Kunden, Franchisegeber und Franchisenehmer) damit verbunden ist.

Wer sich – wie es die Regel ist – ohne fremdes System selbständig machen will, muß, wie oben dargestellt, eine ganze Reihe von Fragen durchdenken. Der folgende strukturierte Problemkatalog soll helfen, die Überlegungen zur Selbständigkeit mit den richtigen und nicht mit den falschen Fragen (z. B. nach den Finanzierungsmöglichkeiten) zu beginnen:

Fragen zur Selbständigkeit

A. Strategische Überlegungen

– Welche materiellen und immateriellen Stärken bringe ich mit?

→

- Worauf konzentriere ich mich?
- Welche Probleme welcher Zielgruppe will ich lösen?
- Wo ist die Lücke?
- Welche Geschäftsidee habe ich?

B. Einstiegsmöglichkeiten
- Nebenberuflich tätig werden, eventuell kooperieren?
- Franchising?
- Beteiligung?

C. Angebot
- Welchen konkreten Nutzen biete ich wem?
- Welche minimalen und maximalen wirtschaftliche Ergebnisse sind zu erwarten?

D. Detailprobleme
- Neugründung oder Übernahme, Nachfolge, Pacht?
- Standort?
- Rechtsform?
- Finanzierungshilfen, Darlehen?
- Firmierung, Briefbögen, Drucksachen?
- Rechtsprobleme: Konzessionen?
- Suche von Kooperationspartnern?
- Mitarbeitersuche?
- Anmeldepflichten (Handelsregister, Finanzamt, Gemeinde ...)?
- Gewerbe anmelden oder Freiberufler sein?
- Buchführung?
- Konten?
- Telefon, Telex?
- Versicherungen für den Unternehmer und Mitarbeiter?
- Sicherheit am Arbeitsplatz? usw.

Wer die strategischen Fragen (Abschnitt A) nicht wirklich geklärt hat, braucht sich um die anderen Details noch gar nicht zu kümmern. Solange die Zielgruppe, die Marktlücke und die Strategie, also die unternehmerische Idee und ihr Konkretisierungsansatz, nicht stimmen, wird eine Existenzgründung ein teurer Fehlschlag. Erst wenn man sich diese Idee auch tatsächlich zu eigen gemacht hat, sollte man sich um die anderen Probleme kümmern. Zu den Detailfragen gibt es genügend Hilfen. Dies ist auch der Grund, weshalb hier nicht von Existenzgründungsdarlehen, Zonenrandförderung und anderen Zuschuß- und günstigen Kredittöpfen die Rede ist. Informationen zu diesen Punkten bietet jede IHK, jede Bank usw. Zuvor, und dies ist der Punkt, auf den es unseres Erachtens wirklich ankommt, muß die unternehmerische Idee geboren sein.

Wo liegen heute noch unternehmerische Chancen? Herbert Gross schreibt in seinem Buch *Das quartäre Zeitalter*: „Teilhard de Chardin spricht in seiner Zukunft des Menschen von der permanenten Tendenz des Individuums, sich zu differenziertem organischen Ganzen zu verbinden, mit Richtung auf geistige Evolution. Es finde eine Synthese statt, die immer mehr differenziere. Es entstehen Systeme mit einer wachsenden Vielzahl von Komponenten. Es vermehren sich die Mannigfaltigkeit der Wahl und der Reichtum an Spontaneität."

Diese Ansicht geht einher mit einer ganzen Reihe von wirtschaftstheoretischen und soziologischen Prognosen über die Entwicklung der Industriegesellschaften. Hier geht man im allgemeinen davon aus, daß der primäre Bereich (Dominanz der landwirtschaftlichen Produktion und Selbstversorgung) vom sekundären Bereich (Dominanz der industriellen Produktion und dezentrale Marktversorgung) abgelöst wurde. In den entwickelten Industriegesellschaften kann man im Augenblick sicherlich bereits vom tertiären Bereich (Dominanz der Dienstleistung) sprechen. In dieser Phase der wirtschaftlichen Entwicklung dürften wesentlich größere Marktchancen gegeben sein als im sekundären Bereich. Die langfristig besten Chancen sind aber – denkt man dieses Modell konsequent zu Ende – im quartären Sektor zu finden, der Dominanz des Geistigen, des Geistkapitals, des Systemdenkens: Nutzung der Selbstorganisation, die Entwicklung der künstlichen Intelligenz und ihre industrielle Nutzung, die Steuerung komplexer materieller Prozesse und Systeme durch die Konzentration geistiger Energien. Dieser quartäre Sektor wird das Zeitalter bestimmen, in das wir soeben hineinwachsen. Das Informationszeitalter bietet Chancen für Existenzgründungen, die kaum mehr zu übersehen sind.

12. Kapitel

Aktiver Ruhestand

Je mehr Vorruhestandsregelungen aus arbeitsmarktpolitischen Gründen in Kraft gesetzt werden, desto wichtiger ist es, darüber nachzudenken, wie man die Zeit nach dem aktiven Arbeitsleben gestalten will. Wie kann man dem „Rentnersyndrom" (es ist sterbenslangweilig, und nach einem Jahr stirbt man tatsächlich an Langeweile) entgehen? Gehört man mit 58 oder 60 Jahren wirklich zum „alten Eisen", oder beginnt lediglich ein neuer Karriereabschnitt? Natürlich ist das bei jedem anders. Prüfen Sie daher selbst, ob der Ruhestand für Sie Nichtstun und Passivität bedeuten muß oder ob dies ein Neubeginn, ein „Un-Ruhestand" werden soll.

Viele fallen nach dem letzten Arbeitstag – oft ehrenvoll entlassen – in ein „Nichts“! Der gewohnte Lebensrhythmus bricht zusammen, die Lebensumstände ändern sich radikal, die täglichen Kontakte zu Kollegen verschwinden, man ist niemand mehr, die soziale Achtung fehlt, Gesprächskreise lösen sich auf usw. Niemand fragt mehr um Rat, der Partner hat den Haushalt sowieso im Griff, man stört und fühlt sich überflüssig... – das muß nicht sein!

Der Ruhestand ist eine Chance, bei materieller Unabhängigkeit das zu tun, was einen persönlichen Sinn ergibt, eine Chance, sich weiter zu entfalten. Auf die Nutzung der neuen Freiheiten, die man während des Arbeitslebens oft herbeigesehnt hat, sind die meisten Menschen kaum vorbereitet. Aber gerade im Ruhestand gibt es Möglichkeiten, den Erfahrungsvorsprung eines ganzen Arbeitslebens zu nutzen. Dazu muß man jedoch rechtzeitig die Weichen stellen. Dies ist auch der Grund, weshalb in einem Buch über die aktive Karrierestrategie einem Lebensabschnitt Aufmerksamkeit gewidmet wird, in dem man normalerweise „Karrieregelüste“ längst hinter sich hat. Ein aktiver Ruhestand ist ein Neubeginn, eine neue – die letzte Karrierephase.

Das Credo der aktiven Karrierestrategie ist, seine Neigungen, Eignungen und Stärken zu erforschen und zum Thema eines Nutzenangebotes für eine bestimmte Zielgruppe zu machen. Genau dies kann man im Ruhestand ohne existentiellen Druck tun, der normalerweise in den anderen Karrierephasen auf jedem lastet. Man ist also in der persönlichen Zielfindung und Zielverfolgung freier, und diese Freiheit gilt es zu nutzen.

Eigentlich ist es nicht ganz verständlich, daß Unternehmen älteren Führungskräften so selten Angebote unterbreiten, die auf eine weitere Mitarbeit abzielen. Dabei muß man nicht an die Einbindung in den normalen Produktionsprozeß und Arbeitsalltag denken. Ältere Arbeitnehmer zeichnen sich durch ganz besondere Eigenschaften aus, z. B. genaue Kenntnis der Zielgruppen, des Unternehmens oder der Abteilung, der informellen Kommunikationswege, Berufserfahrung, Persönlichkeit, harmonische Grundhaltung usw. So könnte man ihnen eine Aufgabe als Mentor für neue Führungskräfte, eine Beratungs- oder eine Beiratstätigkeit anbieten. Auch Schulungs- und Ausbildungstätigkeiten kommen prinzipiell in Frage. Natürlich sind Senioren im Bereich der Psychomotorik nicht ähnlich leistungsfähig wie jüngere Menschen, haben jedoch einen ganz erheblichen Vorsprung in Praxis- und Führungserfahrung.

Beispiele lassen sich genügend aufzählen, wie „Un-Ruheständler" einen Neubeginn wagen; sei es, daß sich ein ehemaliger Prokurist als Gründungsberater für Fast-Food-Betriebe zur Verfügung stellt; sei es, daß eine Rentnerkommune groß ins Geschäft mit Kompostierungsregenwürmern einsteigt; daß man als ehemaliger Redakteur Firmenbroschüren, Mitarbeiter- und Kundenzeitschriften betreut; daß man als ehemaliger kaufmännischer Leiter für junge High-Tech-Firmen die kaufmännische Arbeit übernimmt; daß man als gewesener Einkäufer sein Wissen im Dienste seiner ehemaligen Lieferanten nutzt; daß man sein Hobby intensiviert, kultiviert und zum „zweiten Beruf" macht; daß man Firmen zunächst kostenlos hilft, um dann bei Erfolg der Maßnahmen überdurchschnittlich beteiligt zu werden. Für jeden Beruf und jede hierarchische Ebene gibt es genügend Möglichkeiten.

Erfolgsvoraussetzung ist auch hier wieder, daß man seine strategische Ausgangsposition analysiert, seine Eignungen, Neigungen und individuellen Stärken erforscht und in Beziehung zu einer Zielgruppe setzt. Wie man sein Eignungsprofil analysiert und wie man Informationen zur Zielgruppenerschließung gewinnt, muß hier nicht mehr dargestellt werden. Das Instrumentarium der aktiven Karrierestrategie ist an verschiedenen Beispielen bereits ausführlich erläutert worden. Auch hier gilt wieder – vielleicht sogar in verstärktem Maße – daß man sich auf seine Vorlieben, Neigungen, Wünsche und Stärken konzentriert, denn nun kommen „Beruf" und Hobby problemloser denn je zur Deckung. Eine Hilfe sowohl zur Ideenfindung als auch zur Neigungsanalyse ist der folgende Fragenkatalog[43], der die wichtigsten Lebensbereiche berücksichtigt.

Abb. 21: Fragenkatalog zur Neigungsanalyse „Aktiver Ruhestand"

Die Erforschung der eigenen Neigungen ist der erste Schritt für einen erfüllten Lebensabend. →

Ruhestand

I. Interessengebiete

1. Persönliches Muss ☐ MATERIELLES/ORDNUNG	2. Umfeld-Soll ☐ ORIENTIERNG	3. Betätigungs-Kann ☐ AKTIVITÄTEN	4. Wirtschaftliches-Darf ☐ ERWERBSTÄTIGKEITEN
11 Gesundheit ☐ 11.1 Ernährung ☐ 11.2 Sport ☐ 11.3 Medizin ☐	21 Kommunikation ☐ 21.1 Partner ☐ 21.2 Verwandte/ Freunde ☐ 21.3 Vereine ☐	31 Helfen ☐ 31.1 caritativ ☐ 31.2 ehrenamtlich ☐ 31.3 Nachbarschaftshilfe ☐ 31.4 politisch ☐	41 auf Gegenseitigkeit ☐ 41.1 handwerklich ☐ 41.2 kaufmännisch ☐ 41.3 Nachhilfeunterricht ☐ 41.4 beratend ☐
12 Finanzen ☐ 12.1 Rente/Pension ☐ 12.2 Versicherung ☐ 12.3 Geldanlage ☐ 12.4 Steuern ☐	22 Besinnung ☐ 22.1 psychologisch ☐ 22.2 philosopisch ☐ 22.3 soziologisch ☐	32 Künstlerisches ☐ 32.1 bildnerisch ☐ 32.3 schauspielerisch ☐ 32.4 schriftstellerisch ☐ 32.5 musikalisch ☐	42 Landwirtschaftliches ☐ 42.1 Pflanzenbau ☐ 42.2 Tierzucht ☐ 42.3 Tierbetreuung ☐
13 Rechtliches ☐ 13.1 Testament ☐ 13.2 Besitzordnung ☐	23 Leitbilder ☐ 23.1 Biographien ☐	33 Hobbys ☐ 33.1 Unterhaltung ☐ 33.2 Spiel ☐ 33.3 Sammeln ☐ 33.4 Werken ☐ 33.5 Garten und Haus ☐	43 Berufliches ☐ 43.1 Aushilfsfortsetzung ☐ 43.2 Beratervertrag ☐ 43.3 Management auf Zeit ☐ 43.4 neue Existenz alter Beruf ☐ 43.5 Existenz neuer Beruf ohne Zuschuß ☐ 43.6 Existenz mit Zuschuß ☐ 43.7 Kooperationen ☐
14 Wohnen ☐ 14.1 Ort ☐ 14.2 Form ☐	24 Bildung ☐ 24.1 Geisteswissenschaft ☐ 24.2 Naturwissenschaft ☐ 24.3 Kunstgeschichte ☐ 24.4 schöngeistig ☐ 24.5 neue Berufswahl ☐ 24.6 Berufsaus- und -fortbildung ☐		

II. Möglichkeiten der Auseinandersetzung mit den oben aufgeführten Interessengebieten:

A. Zu Hause ☐	B. Außer Haus ☐	C. Extern ☐
a periodische Info- und Kontaktbörse ☐	g Einzelberatung ☐	o Studium ☐
b Literatur ☐	h Club ☐	p Seminar ☐
c Checkliste ☐	i Vortrag ☐	q Schnupperferien ☐
d Fernkurs ☐	j Gesprächsrunde ☐	r Schnupperreisen ☐
		s Kongresse ☐

Wenn man die Fragen des hier abgedruckten Kataloges beantwortet, bekommt man eine Vorstellung von der Fülle der Möglichkeiten, aktiv im Ruhestand tätig zu sein. Dabei muß man nicht nur an die Selbständigkeit denken. Ein direktes Arbeitsverhältnis kommt wegen der Besteuerung der Renteneinkünfte zumeist auch nicht in Frage. Es gibt jedoch zahlreiche Gestaltungsalternativen, die es dem Rentner möglich machen, einen aktiven Ruhestand zu erleben und damit seinen Lebensabend zum Erlebnis werden zu lassen.

Epilog: Strategisches Denken hat Zukunft!

In der einschlägigen Literatur lassen sich viele verschiedene Bedeutungen des Begriffs „Strategie" nachweisen. Die Fülle ist nahzu unüberschaubar. Die meisten Autoren weisen dem Strategiebegriff einen Bedeutungsgehalt zu, der nur das eigene Ziel im Auge hat und die sozialen und ökologischen Faktoren ausbeutet, statt zu integrieren. Dieser egozentrische Strategiebegriff folgt einem linearen Denken, das den Problemen der Gegenwart nicht gerecht wird. (Auf die negativen, zerstörerischen Tendenzen, die der Begriff in seiner militärischen Bedeutung hat, gehen wir hier nicht ein.)

Strategie in unserem Sinne ist eine höhere, evolutionskonforme Denkhaltung[44], die den einzelnen mit seinen Wünschen, Neigungen, Fähigkeiten und Fertigkeiten, kurz: mit seiner ganzen Person, in ein dynamisches soziales, immaterielles und materielles Umfeld stellt. Das Ziel dabei ist, die geistige, wirtschaftliche, soziale und materielle Entwicklung zu unterstützen und gleichsam als Reflex von seiner Umwelt Unterstützung zu finden.

Bei der Vernetzung der verschiedensten Probleme haben Führungskräfte die Aufgabe, die wesentlichen Probleme von den unwesentlichen zu unterscheiden und die zentralen, nämlich strategisch wichtigen Probleme zu erkennen. Mewes[45] entwickelte hierzu ein Schichtenmodell, in dem den höheren Schichten die Dominanz über die unteren Schichten zukommt. Die auf Seite 250 wiedergegebene Darstellung verdeutlicht dies eindrucksvoll.

Daraus erkennt man, daß die „weichen" Faktoren (wie Information, Psyche, Macht, Strategie) wichtiger als die „harten" Faktoren sind. Auch Führung ist ein weicher Faktor. Wer als Führungskraft in die zentraleren Entscheidungsebenen aufsteigen will, muß sich um eine Strategie kümmern, die auch diese „weichen" Faktoren einschließt – eine Strategie im evolutionskonformen Sinn.

So findet dann auch manches, was heute als strategische Planung in der Unternehmenspraxis Anwendung findet, eine differenzierte Bewertung. Z.B. zitiert The New York Times den Harvard-

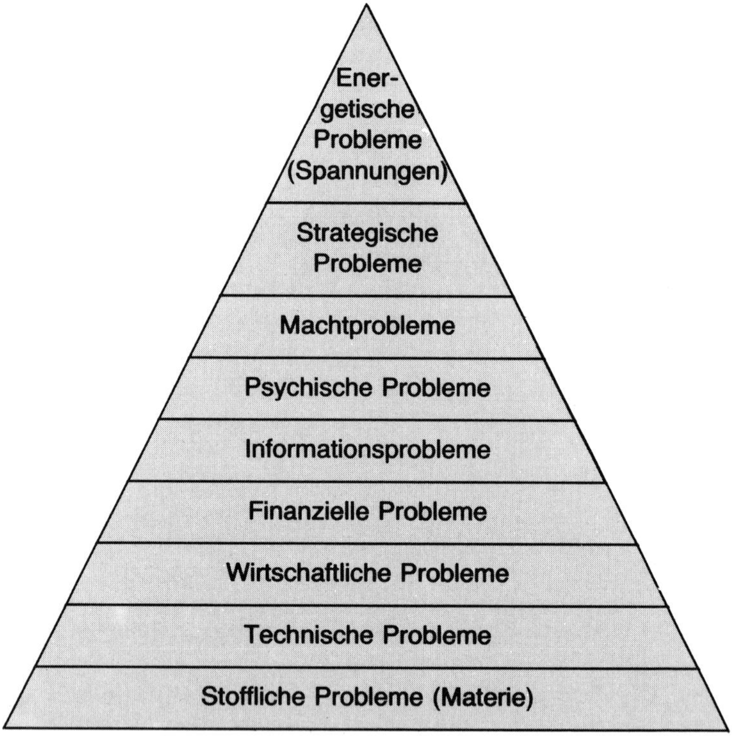

Abb. 22: Schichtenmodell der Problemdominanz

Die Bewältigung der jeweils höheren Problemebene ist für die Lösung der Probleme in der tieferen Problemebene die Voraussetzung.

Professor Hayes sinngemäß so, daß der lineare Denkansatz der strategischen Planung herkömmlicher Art falsch sei, weil er die integrative Vernetztheit alle Elemente nicht erkenne bzw. berücksichtige; er sei falsch und fehlorientiert, weil er sich nicht an den zu lösenden Aufgaben, sondern an quantitativen Zielen orientiere und daher die besondere Aufgabe des Unternehmens auf dem Markt nicht wahrnehme. Hayes betont, daß sich eine völlig neue Art der Unternehmensführung durchsetzen wird, nämlich eine Metastrategie (höhere Strategie) mit ganz anderen Grundsätzen. Er zeigt u.a. auch das Prinzip der Selbstorganisation auf. Daraus zieht er den Schluß, daß sich das evolutionskonforme Management[46] durchsetzen und somit zur Richtschnur für Führungskräfte werden wird.

Genau dies haben wir zum Thema dieses Buches gemacht. Es zeigt sich, daß strategisches Denken in diesem Sinne kein der Unternehmensleitung vorbehaltenes Privileg sein kann. Strategisches Denken ist im Gegenteil im täglichen Leben, ganz besonders aber im Berufsleben, von zentraler Bedeutung für jeden, der sein Leben aktiv in die Hand nehmen will. Dieses Buch soll dazu Einladung und Hilfe sein.

Anhang

Quellenangaben

1 Wolfgang Mewes: Die kybernetische Managementlehre (EKS), Fernlehrgang, Frankfurt 1971 – 1977, Heft MAN 10, nachfolgend zitiert als EKS-Lehrgang; (EKS = Engpaß-konzentrierte Strategie bzw. Evolutions-konforme Strategie).
2 Vgl. Wolfgang Mewes: Checkliste Karriereprogramm, in: EKS-Lehrgang, Anhang zu Heft 6.
3 Wolfgang Mewes: Projektbewerbung, in: EKS-Lehrgang, Heft 11, Seite 74 ff.
4 Manfred Antoni: Säe Nutzen – ernte Gewinn, in: BetriebsWirtschaftsMagazin 8/85, Seite 43 – 46; vgl. Matthias zur Bonsen: Das Prinzip der Kräftekonzentration in der Unternehmungsstrategie, Dissertation St. Gallen 1985.
5 Vgl. Wolfgang Mewes: EKS-Lehrgang, Heft 2; Herbert Gross: Die Chancen ändern sich, Düsseldorf 1976, S. 122 ff. und 141 ff.
6 Wolfgang Mewes: Mehr Erfolg – gerade wegen der schweren Zeiten, in: FAZ-Daten 3/75.
7 Wolfgang Mewes: EKS-Lehrgang, Heft 11, Seite 62.
8 Wolfgang Mewes: EKS-Lehrgang, Heft 1, Methodikkarten.
9 Vgl. APS Aktion Praxisverbundene Schule e.V., Bingen, Seminare in 1985.
10 Hans Bürkle: Podiumsgesprächsteilnahme mit Fernsehaufzeichnung anläßlich Forum Jugend und Technik, Hannover Messe 1985, Thema: Studium oder Praxis?
11 Z. B. Professor Bruno Wolf (Fachhochschule Nürnberg), an den FH Emden, Köln, Ludwigshafen, Pforzheim u. a.
12 Vgl. Lorenz P. F. Wolff: Berufszielfindung und Studienstrategie, Frankfurt 1978.

13 Hans Hass/Horst Lange-Prollius: Die Schöpfung geht weiter, Stuttgart 1978, Seite 81 ff.
14 Wolfgang Mewes: Auf den richtigen Ansatzpunkt kommt es an, Auszug aus der FAZ/Blick durch die Wirtschaft vom 22.11.1975, zitiert in: Reinhold Würth: Beiträge zur Unternehmensführung, Schwäbisch Hall 1985, Seite 435 ff.
15 Wolfgang Mewes: Die EKS-Kartei, in: EKS aktuell Nr. 13/14, 1984, Seite 131 ff.
16 Wolfgang Mewes: EKS-Lehrgang, Heft 11, Fall Arndt.
17 Warren Bennis/Burt Nanus: Führungskräfte, Frankfurt 1985, S. 75.
18 Jürgen Berthel/Hans-Eberhard Koch: Karriereplanung und Mitarbeiterförderung, Sindelfingen 1985, Seite 36 ff.
19 Manfred Antoni: Arbeit als betriebswirtschaftlicher Grundbegriff, Frankfurt 1982.
20 Hermann Haken: Erfolgsgeheimnisse der Natur, Frankfurt 1984, Seite 61 ff.; Hans Bürkle: Selbstorganisation, in: Blick durch die Wirtschaft, herausgegeben von der Frankfurter Allgemeinen Zeitung, 3.6.1985, Seite 1.
21 Vgl. Hartwig Paetow: Innerbetriebliches Weiterkommen, in: Vortragsmanuskript zu regelmäßig stattfindenden Karriere-Seminaren der Bürkle Strategie-Beratung, Nierstein, 1985.
22 Fritz Stoebe: Der größte Bedarf liegt unterhalb der Wasserlinie, in: Informationsblatt der Leistungsgemeinschaft (EKS) e.V. 12/1982; ders.: Probleme und Lösungen bei der Freisetzung von Führungskräften in: Personal Perspektiven 1983/1984, Seite 165 – 171.
23 Vgl. Wolfgang Mewes: Vom Nutzen, Sonderdruck anläßlich des Kongresses der Leistungsgemeinschaft (EKS) e.V. am 19./20.4.1986 in Bad Kissingen.
24 Wolfgang Mewes: EKS-Lehrgang, Heft 10, Seite 16 ff.
25 Auszug aus Adressenkatalog von: Merkur Direktwerbegesellschaft mbH & Co. KG, Einbeck.
26 Vgl. Hans Oberhollenzer: Strategie-Entwicklung für Angestellte, Vorlesungsmanuskript Fachhochschule Heilbronn 1984.
27 Vorläufer der Zielgruppen-Kurzbewerbung (ZKB) ist die von Wolfgang Mewes entwickelte Massenkurzbewerbung (MKB), vgl. Wolfgang Mewes: Das Goldene Buch des Berufserfolges, Frankfurt 1958, Seite 195 ff.; ders.: EKS-Lehrgang, Heft MAN 11; Jürgen Schoemen: Karriere-Strategie, in: EKS-Praxis 5/75, S. 31 ff.; Hans Bürkle: Beispiel Massenkurzbewerbung, in: EKS-Praxis 6/76, Seite 50; ders.: Neue Chancen durch Zielgruppen-Kurzbewerbung, in: Der Leitende Angestellte DLA 12/1977, Seite 12 – 14; Fritz Stoebe: Positionswechsel im Management, in: Betriebsberater Heft 5, 1982, Seite 307 ff.
28 Bundesanstalt für Arbeit – Der verstaubte Riese, in: Industriemagazin 2/85, Seite 40 – 45.
29 Hans Bürkle: Trennungshilfe für Unternehmen und Führungskräfte, Vortrag am 25.11.83 in Freiburg, Bundesverband Junger Unternehmer BJU.

30 Jost J. Kröger/Fritz Stoebe: Positionswechsel im Management, in: Der Leitende Angestellte DLA 3/81, Seite 8 – 14; Eberhard Krummheuer: Betriebsblindheit in eigener Sache – das größte Hindernis bei der Job-Suche, in: Handelsblatt 2.12.1983, Seite 26; Fritz Stoebe: Probleme und Lösungen bei der Freisetzung von Führungskräften, in: Personal 3/1982, S. 126 ff.; ders.: Die einvernehmliche Aufhebung von Arbeitsverträgen mit Führungskräften, in: Personal 2/1983, S. 62 ff.
31 Gerhard Körner: Wehret den Anfängen, in: BWM 10/84, S. 44 – 46.
32 Helmut Grünewald: Strategien der Arbeitssuche, Köln 1983, S. 64 ff.
33 Hans Bürkle: Arbeitszeugnisse – Codes und Plattitüden, in: BetriebsWirtschaftsMagazin BWM 2/85, Seite 45 f.
34 Hans Bürkle: Das Vorstellungsgespräch, in: BWM 19/83, Seite 26–28.
35 Gerhard Körner: Einstellungsgespräch – Gratwanderung, in: BWM 2/85, Seite 29 – 31.
36 Vgl. Ferdinand Grüll: Der Anstellungsvertrag mit leitenden Angestellten, Heidelberg 1976.
37 Vgl. Hans Oberhollenzer: Einführung eines neuen Mitarbeiters, unveröffentlichtes Manuskript, Heilbronn/Eschenau 1984.
38 Ausschuß für Betriebliche Personalpolitik bei der Bundesvereinigung der Deutschen Arbeitgeberverbände: Einführung von Mitarbeitern, Arbeitsberichte Nr. 10, 2/83.
39 Wolfgang Mewes: EKS-Lehrgang, Heft 11, Seite 76 ff.
40 Vgl. Frank J. Weise: Dienstzeitende – was ist zu tun?, Langen 1984; vgl. Erhard Braun: Berufschancen für Zeitoffiziere – Zweitstudium oder unmittelbarer Berufseinstieg, in: Truppenpraxis 11/84; Hans Bürkle: Marktforschung in eigener Sache für Zeitoffiziere, in: BWM 8/84, Seite 15 f.; Bundesministerium der Verteidigung: Soldaten auf Zeit – Ihr Übergang in Berufe der Wirtschaft, FüSI6/SIII2, 2/84.
41 Thomas Olivier: Ein Pauker rollt mit dem Bus übers flache Land, in: Allgemeine Zeitung AZ (Mainz), 25.6.86, Seite 5.
42 Vgl. Gross/Skaupy: Franchising in der Praxis, Düsseldorf 1976.
43 H. H. Hartwieg: Der frühe Ruhestand. Seine Möglichkeiten und Chancen, in: Rundschau Personalinformation, Köln, 1/1984.
44 Hans Ulrich: Grenzen der Machbarkeit – Evolution und Management, in: Manager Magazin 7/1980, S. 124.
45 Vgl. Wolfgang Mewes: Das EKS Marktmodell, Methodikkarten, in: EKS-Lehrgang, Heft 12 (Anhang).
46 Das alte Paradigma des rationalistisch-mechanistischen und determinierten Weltbildes, dessen Systembild die ideale Maschine oder das Uhrwerk ist, paßt nicht mehr. Es paßt nicht mehr,weil es das Bild des geschlossenen Systems impliziert, das sich nicht mit Evolution vereinbaren läßt... Das neue Paradigma bezeichne ich als das evolutionär-kybernetische! Vgl. hierzu auch Bruno Wolf (Hrsg.): Führen ist Menschen motivieren, 10. Symposion der Arge Führungslehre 1984 (Sammelbd.), Prof. Wolf empfiehlt Kollegen, Studierenden u. Führungskräften die konsequente Beschäftigung mit der EKS-Lehre v. Mewes zur Lösung anstehender Probleme.

Anschriften

Im Anhang sind nur einige wenige Anschriften aufgenommen worden, da es z. B. ca. 1000 Personalberater in der Bundesrepublik Deutschland gibt. Eine Vollständigkeit wäre ohnehin nicht zu ereichen. Auf die Anschriften der einzelnen Arbeitsämter verzichten wir, da sich jedermann von der Bundsanstalt für Arbeit (Postfach, 8500 Nürnberg) das Büchlein *Was? Wieviel? Wer?* mit allen Adressen und Informationsstellen kostenlos beschaffen kann; zudem sind für Führungskräfte die wichtigsten Anlaufstellen im Rahmen der Bundesanstalt für Arbeit nur die ZAV (Zentralstelle für Arbeitsvermittlung) und das BFW (Büro Führungskräfte der Wirtschaft).

Für weitere Hinweise steht der Autor gerne zur Verfügung.

Karriere- und Outplacement-Berater

Dipl.-Kfm. Elles & Partner GmbH,
Suarezstraße 42,
Berlin 19

Institut für Personal-Entwicklung,
Eschmann & Partner,
Henkenbergstraße 81b,
4630 Bochum 1

Dr. Uwe Hecker,
Burgmüllerstr. 19,
4000 Düsseldorf 1

Karriere-Service Rhein-Main,
Dipl.-Kfm. Erhard Braun (Oberstleutnant d.R.),
Oberlindau 23,
6000 Frankfurt 1,
(spezialisiert auf Offiziere bzw. Zeitsoldaten, die die Bundeswehr verlassen)

Dr. Fritz Stoebe,
Parkallee 2,
2070 Ahrensburg

Dipl.-Kfm. Hans Bürkle,
Georgstraße 5-7,
6505 Nierstein bei Mainz

Personalberater

Baumann Unternehmensberatung Bannwarth/Berger/Faller
Dr. Lochmann GmbH,
Hanauer Landstraße 220,
6000 Frankfurt

Personalberatung Ehrfried Kemper GmbH,
Moerser Straße 37,
4150 Krefeld,
(spezialisiert auf technische Berufe)

Interelect Unternehmensberatung GmbH,
Friedrichstraße 15,
6000 Frankfurt,
(Spezialisierung auf „Executive-Search")

Sonstige Berater für Führungskräfte

Diplom-Psychologe Dr. Helmut Gosslar,
H 2/4,
6800 Mannheim,
(spezialisiert auf die Analyse beruflicher und charakterlicher Eignungen)

Rechtsanwalt Dr. Gerhard Körner,
Dyroffstraße 1,
8750 Aschaffenburg,
(spezialisiert auf Arbeitsrecht)

Dr. med. Karl Matheis,
Hauptstraße 97,
6508 Alzey,
(spezialisiert auf Früherkennung von Gesundheitsproblemen für Manager)

Diplom-Psychologe Klaus Wittemann,
Leonhardistraße 10,
8918 Dießen,
Psychologie und Graphologie

Adreßverlage

AZ Direct Marketing Bertelsmann GmbH,
Carl-Bertelsmann-Str. 161,
4830 Gütersloh

Donnelley & Gerardi GmbH & Co. KG,
Pforzheimer Straße 176,
7505 Ettlingen

Laserprint GmbH,
Augustenstraße 63,
7000 Stuttgart 1

Merkur Direktwerbegesellschaft mbH & Co. KG,
Postfach 206,
3352 Einbeck

Rhein-Main-Adress Direct-Marketing,
Siemensstraße 10,
6380 Bad Homburg

Schober Direktmarketing oHG,
Postfach 1000,
7257 Ditzingen

Auskunfteien

Auskunftei Bürgel,
Maria-Hilf-Str. 7,
5100 Aachen

Creditreform e.V.,
Hellerstegstr. 1,
4040 Neuß

Schimmelpfeng GmbH,
Hauptbahnhofstr. 6,
6000 Frankfurt 1

Schufa,
Kronprinzenstr. 28,
6200 Wiesbaden

Zeitungsausschnittdienste

Argus,
Kniebisstraße 24,
7000 Stuttgart 1

Der Ausschnitt,
Königsberger Straße 37,
1000 Berlin 45

Hermes,
Weberstraße 92,
5300 Bonn

Metropol,
Uhlandstraße 184,
1000 Berlin 12

Nord-Report,
Hohenzollernstraße 22,
3000 Hannover

Pressearchiv Meyding & Co.,
Tulpenweg 7,
6102 Pfungstadt

Büro Fleischauer,
Stubenrauchstraße 2,
1000 Berlin 37

Literaturverzeichnis

(Die hier aufgeführte Literatur wurde entweder verwendet oder führt den interessierten Leser thematisch weiter.)

Fachartikel und Monographien zum Thema Strategie

Affemann, R.: „Woran können wir uns halten?“, Breisgau 1980
Antoni, M.: „Arbeit als betriebswirtschaftlicher Grundbegriff“, Frankfurt 1982
Antonoff, R.: „Corporate Identity – Unternehmens-Code“, in: Blick durch die Wirtschaft, 13.7.1983, S. 1
Bennis, W. u. Nanus, B.: „Führungskräfte“, Frankfurt 1985
Birkenbihl, M.: „Führungsbrevier 2000“, Karlsruhe 1981
Bochenski, J. M: „Was ist Autorität“, Freiburg 1974
Böckmann, W.: „Das Sinn-System“, Düsseldorf 1981
Bonsen, zur M.: „Das Prinzip der Kräftekonzentration in der Unternehmungsstrategie“, Hamburg 1985
Bürkle, H.: „Selbstorganisation“, in: Blick durch die Wirtschaft, 3.6.1985, S. 1
Capra, F.: „Wendezeit“, München 1983
Drucker, P. F.: „Weltwirtschaftswende“, München 1984
Fromm, E.: „Haben oder Sein“, München 1982
Gross, H.: „Das quartäre Zeitalter“, Düsseldorf 1973
Gross, H.: „Die Chancen ändern sich“, Düsseldorf 1976
Hall, E. T. u. Hall M.R.: „Verborgene Signale“, Hamburg 1984
Hartmann, A.: „Die Wende? Die Energo-Kybernetische Strategie (EKS) aus der Sicht eines Rotariers“, Vortrag 2.1.79 vor dem RC Heilbronn
Hass, H. u. Lange-Prollius, H.: „Die Schöpfung geht weiter“, Stuttgart 1980
Institut für Technologie und Ethik (Hrsg.): „Management und Meditation“, Nürnberg 1984
Jantsch, E.: „Anwendung der Theorie dissipativer Strukturen“, in: Neue Zürcher Zeitung, 26.11.1975 und 3.12.1975
Jantsch, E.: „Die Selbstorganisation des Universums“, München 1979
Jirasek, J.: „Das Unternehmen – ein kybernetisches System“, Berlin 1977
Lindemann, P.: „Die Arbeitswelt von morgen“, Stuttgart 1975
Little International, A. D. (Hrsg.): „Management im Zeitalter der Strategischen Führung“, Wiesbaden 1985
Management Wissen (Hrsg.): „Die energokybernetische Strategie“ (EKS), Sonderdruck aus Heft 6/76
Mann, R.: „Praxis Strategisches Controlling“, München 1979
Maslow, A.; „Psychologie des Seins“, München 1973
McKenna, R.: „Dynamisches Marketing“, Landsberg 1986
McKinsey (Hrsg.): „McKinsey Quarterly“, Düsseldorf
Mewes, W.: „Die kybernetische Managementlehre (EKS)“, Lehrgang, Mewes-Verlag Frankfurt, 1971–1977

Mewes, W.: „Die energo-kybernetische Managementlehre (EKS)“, in: Fortschrittliche Betriebsführung und Industrial Enigineering 2/77, S. 99 – 103
Mewes, W.: „Ein Einzelhandelsgeschäft verbessert seine Strategie“, in: EKS aktuell, 2/79, Seite 10 – 21
Mewes, W.: „Systematische Übersicht über Theorie und Anwendung der EKS-Strategie“, Frankfurt 1985 (unveröffentlichtes Manuskript)
Ohem, K. (Hrsg.): „Mit Ideen zum Erfolg“, Frankfurt 1980
Riedl, R.: „Biologie der Erkenntnis“, Berlin 1979
Peters/Waterman: „Auf der Suche nach Spitzenleistungen“, Landsberg 1983
Schumacher, E. F.: „Small is Beautiful. Die Rückkehr zum menschlichen Maß“, Reinbek 1985
Schürmeyer, M.: „Die erfolgreichste Strategie aller Zeiten: Sun Tsu und die EKS. Ein Vergleich und eine Bestätigung für die EKS“, Vortrag vor der Beratergruppe Strategie e.V., Würzburg 1986
Sittig, C. A.: „Strategien des industriellen Management im Umbruch der Gesellschaft“, in: Der Betriebswirt 2/79 S. 3 ff.
Solschenizyn: „Die Harvard-Kapuzinerpredigt“, in: Frankfurter Allgemeine Zeitung 14.7.78, S. 10 f.
Stoebe, F.: „Der Manager auf Stellensuche“, Artikelserie, in: Blick durch die Wirtschaft 4/83
Thürkauf, M.: „Sackgasse Wissenschaftsgläubigkeit“, Zürich 1976
Tregoe, B. u. Zimmermann, J.: „Top Management Strategie“, Wien 1981
Ulrich, H.: „Unternehmensstrategie im Neuland – die Wertvorstellungen ändern sich“, in: Frankfurter Allgemeine Zeitung 4.8.79, S. 11
Vester, F.: „Neuland des Denkens“, München 1980
Wagner, K.-L.: „Erfolgreich führen statt verwalten“, München 1980
Weizsäcker, Erich von (Hrsg.): „Offene Systeme I“, Stuttgart 1974
Wolf, B.(Hrsg.): „Führen ist Menschen motivieren“, 10. Symposion der Arge Führungslehre an Fachhochschulen 1984
Wolff, L.P.F.: „Berufszielfindung und Studien-Strategie“, Frankfurt 1978

Fachartikel und Monographien zum Thema Karriere/Bewerbung

Aigner, G. (Hrsg.): „30 Überlebensrezepte für Deutsche Manager“, München 1982
Amthauer, R.: „Test für Bildung und Beruf“, FAZ-Broschüre
Bauer, J.-H.: „Arbeitsrechtliche Arbeitsverträge“, München 1982
Berthel, J. u. Koch H.-E.: „Karriereplanung und Mitarbeiterförderung“, Sindelfingen 1985
BfG (Hrsg.): „Sprung in die Selbständigkeit“, BfG-Broschüre
Born, J.: „Bewerben mit Erfolg“, Wiesbaden 1982
Bosse, M.: „Was tun bei Kündigung?“, Düsseldorf 1985
Bürkle, H.: „Das Franchise-System und die EKS“, in: EKS-Praxis 6/76, S. 26ff.
Bürkle, H.: „Neue Chancen durch Zielgruppen-Kurzbewerbung“, in: Der Leitende Angestellte DLA 12/77

Bürkle, H.: „Managen von Managern", in: Der Leitende Angestellte DLA 4/83
Bürkle/Pott: „Stellenwechsel – Ihr richtiger Schachzug", in: BetriebsWirtschaftsMagazin 7/83 (Sonderdruck)
Bürkle, H.: „Lösen Sie Probleme des Kunden besser als andere", in: Allgemeine Bauzeitung ABZ 6.1.84
Bürkle, H.: „Erfolgreich Stellensuchanzeigen texten", in: Tägliche Betriebspraxis TBp 5/85
Bürkle, H.: „Midlife-Crisis und Zielfindung", in: BetriebsWirtschaftsMagazin 6/85
Bundesministerium für Wirtschaft (Hrsg.): „Starthilfe", kostenlose Broschüre
Considine, R. u. Raphael, M.: „Der große Ideenklau", Bonn 1982
Deutsches Institut für Betriebswirtschaft e.V.: „Führen und rationalisieren durch Betriebliches Vorschlagswesen", Berlin 1978
Direct Marketing Bertelsmann: „Adress aktuell", Gütersloh 1986
Dittrich, H.: „Sich besser bewerben – erfolgreicher vorstellen", München 1982
Dröll, D.: „Laufbahnberatung", Frankfurt 1979
Eberle, T.: „Der Bewerbungsratgeber für Studenten", Knittlingen 1983
Eichling, U. u. Zwingemann: „Die Förderungsprogramme für Existenzgründer", Bergisch Gladbach 1983
Emge, H.: „Wie werde ich Unternehmer?", Reinbek 1985
Engels, D.: „Die erfolgreiche Bewerbung", München 1976
FAZ (Hrsg.): „Was macht eigentlich ein ...?" FAZ-Berufe-Handbuch, Frankfurt 1985
FAZ (Hrsg.): „Start (Count down) für Aufsteiger und Zukunftsplaner", Frankfurt
Forster, E.: „Sich selbständig machen – gewußt wie", Düsseldorf 1985
Grätz, F.: „Karriereplanung für Ingenieure", Düsseldorf 1981
Gross, H. u. Skaupy, W.: „Franchising in der Praxis", Düsseldorf 1976
Grüll, F.: „Der Anstellungsvertrag mit leitenden Angestellten", Heidelberg 1978
Grünewald, H.: „Strategien der Arbeitssuche", Köln 1983
Halbach, Martens, Schwedes u. Wlotzke: „Übersicht – Recht der Arbeit", Bonn 1981
Hofstetter, J.: „So bewerbe ich mich richtig", München 1979
Hohn, H. u. Romanovszky: „Vorteilhafte Arbeitsverträge" Band 1 + 2 Freiburg 1981
Hoppenstedt: „Verbände, Behörden, Organisationen der Wirtschaft", Darmstadt, jährliche Neuauflage
Hoppenstedt: „Handbuch der Großunternehmen", Darmstadt, jährlicheNeuauflage
Knebel, H.: „Das Vorstellungsgespräch", München 1978
Knebel, H.: „Wie bewerbe ich mich richtig", München 1980
Kotsch-Faßhauer, L.: „Wie macht man sich selbständig?" Stuttgart 1980
Kühn, G.: „Erfolgreich bewerben", Eschborn 1984 – Sonderdruck (VDI)
Lucas, M.: „Arbeitszeugnisse richtig deuten", Düsseldorf 1986

Lucas, M.: „Bewerbungsgespräche erfolgreich führen", Düsseldorf 1986
Mandino, O.: „Das Geheimnis des Erfolgs", Bonn 1982
Mechler, H.: „So kommt man voran", Landsberg a.L. 1985
Mewes, W.: „Das Goldene Buch des Berufserfolges", Frankfurt 1959
Personalenzyklopädie, 3 Bände, Landsberg 1978
Rentrop, N. (Hrsg.): „Der Erfolgsberater", „Die Geschäftsidee", „312 Ideen mehr Geld zu machen", „Tips zur Unternehmensgründung", Bonn
Rentrop, N.: „Ausgewählte Strategien im Gründungsprozeß", Bergisch Gladbach 1985
Roth, G.D.: „Die Zukunft meistern mit beruflicher Bildung", Grafenau 1979
Steinbuch, P.: „Erfolg im Beruf von A – Z", München 1985
Stielau-Pallas, A.R.: „Ab heute erfolgreich", Bonn 1982
Stoebe, F.: „Trennung auf die sanfte Tour", in: manager magazin 1/80, S. 61 ff.
Stoebe, F.: „Raus und rein", in: manager magazin 3/82, Seite 78 ff.
Stoebe, F.: „Positionsverlust: Unglück oder Chance?", in: Der Leitende Angestellte 3/82
Studentenhandbuch – Das Hochschulwesen in der EG, Köln 1986
Wagner, H.: „Praxisverbundenes Studium", Speyer 1983
Weise, Frank J.: „Dienstzeitende – was ist zu tun?", Langen 1984
Wülfrath, H.K.: „Sich erfolgreich bewerben und vorstellen", Düsseldorf 1986

Sachregister